教育心理学中的开创性研究
及其实践意义

学习是如何
发生的

SEMINAL WORKS
IN EDUCATIONAL
PSYCHOLOGY AND WHAT
THEY MEAN IN PRACTICE

［荷］保罗·A. 基尔施纳 Paul A. Kirschner

［英］卡尔·亨德里克 Carl Hendrick　著

刘红瑞　姚梅林　译

HOW LEARNING
HAPPENS

中国青年出版社
CHINA YOUTH PRESS

图书在版编目（CIP）数据

学习是如何发生的：教育心理学中的开创性研究及其实践意义 /（荷）保罗·A.基尔施纳，（英）卡尔·亨德里克著；刘红瑞，姚梅林译.
—北京：中国青年出版社，2022.7
书名原文：How Learning Happens: Seminal Works in Educational Psychology and What They Mean in Practice
ISBN 978-7-5153-6653-1

Ⅰ.①学… Ⅱ.①保… ②卡… ③刘… ④姚… Ⅲ.①学习心理学②教育心理学 Ⅳ.①G44

中国版本图书馆 CIP 数据核字（2022）第080022号

学习是如何发生的：
教育心理学中的开创性研究及其实践意义

作　　者：〔荷〕保罗·A.基尔施纳　　〔英〕卡尔·亨德里克
译　　者：刘红瑞　姚梅林
责任编辑：肖　佳
文字编辑：星　晨　高　凡
美术编辑：张　艳
出　　版：中国青年出版社
发　　行：北京中青文文化传媒有限公司
电　　话：010-65511272 / 65516873
公司网址：www.cyb.com.cn
购书网址：zqwts.tmall.com
印　　刷：大厂回族自治县益利印刷有限公司
版　　次：2022年7月第1版
印　　次：2025年1月第4次印刷
开　　本：787mm×1092mm　1 / 16
字　　数：288千字
印　　张：20
京权图字：01-2020-4727
书　　号：ISBN 978-7-5153-6653-1
定　　价：59.90元

版权声明

◇◆── 多方赞誉 ──◆◇

经常有人让我为那些对思维活动感兴趣的教育者推荐一本书——现在我找到了。基尔施纳和亨德里克将每篇开创性研究文献置于更广泛的科学背景中以及课堂教学中进行解读，我认为这项工作非常出色。

——**丹尼尔·威林厄姆**（Daniel Willingham）
弗吉尼亚大学心理学教授及研究生院院长

随着有关心理学和教育学研究的不断增多，对研究者而言，紧跟最新的研究进展变得越来越难，对教师而言则就更难了。此外，引人注目的研究结果往往是难以被复制甚至是不可能被复制的。因此，教师需要的是对那些经得起时间检验的研究的针对性指南，以及关于这些成熟的发现如何被用于指导教学实践活动。而这就是为什么这是一本不同凡响、精彩纷呈、影响深远的书。保罗·基尔施纳和卡尔·亨德里克精选了教育心理学领域最为重要的研究文献，对其进行逐一概述，阐述其主要研究成果，并就如何将这些研究成果用于指导教学实践等提出了一系列教学实操建议。据我所知，没有哪本书对过去五十年的教育心理学研究进行了如此严谨、易懂又实用的总结。每一位想要了解科学研究如何改善教学的人都需要读一读这本书。我强烈推荐这本书！

——**迪伦·威廉**（Dylan Wiliam）
伦敦大学学院教育评估荣誉教授

对这本书无论如何赞美，都不为过。这本书是多年来我一直寻觅的一本书，现在它终于出现了。两位专家审慎而综合地精选了开创性的研究文献，从引人入胜的目录到每一章的论述，都是绝对一流的！我每周都会在学校里见到老师们，他们在听到这本书里的众多研究成果后，都感到豁然开朗，并对自己在课堂中试图解决的问题有了全新的认识。教师们都很忙——经常是不堪重负——而且往往无暇或无缘参与到那些与他们毕生从事的职业密切相关的科学研究中去。对许多人而言，这本书将会为他们带来改观。这本书的写作体例值得称赞，既有原文要义的展现，又有见解深刻的评论与关键实用的建议。写作风格与真知灼见相得益彰！每所学校都应该拥有这本书，每位教师也都应该阅读这本书。

——**汤姆·谢林顿**（Tom Sherrington）

教育顾问，《学习雨林》（*The Learning Rainforest*）和《罗森夏恩的行动原则》（*Rosenshine's Principles in Action*）的作者

鼓励教师将他们的教学实践建立在研究的基础之上，这是正确的，但教育研究是一个广阔的领域，对教师而言很难知晓从何处起步。这本书给出了答案。该书对一些重要的研究论文进行了概要总结，这本身就极具价值，它也为更深入的阅读和研究奠定了良好的基础。

——**黛西·克里斯托多卢**（Daisy Christodolou）

英国"不再评分"（No More Marking）的教育主管

随着教育应该更加循证化的呼声越来越高，各地的教师都摇头质疑，不知道到底应该从哪里挤出时间来寻找、阅读和评估不断增多的海量研究文献。现在无须担忧了。在《学习是如何发生的：教育心理学中的开创性研究及其实践意义》一书中，基尔施纳和亨德里克开展了大量的工作，所以你就无须再费力了。你手中的这本书汇集了教育领域的一些最重要、最著名的研究文献，两位作者对它们进行了精炼，使之对任何试图优化课堂教学的教育工作者都能发挥其真正的作用。当然，该书不仅是独一无二的实用资源，也是一本引人入胜、拓展视野的读物。

——**戴维·迪道**（David Didau）

《让孩子更聪明》（*Making Kids Cleverer*）的作者

未来的教育历史学家将把当下这一时期视为又一次文艺复兴，这是一

个教条和正统观念受到挑战的时代。理性的昏睡孕育了教育学的怪物，而这些怪物又被对教育职业的相对无知所喂养。这里的无知不是普遍化的，而是具体化的，即对教育主张背后的证据的无知。这种文艺复兴与一种演变相伴而行，教师与专家学者相互接触，寻求真诚、真实的对话。但是，除非我们站在前辈巨人的肩膀上，否则每一代人都注定要重新发现其祖先煞费苦心才发现的东西。为了这一职业的健康发展，我们需要把我们所知道的最好的东西汇集在一起，这样一代又一代的教育者才能承前启后，把对话带向未来，而非无休止地重复。

这本书正是这样的一个完美体现。我认为每位教师都应该熟悉本书所介绍的研究，每一门入职培训课程都应该要求教师去阅读本书的各个章节。只有教师能够证明自己对这些内容是熟悉的，否则都不应该自诩为专业人士。我多希望在自己教师职业生涯的初期读过这本书。

——**汤姆·贝内特**（Tom Bennett）
教育研究（researchED）的创始人

学习是如何发生的

————

《学习是如何发生的：教育心理学中的开创性研究及其实践意义》一书介绍了28篇教育研究的匠心巨作，阐述了这些研究在我们是如何学习以及我们如何有效、高效、愉快地学习等方面的发现。这些研究启发了世界各地的研究者和教师，并影响着我们当下的教学。

这本书从教育心理学和认知心理学领域精选了28篇有关学习和教学的重要文章，它给读者提供了一个路线图，来展示在学习是如何发生的这个问题上最重要的发现。每章分别探讨一项研究工作，首先阐释其意义，然后描述该研究，接着论述其实践意义以及如何在课堂上运用，最后为教师提炼出关键点。该书由条理清晰的六个部分组成，包括：

- 大脑是如何工作的
- 学习的先决条件
- 哪些学习活动支持学习
- 教师的教学活动
- 情境中的学习
- 引以为戒的教育迷思与谬误

这本书由两位顶级专家撰写，并由奥利弗·卡维格里奥利配图，对于希望全面参与和理解教育研究的教师以及教育、教育心理学和学习科学领域的大学生来说，该书是必不可少的阅读材料。

保罗·A. 基尔施纳（Paul A. Kirschner）是荷兰开放大学教育心理学名誉教授，同时也是比利时托马斯·莫尔应用科学大学的客座教授。

卡尔·亨德里克（Carl Hendrick）在英国威灵顿公学任教，拥有伦敦国王学院博士学位。

目 录

前言："站在巨人的肩膀上"

在科学领域的众多激辩中，最为激烈的论争之一当属罗伯特·胡克和艾萨克·牛顿之间的"信件之战"。他们之间的一场争论也使一句话得以流传至今，在论及进步以及真正的科学发现本质上具有累积属性的方面，该名言是目前最为著名的言论之一。胡克与牛顿之间的分歧源于衍射的性质问题，即光在物体周围如何弯曲。胡克声称自己发现了这一现象，而牛顿则认为，这一"发现"很大程度上应归功于法国和意大利的科学家们，这是他们早期进行的类似研究工作的成果。1675年，牛顿在给其劲敌胡克的一封信中写道：

您推进了许多方面的发展，尤其是对薄板的颜色进行了哲学上的思考。如果我看得更远一点的话，那是因为我站在巨人的肩膀上。

尽管人们普遍认为这句名言出自牛顿，但实际上这句话可以追溯至更为久远的年代。1159年，索尔兹伯里的约翰（John of Salisbury）在描写沙特尔的伯纳德（Bernard of Chartres）时写道：

他（沙特尔的伯纳德）过去常把我们比作栖息于巨人肩膀上的侏儒。他指出，我们比前人看得更多、看得更远，并非因为我们目光敏锐或身量高大，而是因为先辈们用巨大的身躯将我们托举至高处。

然而，这句名言被使用的最早记录可追溯到6世纪的拉丁语的语法学家普里西安（Priscian）。

在牛顿使用这句名言的年代，知识被视为一个持续变化的过程。知识是不断被改进和建立在先前的知识及发现的基础之上的。有关知识的这种观点颇具争议性，正如詹姆斯·格雷克（James Gleick）曾指出的：

知识是不断积累的——就像一架梯子或者一座石塔，攀升得越来越高——这只是作为众多观点中的一种可能的观点而存在。几百年来，潜心学术的学者们一直认为自己可能像侏儒一样，因站在巨人的肩膀上而看得更远，但他们更倾向于相信重新发现，而不是进步。

牛顿的伟大成就在于将我们对世界的理解从哲学层面的思辨转变为基于对可验证假设的实证分析。类似的情形也正在教育领域上演，在过去的30年里，来自认知心理学的发现已经从根本上改变了我们对如何学习的理解。直到最近，教育学以及更为具体的教学设计在很大程度上是基于诸如哲学、政治学、社会学、人类学和语言学等外围学科的理论观点，而通常将心理学、认知科学及脑科学的研究成果排除在外。例如，利维·维果茨基（Lev Vygotsky）的最近发展区理论和知识的社会建构观是大多数教师培训课程中的必备内容，而艾伦·巴德利（Alan Baddeley）的工作记忆模型却往往被束之高阁。尽管迪伦·威廉（Dylan Wiliam）指出认知负荷理论（Cognitive Load Theory, CLT）应是"教师需要知道的最重要的内容"，但很多教师可能在整个培训过程中自始至终都没有听说过该理论。

就如何学习的研究而言，我们应该努力站在巨人的肩膀上，并试图凝聚多个不同学科的力量，在一些基本原则问题上达成广泛共识。艾瑞克·唐纳德·赫希（E. D. Hirsch）将其称为"独立聚合原则"，他声称这种原则：

已经成为可靠的科学的标志。例如，在19世纪，来自多方面的证据共同聚焦于疾病的微生物理论。一旦决策者采纳了这种共识，医院的手术室就必须达到高标准的消毒要求，否则将被关闭。而学校的情况则与此截然不同。

在某些领域，我们也可以看到这类聚合。例如，在有关学习的研究中，毫无争议的一个主题就是测试效应。研究发现，当通过适当的反馈测试检索到需要被记忆的信息时，我们从长时记忆中提取信息的能力将得以提升。这种检索练习可能是一种最有效的记忆知识的方法，然而，这一研究成果在学校中却未能得到充分利用，测试仅在学习过程结束时进行，并未作为促进学习的一种手段用于整个学习进程中。测试这种方法在学校里未能得到充分利用，或者几乎不用，即使在大学或教师教育学院里，那些即将成为教师的人也很少被教授如何有效使用测试。而基于意识形态方面的一些思潮也推波助澜，对测试更为忽视。这些思潮认为对儿童进行测试是一种虐待，会导致其产生心理健康问题。这就涉及抵制科学进步、固守教条立场的问题。伊格纳兹·塞麦尔维斯（Ignaz Semmelweis）的例子对我们很有启发性。

1846年，奥地利维也纳的总医院遇到了一个特殊的问题。该医院有两个产房，第一个产房的产褥热死亡率约为16%，而第二个产房的死亡率则低得多，通常低于4%（见图0.1）。令人费解的是，这两个产房之间似乎并不存在什么明显的差异可用于解释上述现象产生的原因。事实上，根本就不存在什么难解之谜。几乎所有的产妇死亡都是由于产褥热（分娩后子宫的细菌感染），而这也是19世纪产妇死亡的常见病因。鉴于这众所周知的事实，许多孕妇恳求被带到第二产房分娩，而不愿去第一产房。第一产房声名狼藉，以至于许多产妇宁愿在大街上分娩，也不愿被带到第一产房。

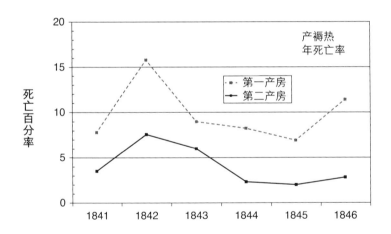

图0.1　1841—1846年维也纳总医院第一产房与第二产房产褥热死亡率

当时匈牙利的一名年轻医生伊格纳兹·塞麦尔维斯在维也纳的这所医院工作，他已经晋升为助理教授，其工作的内容之一就是在教授查房巡诊前先对病人进行检查。年轻的赛麦尔维斯对这种看似无解的困境深感不安，他曾写到，这令自己"如此痛苦，以至于觉得生活似乎毫无价值"。为改变这种状况，他全力探寻可能的解决办法。直到他的好友兼同事雅各布·科勒施卡（Jakob Kolletschka）在一次手术中被外科手术刀割伤而死于同样的感染，事情才有了突破性的进展。

塞麦尔维斯随后注意到，在第一产房里，医生会进行例行的尸检工作，而在第二产房里则不做此项工作。他还注意到，医生进行尸检后经常不洗手就继续去接生和诊治病人，由此他认为病人可能会感染医生携带的"尸体颗粒"。之后，他坚持让医生在接诊病人前要用含氯消毒液洗手。这一简单的干预措施使得产褥热的死亡率降至1%左右。

然而，尽管这是一项变革性的发现，但当时医学界的众多人士对这一发现表示怀疑，并公开予以嘲讽。当时美国著名的产科医生，同时也是医学院教师的查尔斯·梅格斯（Charles Meigs）曾嘲笑细菌感染及防腐策略等观点，声称"医生们都是绅士，而绅士们的手都是洁净的"，并认为"违背神灵赋予我们享受或忍受自然的和生理的力量的做法"在道德上是不可接受的。即使塞麦尔维斯发表了他的研究成果，他仍然要面对根深蒂固、顽固不化的业界偏见。

这种保守的短见导致"塞麦尔维斯反射"一词的产生，它描述了这样一类特征倾向——条件反射般地拒绝新证据或新知识，只是因为它们与既定的标准、信仰或规范相矛盾。塞麦尔维斯所揭示的就是教条主义往往会胜过客观证据，即使后者能带来变革性的改变。他主张利用证据来解决诸如看不见的细菌导致感染之类的看似棘手的问题，而这个主张又过了几十年才成为医院的强制规定，并挽救了成千上万人的生命。

如果我们要采取一种真正的循证方法来为学生设计和开发最佳的学习体验活动，那么我们必须站在巨人的肩膀上，并在前人来之不易的发现的基础上进行建构。因为这些发现已被多方证实，并且在更广泛的科学界达成共识。新手的学习与专家有所不同，或者学习意味着长时记忆的变化，这种被广泛认同的内容创造了一种强大的通用语言，即一种共同的语言。通过这种通用语言，人们可以在坚实研究的基础上逐步迈向正确的学习科学，而这也将使所有的学习者发挥其最大的潜力。

致谢

这本书是共同协作的一个真实写照，在此谨向各位致以衷心的感谢！

首先，我们要感谢芬兰奥卢大学（University of Oulu）学习科学与教育技术教授、学习与教育技术研究室（LET）主任桑娜·贾维拉（Sanna Järvelä），正是源于她最初播下的种子，本书才得以面世。当保罗（Paul，本书作者之一）在她那里做客座教授时，她让保罗列出10篇用作研究人员和教师案头必备的核心文章，这也就成为本书写作的雏形。

接着，我们还要感谢推特和脸书的用户们，感谢他们对教育与认知心理学、教育科学和学习科学领域中的核心文章或开创性成果所给予的各种反馈信息，让我们的视野拓宽至自身所处领域之外。此外，还有众多同行，无论是通过个人私交还是社交媒体结识的，他们都让我们受益匪浅。这份感谢清单无法面面俱到、逐一列举，但我们仍要提及其中的一些人：汤姆·贝内特（Tom Bennett, researchED 创始人），简·蒂肖瑟（Jan Tishauser）、萨拉·希耶姆（Sara Hjelm）和伊娃·哈特尔（Eva Hartell）（她们是researchED地区研究活动的创始人），佩德罗·德·布鲁克尔（Pedro De Bruyckere）和卡斯珀·赫尔肖夫（Casper Hulshof）（他们是与保罗一起揭穿教育神话、揭露教育骗局的伙伴），米利亚姆·尼林（Mirjam Neelen）（长期与保罗一起在3星学习体验博客上合作撰文）。还有一些国际同行：马塞尔·施麦尔（Marcel Schmeier），戴维·迪道（David Didau），迪伦·威廉（Dylaniel Wiliam），丹尼尔·威林厄姆（Daniel Willingham），奥利弗·卡维格里奥利（Oliver Caviglioli），黛西·克里斯托多卢（Daisy Christodolou），格雷格·阿什曼（Greg Ashman），尼克·罗斯（Nick Rose），安德鲁·奥德（Andrew Old），詹姆斯·西奥博尔德（James Theobald），马丁·罗宾逊（Martin Robinson），汤姆·谢林顿（Tom Sherrington），亚当·伯克瑟（Adam Boxer），布莱克·哈佛（Blake

Harvard）和亚历克斯·奎格利（Alex Quigley）。（排名不分先后）

然后我们还要感谢乌得勒支大学两位杰出的年轻学者，卢斯·克莱森斯（Luce Claessens）和史蒂文·拉伊杰克斯（Steven Raaijmakers），他们协助保罗为荷兰和佛兰德斯的教师和小学教师培训撰写了本书的荷兰语简版。本书中的许多文本、观点和灵感均来自这本荷兰语简版书，如果没有莫妮卡·马尔维德（Monique Marreveld）和贝亚·罗斯（Bea Ros）为此所付出的辛劳与贡献，本书将不可能问世。

当然，我们还要向那些为我们的著作与思想提供坚实臂膀的巨人们致谢。如果你阅读了本书中所推荐的原作（我们真诚地希望你能阅读这些文章），你将会发现，站在巨人的肩膀上实际上是一个递归过程。我们这里所提到的巨人也曾经站在他们那个时代的巨人的肩膀上，以此类推。我们希望你通过阅读本书，能在教育与教学领域为学生们创设更多有效、高效、愉悦的学习体验活动，成为他们眼中的巨人。

最后必须提及的是，我们衷心感谢我们的挚爱亲人：

卡尔（Carl）感谢他的妻子卢（Lu）在书稿撰写过程中所给予的无尽耐心与支持；同时也要把这本书献给自己的女儿艾娃（Ava），她在她生命的第一年中教会了卡尔很多，这已远超言语所能表达的范围。

保罗感谢生命中的缪斯女神和定海神针凯瑟琳（Catherine），是她让保罗能够把像这本书一样的具体项目同他疯狂的想法结合起来。还要特别提及的是他孙辈的孩子埃尔莎（Elsa）和本杰明（Benjamin），他们现在年幼稚嫩，但在其成长过程中，理应享受良好的教育。

导言

知道者，去做；理解者，去教。

测试孩子们对前面所学课程的记忆情况、演示并解释该如何去做某件事、引导学生直至他们可以自己去完成学习相关的任务——这些只是我们作为教师每天所做的诸多事情中的一小部分。也许你对这些事情从未琢磨过，但是，你所做的许多事情并非毫无缘故的偶然之举，它们都是有据可循的，即基于儿童应该学习什么及如何有效、高效、愉悦地学习等研究成果而进行的。这些成果正是源自教育研究巨匠们的调查研究及阐述。

在本书中，我们将向你介绍其中的一些巨匠。他们通常是先驱者、富有创造力的教育研究者，他们率先对那些我们未曾思考过的问题予以揭示，对那些我们并未真正理解的事物进行研究，以及试图为那些缺乏证据的事物找到确凿的科学依据。他们深入考察了教师如何教以及孩子如何学，并将我们对自己职业的隐性知识以外显的方式表达出来。他们的工作激励了众多的研究人员和教师，并在我们今天的教学方式中留下了印记。

就本书内容而言，我们精选了28篇有关学习和教学的重要文献。最早的一篇发于1960年，而最近的一篇则发表于2013年。正如任何一本选集或汇编作品一样，这本书也无法面面俱到；当然，这也不是我们本来的目的。我们可以轻而易举地用另外28篇文献来写出第二本书，但它仍然无法覆盖全部。精选的文献虽然略有涉及社会心理学领域，但主要还是来自教育心理学和认知心理学领域。尽管我们试图超越自身的专业领域和兴趣偏好，但也并没有什么科学研究能让我们决定该如何选择。为此，我们通过推特（Twitter）和脸书（Facebook）来集聚众人智慧，以扩大我们的视野。但大师（或教师）能在限制中展现其自身能力。

本书每章的撰写都采用了相同的结构。首先，我们将解释为什么这篇文献如此重要或它具有开拓性的原因（即为什么你应该阅读这篇文章）。然后，我们将会呈现原文摘要或转述该摘要（由于版权问题），并描述该研究是如何进行的、我们从文章中获得的启示等。接着，我们会继续描述该文献所具有的一般性的教育意义（即研究结论/对教育实践的意义），特别是对课堂教学的意义（即如何在教学中使用该研究成果）。在每章的最后，我们会给教师提供一些技巧、策略（即要点）。

全书分为六个部分。第一部分主要描述我们的大脑是如何工作的，以及这对学习和教学意味着什么。接下来分别是学习的先决条件、哪些学习活动支持学习、教师的教学活动和情境中的学习。最后一部分为引以为戒的教育迷思与谬误，我们在这一部分中讨论了三篇文章，主要涉及如果教师做了"错误的"事情，学生的学习是如何受到阻碍而不是得以进步的。本书以教育中流行的迷思与无稽之谈（"教育的十宗罪"）作为最后一篇，剖析那些听上去合理又正确，但实际上阻碍着学习的教学理念或方法。然而，也正是因其貌似合理、正确，竟受到许多人的追捧。

这本书并不是需要恪守的金科玉律，而是对某一特定领域的思想发展轨迹的介绍，希望能由此引发对该领域进行更多的研究。这是为了帮助教师知晓和理解教学实践背后的原理，进而优化其教学。就像大多数事物一样，良好的教学就其本质而言，是以科学为依据的一门艺术——既继承了前人的精髓，也期待着未来的发展。任何关于学习是如何发生的严谨探讨，都将包括像阿尔伯特·班杜拉（Albert Bandura）和赫伯特·西蒙（Herbert Simon）这样的早期开拓者，以及像约翰·海蒂（John Hattie）和迪伦·威廉（Dylan Wiliam）这样的当代先锋的工作。那些通晓当代音乐，但对鲍勃·迪伦（Bob Dylan）和莱昂纳德·科恩（Leonard Cohen）知之甚少的年轻唱作人最终还是妥协了，因为他们并未真正地了解已经取得的成就是什么、他们所仰慕的偶像的心目中的偶像又是谁，以及自己正在开拓的疆域的边界何处。我们希望这本书至少能提供一个路线图，揭示在学习是如何发生的这个问题上的最重要的发现，同时也试图激励教师在自己的世界中进行探索并探明学习与教学的意义。

保罗·基尔施纳与卡尔·亨德里克

2019年9月

第一部分
大脑是如何工作的

谜语	此物为某一整体的一小部分，其重量不到整体的2%，耗能占了整体耗能的20%～25%，大约由1900亿个部件组成，具有机械、电子、化学和生物等诸多特性。此物是什么？[①]

我们的大脑多么不可思议啊！我们人类拥有绝妙的身体，而正是由于我们头部的这块平均重约1千克的软组织，我们才能够通过眼睛、耳朵、皮肤、鼻子和嘴巴来接收、处理和回应来自我们所处环境的不计其数的信号。我们几乎毫不费力地忽略了大量的不重要信号，而对有关的信号作出特定的反应。最重要的是，我们还可以存储来自这些信号的无限量信息，以备后用。

但是，当涉及学习和教学时，我们如何恰当地利用这个奇妙的大脑呢？约翰·斯威勒（John Sweller）提出："如果不理解人类的认知结构，教学就是盲目的。"就这一点而言，我们中的许多教师在教学活动中可能都是盲目的。

在这一部分，我们将讨论大脑是如何工作的，以及这对学习和教学意味着什么。我们将阐述以下内容：为什么学生在学习某些内容时无须通过教学就能轻而易举地学会，而学习其他内容时即使通过教学，学生学得也很费劲；我们的记忆是如何工作的，如何优化我们的记忆能力；我们如何（学会）去解决问题；图文并茂这种方式如何以及为何能够帮助我们学得更好；为什么不应该将儿童视为小大人来加以教育。

[①] 答案：大脑。

第1章　新手不是小专家

新手与专家

文章 │ 《专家与新手对物理问题的分类及表征》"Categorization and
representation of physics problems by experts and novices" ①

引文 │ "专家不仅比初学者拥有更多的知识，他们的工作速度也更快。在审
视问题或处理问题方面，专家也与初学者不同（你所了解的决定了
你所看到的）。"

为什么你应该阅读这篇文章

1537年，一位名叫巴拉塞尔苏斯（Paracelsus）的瑞士
医生、炼金术士和占星家，描绘了一种创造侏儒的方法。
将浸于人类血液中的男性的精子置于马的子宫里加以培

> 侏儒：体型
> 矮小的人

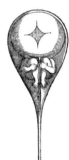

育，微缩版的人类孩童便在其中生长着，乖小可爱的迷你人
由此被创造出来。这就演变成了人们所知晓的"预成论"，该
观点认为动物是由其自身的微型版发展而来的。精子被视为
是完全成型的微小生物，它在女性的子宫中发育为成熟的生
命体。1694年，尼古拉斯·哈佐克（Nicolaas Hartsoecker）在
其《屈光度》（Essai de Dioptrique）的文章中描述了借助安东
尼·范·列文虎克（Antoni van Leeuwenhoek）的显微镜观察
到的事物，其中描绘了一幅蜷缩于精子内的微小人体形态的
图像（见图1.1），他称之为微小生物，对人类个体而言即侏
儒。他认为精子就是一个侏儒，除了体型大小的差异外，其
他方面皆与成人完全相同。两者的区别只是成长的问题！

图1.1 预成论，尼古拉斯·哈佐克绘制

时至今日，这虽然听起来很荒谬，但实际上仍有很多人认为在认知/
心智发展方面，儿童（可引申为新手）发展到成人（可引申为专家）的过

---

① Chi, M. T. H., Feltovich, P. J., & Glaser, R.（1979）. Categorization and representation of physics problems by experts and novices. *Cognitive Science* 5, 121-152.

程也是如此。有关发现式学习的一些做法就是很好的例证。基尔施纳提出，发现式学习这种教育形式背后的观点是，既然科学家（即专家）的认识论是通过实验而发现和创造新的知识，许多误入歧途的教育工作者和研究人员选择将这种方法应用于学校教育中，作为其教授学生（即新手）的一种教学法。实际上，这是错误的。米什莱恩·齐（Michelene Chi）、罗伯特·格莱塞（Robert Glaser）和保罗·费托维奇（Paul Feltovich）推翻了这种观点，他们向人们证明了专家不仅知道得比新手多，而且思考方式也不同于新手。

文章摘要

这项研究考察了新手和专家在如何表征物理问题方面所存在的差异，这与物理知识的组织有关。该研究包含几个不同的实验：作为一种表征方式的问题分类、专家和新手进行分类时所表现出的差异、在类别知识方面所存在的差异、影响问题分类及表征的问题特征。这些实验的结果表明，专家和新手分别以特定的问题分类来对问题进行不同的表征，且成功地解决问题依赖于特定领域的知识。专家运用深层的物理学原理来分类和解决问题，而新手则利用表面特征来分类和解决问题。

文章

齐和她的同事在探讨专家和初学者在解决问题方面的差异时，主要关注于解决问题的第一步，即阅读和解释问题。当应对一个新问题时，所提出的第一个问题通常是这样的：这是一个什么样的问题？为了回答这个问题，你通常会试着回忆一下以前遇到过的类似问题。你去探寻一些特征点。解决问题的第一步是将该问题归类到某个类似问题的特定类别中。研究者认为，专家在阅读问题时，就已经使用了与初学者不同的方式来解释或分类该问题，因此也就能够更容易、更快速、更好地解决这些问题。

如何对一个问题进行分类取决于人们之前在类似问题上的经验，这决

> 特征点有助于分类问题

概念性知识：对概念和原理的深层理解

定了人们如何确定问题是什么以及解决方案的质量。自1946年A. D. 德·格鲁特（A. D. de Groot）发表其博士论文（在1965年被翻译成英文）以来，我们就知晓了国际象棋大师是如何解读国际象棋问题的。国际象棋大师的知识及其思维方式与初学者有着本质上的不同。专家不仅比初学者拥有更多的知识和更快的思考速度，他们在审视问题及处理问题方面也不同于初学者（即你所了解的决定了你所看到的）。大师们很快就能识别出某个特定棋子的位置，然后根据其先前经验来决定接下来的走法。同样的，医生通过运用他们之前处理过的相似临床病历及图表的知识来解释新病人的病历及相关图表，并据此做出诊断。因此，我们的先备知识决定了解决问题的质量。由于专家拥有数量更多、质量更优的知识（即深层的、概念性的知识），对问题的合理分类使得他们比初学者领先一步。

最早在心理学中使用图式这个术语的是研究儿童认知心理发展的瑞士心理学家让·皮亚杰（Jean Piaget）。他解释说，认知图式是"一个紧密的、可重复的动作序列，拥有密切联系且受制于某个核心意义的动作组合"。将图式视为组织知识的一种方式，一种由习得且可用的知识、技能甚至观念所构成的心理结构，该结构可被用于组织和感知新的信息。

图式：组织知识的认知框架

这类图式可能包含着不同类型问题的特征、可能的解决方案、各类问题可能出现的不同情境等。初学者也有图式，但它们不够广泛和深刻（也就是说，他们的图式不够完善）。因此，这些图式的使用对他们来说不太有效，有时甚至适得其反。初学者通常通过观察所谓的表面特征来解释问题，例如"之前的问题也涉及移动物体，而这个问题也是如此"，因此，他们会使用错误的公式（例如，用速度公式代替加速度公式）。然而，专家们能够看到问题背后的核

新手的图式简单而有限

心概念，比如"第一个问题是有关匀速的，而这个问题是有关加速度的，所以它是不同的"。由于专家具有大量且优质的知识图式，因此，他们知道如

> 专家们能够"看到"问题背后的核心概念

何快速、准确地对新问题进行分类，并将其与正确的解决策略及方法联系起来。

齐、费托维奇和格莱塞在他们的文章中研究了个体的先备知识与如何分类问题之间的联系。为研究这一问题，他们对比物理专业的大一学生（新手）和博士研究生（专家）是如何将一系列的物理学问题进行分类的，并进行了一系列的实验。他们发现，专家对物理问题的分类确实与初学者不同。

拥有大量先备知识的学生对问题的分类是否不同于拥有少量先备知识的学生

研究表明，虽然专家和初学者都对物理学问题进行了分类，但各自采用了不同的分类方式。初学者根据任务中所描述的特征对问题进行分类（例如，这些问题涉及一个斜面上的木块）。与之相反，专家们则依据根本的物理学原理对问题进行分类（例如，这些问题涉及能量守恒定律）。由于专家关注更深层次的物理学基本原理，他们也就能更快速地找到与问题相匹配的解决策略；而新手们因关注问题的表面特征，所以他们在探寻解决策略时相对较慢。

当人们遇到一个新问题时，什么样的先备知识被真正激活了

就问题的识别与分类而言，研究人员描绘了学生所具有的与问题相关的知识图式。同样也发现，初学者关注的是问题的表面特征，而专家关注的则是物理定律及其适用情境。

当新手和专家试图解释一个新问题时，他们会注意问题描述中的哪些词

研究人员要求参与者在阅读问题陈述时自由联想并大声讲出自己的思

考。这样做的目的是了解他们是如何进行分类的。令人惊讶的是，初学者是根据问题陈述中的"摩擦力"或"重力"等词汇而进行表层的分类；与之相反，专家们则根据转化后的或衍生的特征，例如"状态之前与状态之后"或"无外力"等，对问题或具体事例中所陈述的物理学情境中的状态与条件等进行描述。

该研究表明，专家的先备知识不同于初学者（见表1.1）。当遇到一个新问题时，专家们采取以解决问题为导向的方式进行思考，其先备知识主要是关于如何解决问题的程序性知识，同时也包括关于程序性知识运用条件下的深层概念性知识。相反，初学者的先备知识主要是对各种问题的外部特征的描述，但并不涉及可能的解决方法。

表1.1 专家与新手的差异对比

新手	专家
■ 相关的图式没有彼此联结	■ 拥有将各成分编码为一个整体的图式
■ 试图记忆和加工单个元素	■ 习得技能时无须回忆规则
■ 需运用认知能力低效解决问题	■ 可以自动启用对于解决复杂问题时所需的迁移能力
■ 采用逆向思维法（手段—目的分析法）	■ 采用前向工作法

研究结论/对教育实践的启示

白板说：人的心灵是一块白板，所有的知识、能力、行为和动机都来自后天的经验。

对初学者和专家的先备知识进行比较的研究表明，二者的差异不仅体现在量的方面（即专家知道得更多），也体现在质的方面（即他们组织知识的方式也是不同的）。这一洞察对教育具有三个重要的启示意义：

（1）初学者不是需要被装满的空桶；

（2）初学者不是"缩小版"的专家；

（3）教学和教育对此应予以充分考虑。

为实现最佳学习，新知识必须与学生已经习得的知识关联起来。新知识必须被整合到现有的图式中。[①]让·皮亚杰将其称为同化与顺应。

> 同化：将新知识纳入已有图式中
> 顺应：改变已有图式以适应新知识

> 　　皮亚杰区分了发展进程中的两个重要过程：**同化与顺应。同化**是将新知识嵌入现有的知识图式中的过程，而**顺应**则是以现有知识图式去适应新知识的过程。当儿童第一次在公园里看到一条拴着狗链的大丹狗或吉娃娃时，这些狗就会被归入儿童现有的狗类图式中（同化）。然而，这种图式本身也会发生变化，因为从现在开始，狗可以像大丹狗一样大，也可以像吉娃娃一样小（顺应）。

初学者的知识图式是初阶的、不完整的、肤浅的，而且经常包含错误概念（诸如这样天真的观点：如果你踢一个球，那么始终会有力作用在

> 错误概念：现有图式中的错误

这个球上，推动它前进）。新知识必须在图式中占有一席之地，要么将新知识置于图式中（同化），要么改变图式以适应新的知识（顺应）。如果图式中包含着一些错误概念（这对初学者而言是很常见的现象），那么教师必须通过消除错误概念或者帮助学生学习和理解基本原理等途径来聚焦于改变现有的图式。为此，教师需要努力去探明学生是如何进行分类的，去了解这些图式，以便采取恰当的措施来一步步地调整它们。因此，需要铭记于心的极为重要的一点是：新手的先备知识和假设并不是专家所知道的和假设的一种简化版，二者具有实质性的不同。

由于新手并不是一个缩小版的专家，所以对专家来说很有效的方法（例如，发现式学习、基于问题的学习、探究式学习等），通常不能很好地

---

① 读者将在第6章了解到大卫·奥苏贝尔有关先行组织者的更多论述。

对新手发挥效用，它们有时甚至是对新手有害的、适得其反的方法（反之亦然），意识到这一点是非常重要的。根据斯威勒等专家的观点，这被称为**专长逆转效应**：教学方法对先备知识水平不同的学习者的有效性的一种逆

> 专长逆转效应：对专家有效的方法未必适用于新手，反之亦然。

转。专家在掌握了特定的技术方法或原理后，就可以让他们解决所给出的问题了；而同一问题对新手来说，他们需要一个更具有条理性的方法来运用该特定原理才能解决。卡柳加（Kalyuga）等人发现，随着学习者的进步，可将解决进程中的步骤逐渐开放给学习者自己去进行，教学中采取这样的渐隐进程的效果要优于从例题突然转换到新问题的教学方式。随着学习者知识经验的增多，教师指导逐步减少，这就是指导渐隐效应的一个例子，它也是与专长逆转效应相一致的直接教学方法的一种运用。

因此，认识论并不是教学法！

如何在教学中使用该研究成果

> 差异化：教学应因材施教

就如何教学而言，差异化是不能忽视的一个问题。我们所讨论的这篇文章表明，在学习的早期阶段，包括学习者在阅读要完成的作业任务时，差异化教学是可取的。例如，擅长数学的学生或许会立即将作业中的问题与可能的解决策略联系起来，而不太擅长的学生在将问题进行分类时需要教师的指导，才能思考可能的解决策略。在对学生进行督导的过程中，很重要的一点是尽量让学生的思维过程明晰外化，以期确定其先备知识是什么、是否正确以及需要在哪些方面进行调整。要求学生讲出自己的思维过程，讨论他们做了什么以及为什么这样做，这将有助于教师去帮助学生像专家一样思考。

要点

■初学者不是"小"专家。与专家相比，他们懂得更少，思考方式也不同。

■儿童也不是小大人。他们看待世界的方式与成人截然不同，因此也应以不同的方式进行学习。

■适用于专家的某种教学方法很可能并不适用于初学者，甚至对初学者的学习是有害的。

■在初期阶段尝试进行差异化教学。

■专家的认识论对学习者来说并不是一种适宜的教学法。

■谨防"知识诅咒"，它是一种认知偏差，拥有某一领域渊博知识的教师忘记了他们获取知识时曾经历的具体过程，也不能理解为什么新手就是不"理解"。

第2章　减轻我的负荷

问题解决

沟通　协作

创造性　　批判性思维

文章	《问题解决过程中的认知负荷：对学习的影响》"Cognitive Load during Problem Solving: Effects on Learning" [1]

引文	"似乎没有明确的证据表明常规的问题解决方法是一种有效的学习手段，但有相当多的证据表明它不是有效手段。"

为什么你应该阅读这篇文章

> 工作记忆可以临时地保存新信息

认知负荷理论被迪伦·威廉描述为"教师应该知道的最重要的一件事"。这个理论是基于工作记忆在编码信息方面的能力有限而提出的。一旦学习者建构了知识图式，使他们能够在不超出其认知范围的情况下解决问题，那么他们就可以独立完成。没有这种图式，他们的工作可能是徒劳的。

> 建构主义：通过经验来建构知识的一种理论

为什么这很重要？问题解决可能是当前教育界最热门的话题。它构成了许多教学与学习中建构主义方法的基础，如基于问题的学习、探究式学习、发现式学习、体验式学习和建构主义式学习等。同时，它也被称为21世纪最受推崇的技能之一。最后，它已成为教育界和工业界的许多人士所关注的焦点，他们宣扬这样一种观点，即当下最重要的事情就是习得通用的、独立于特定领域之外的技能，以及学会解决问题的最好方法是直接去解决问题（例如，通过探究式学习/发现式学习）。

> 长时记忆：长久储存的知识

这存在着什么问题呢？假设你面对一个需要解决的问题。如果你非常精通这个学科领域，也就是说你拥有大量的与解决问题相关的知识，而且你也解决过类似的问题，那么你就可以按照必要的步骤来界定、解决并评估你的方案。你可能会选择以前使用过的解决问题的策略，但只有当你确定之前的问题与当前的问题具有相似性之后，才能确定所选策略是否是相关的。也就是

---

[1] Sweller, J.（1998）.Cognitive Load during Problem Solving: Effects on Learning. *Cognitive Science*, 12 257-285. DOI: 10.1207/S15516709COG1202_4.

说，你利用了储存于长时记忆中的知识和策略。由此我们说，你拥有某一特定领域的知识、特定领域的程序性知识（即有关解题步骤的知识）与策略以及执行这些解题步骤的能力（即技能）。

反之，如果你对某个领域不熟悉，那么就会遇到麻烦。此时最常用的策略就是我们所知的**手段—目的分析法**。你可以采用逆向思维的方式，将目前的状态（你当下所面对的问题情境）与

> 手段 目的分析缩小要达到的目标与当前状态之间的差距

目标状态（你需要达到的结果/解决方法）进行比较，然后寻找可以缩短这一差距的方法（你有可能采取的步骤）。所有这些都需要付出极大的心理努力。在这个过程中，你还需要搜索并找到与问题相关的信息。如果你对这个领域知之甚少，搜寻相关信息的过程将是非常困难的。这一过程最终只是耗费心理努力的试错过程，既无效率也无效果，所花费的大量时间及屡屡失败经常会让人感到沮丧。换句话说，这个过程令人不悦。

心理努力是指个体试图积极加工所呈现信息的努力程度。它是由三方面构成的复合体——感知到的需求特征（即相对于个体执行任务的专业水平而言任务的复杂

> 心理努力依赖于任务的复杂性及专业知识水平

程度）、感知到的自我效能感（即一个人在多大程度上认为自己能够以某种特定的方式来实现具体的目标）以及信息加工的水平或深度（即个体编码/记录某信息资源的程度）。其中前两个方面影响着第三个，而第三个则决定了所投入的心理努力的程度。

为什么特定领域的知识对于解决问题如此必要？为什么诸如解决问题、协作、写作、沟通等通用的技能是不存在的？斯威勒的文章为回答以上问题提供了依据。如果研究人员、教师、行政管理人员、教育政策制定者和政客们都阅读过这篇文章的内容并加以运用，那么我们就可以节省下在追求那些难以捉摸的通用技能上大量的时间、金钱和精力。

文章摘要

有重要的证据表明，决定专家和新手之间解决问题差异的主要因素是特定领域的知识。也有新的证据表明，常规的解决问题的技能在获取图式时并不是有效的。其原因在于这两个过程是相互冲突的，常规的手段一目的分析消耗了大量的认知资源，而这又导致在获取图式时没有可用的认知资源。本研究以实验证据为依据，建立计算模型，来探讨研究结果的理论与实践意义。

文章

对斯威勒而言，有关专家和新手差异的大量研究为他的这篇文章提供了依据。专家和新手的不同之处在于他们对问题状态结构的记忆、解决问题所使用的策略以及用于分类问题的属性等方面。自从德·格鲁特针对国际象棋大师和经验不足的棋手之间的差异进行的研究以来，我们就知道了专家和新手在问题状态结构的记忆方面是不同的。德·格鲁特发现，国际象棋大师们并非具有更出色的工作记忆，也并非更具有创造性或更擅长解决问题，他们只是记住了更多有意义的棋局。正如黛西·克里斯托卢所指出的：

这些国际象棋高手已经记住了成千上万盘棋的典型棋局。他们看到棋盘残局，能迅速决定该走什么棋。他们之所以能够这么做，是因为他们可以将目前的棋局与其长时记忆中存储的所有棋局进行比较。他们不是在进行推理，而是进行回忆。更确切地说，他们的推理能力与回忆能力密切相关。

这在许多领域都得到了重复验证，现在被视为一个确定的结论。就**问题解决策略**的使用而言，专家和新手也有所不同。如上所述，新手使用手段一目的分析法，而专家则相反，他们先选用自己熟悉的策略（通常从解决过类似问题的策略中选），然后继续推进问题的解决。专家能够采用前向工作的方式，因为他们借助以往经验来识别出每个问题及其状态，并知道哪些措施是恰当的。他们长时记忆中的认知图式为此提供了保障。最后，就**用于分类问题的属性**而言，专家是基于诸如解决方案的模式等深层结构来对问题进行分组，而新手则根据诸如外观等表面结构来对问题进行分组。

此外，探究式教学要求学习者在一个问题空间中搜索与问题相关的信息。所有的基于问题的搜索都对工作记忆有很高的要求。工作记忆负荷并不会有助于长时记忆中知识的积累，因为工作记忆被用于寻找问题的解决方法，无法用于学习新东西。诚然，在对长时记忆仅有微小改变的情况下则有可能进行较长时间的搜索。教学目标鲜有只是为了寻找或发现信息，多是为学习者提供具体的指导，让他们知道如何以与学习目标相一致的方式来对信息进行认知操作，并将结果存储于长时记忆中。

> 探究式教学对工作记忆有较高的要求

我们以烘焙大师与新手如何看待问题作为一个简单的例子，来说明二者如何根据深层结构或表层结构对问题进行分类的。对烘焙新手来说，发酵也就是发酵而已。但如果他们知道提高苏打面包的烘烤温度将会发酵得更快、更好，那么他们就会发现让普通面包快速发酵的问题与提高温度的问题是类似的。然而，对于专家来说，其表面结构可能是相似的（让面包发酵），但深层结构却不同。小苏打的发酵是一个化学过程，加热起到了催化作用，从而加速化学反应过程。然而，酵母则是利用生物过程使面团发酵。酵母消耗面团中的碳水化合物，产生二氧化碳和酒精。这个过程在37℃的环境下最适宜，而超出一定水平的温度则会杀死酵母的活性（这就是我们让面团在温暖处发酵后再烘焙的原因）。

> 举例：分类列举

在这篇文章的其余部分，斯威勒还论述了常规的解决问题方法对于获取问题解决图式是多么的低效，以及这对我们的认知结构有怎样的要求，对基本的工作记忆有怎样的要求。他还基于理论分析及大量的实证研究，指出通过新手常用的手段—目的分析法，虽然能够解决常规问题，但不能习得图式。在常规的问题解决过程中所投入的认知努力可以达到解决问题的目标，但不能达到学习的这种教育目标。

研究结论/对教育实践的启示

斯威勒总结道：

> 通过解决问题来进行学习将产生较高的认知负荷和心理努力

（1）采用手段—目的分析法这种常规的问题解决方式会导致较高的认知负荷；

（2）如何解决问题与如何习得认知图式，二者存在巨大差异；

（3）常规的问题解决所花费的认知努力无助于图式习得；

（4）鉴于图式习得是问题解决专长的基本要素，强调问题的解决可能会阻碍专长的发展；

（5）你不能通过解决问题来学习如何解决问题！

换言之，如果想让学生学习如何解决问题，他们首先需要拥有与该问题有关的某个学科领域的陈述性知识与程序性知识。如果想教他们掌握如何沟通、讨论、写作或者人们所说的21世纪所需的各种技能，亦是如此。如果事先不了解某事和它的行事规则（即程序），那么就不可能针对此事进行沟通、写作、讨论或争论等活动。

如何在教学中使用该研究成果

作为一名教师，避免采用手段—目的方式去解决问题是至关重要的。从目标到问题，和从给定事实到解决方案的逆向工作方式会导致过多的认知负荷，进而会阻碍学习。这意味着教师需要创设一种让学习者进行前向工作的学习环境。首先，他们需要拥有先备的知识；其次，他们需要有多次练习使用解决问题策略的机会，而这些策略可能与解决某个具体问题所需的策略类似。

实现上述目标的最佳方式之一就是在教学时采用与区块方法不同的方式——将内容和问题交错起来（范·梅里恩布尔和基尔施纳在他们的论著

中称之为变式练习）。区块法是指每次先解决一种类型的问题，然后再解决另一种类型的问题（例如，先解决"A类问题"，然后再解决"B类问题"，以此类推）。其学习模式类似于：AAABBBCCC。相反，交错法就

> 交错法：将要学习的多个主题混在一起

是解决几个混在一起的相关问题。其学习模式类似于：ABCBCAACB。这种方法有助于学习者选择正确的策略来解决某个问题，并帮助他们看到相关问题之间的联系、相似点及差异。这也有助于提高解决复杂问题时所需的迁移能力。

要点

- 获得或学习一个解决某问题的程序与能够解决某个问题是不一样的。前者是一种知识（程序性知识），后者是一种能力。

- 如果在学习者的长时记忆中没有相关的概念或过程，那么唯一可做的就是盲目地寻找可能的解决步骤……新手可能会花费更多的时间在解决问题上，但几乎从中学不到任何东西。

- 当学习方法符合人类的认知结构时，学习效果最好。

- 从短期来看，虽然解决问题的教学可能会让学习者去解决某个问题（即达到问题的目标状态）；但从长远来看，它不会让学习者学会如何解决这些问题（即达到教育的目标状态）。

- 手段—目的分析法是解决某个问题的拙劣方法。有时解决某个问题的最佳方法不是去"解决问题"。

第3章　你的加工有多深入

加工深度

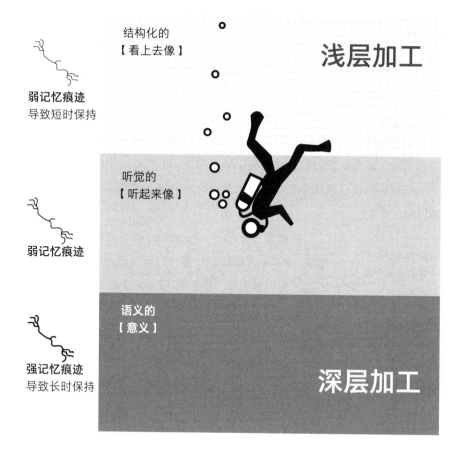

结构化的
【看上去像】

浅层加工

弱记忆痕迹
导致短时保持

听觉的
【听起来像】

弱记忆痕迹

语义的
【意义】

强记忆痕迹
导致长时保持

深层加工

文章	《加工水平：记忆研究的框架》"Levels of processing: A framework for memory research" [①]

| 引文 | "学生有意识进行的加工过程决定了什么将被编码到记忆中并被保留下来。" |

为什么你应该阅读这篇文章

你是否有过这样的经历，当给你介绍完某人后，还没等你反应过来，就想不起对方的名字了？这是因为在介绍别人的时候，你可能并没有以一种深度的或有意义的方式加工新信息，而是以一种非常浅层的方式加工这个信息，并想当然地认为自己已经记住了，然后接着就去做其他事情了。你听到这个名字时是以一种浅层的音素方式（即如何发音）来加工它的，而不是以更深层次的语义方式（即把听到的信息与你已经知道的东西联系起来）来加工它。如果你听到某个人的名字叫贝克（Baker），然后将这个名字与街角处烘焙美味面包和糕点的烘焙师（baker）联系起来，并在心里重复几次，那么你就对该名字进行了精细加工，即把你所了解的一般意义上的烘焙师与特定情境中具体的贝克联系起来，使新信息更加突出，从而更容易记住它。

> 情景记忆：有意识地回忆事件或事实

费格斯·克雷克（Fergus Craik）和罗伯特·洛克哈特（Robert Lockhart）在1972年发表的这篇文章，以及克雷克和恩德尔·塔尔文（Endel Tulving）在1975年发表的有关深度加工和情景记忆中的词汇保留的文章，这两个姊妹篇在将近50年的时间里，成为我们思考如何帮助学习者更好地学习和保留信息这个问题的基石。让我们面对现实吧，这应该是我们作为教育者的目标。

---

① Craik, F. I. M., & Lockhart, R. S. (1972). Levels of Processing: A Framework for Memory Research. *Journal of Verbal Learning and Verbal Behavior*, 11, 671–684.

文章摘要

这篇文章简要回顾了记忆多存储理论的研究证据，并指出了该方法存在的一些困难之处。然后，基于加工的深度或水平的视角概述了人类记忆研究的替代框架。根据替代框架对当前有关研究及论点进行了重新解读，并论述了对后续进一步研究的启示。

文章

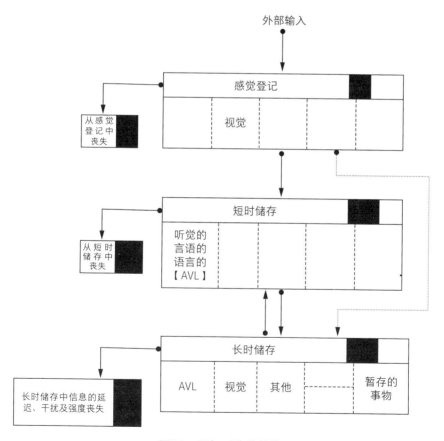

图3.1　记忆系统的结构

克雷克和洛克哈特撰写了一篇开创性的文章来对人们熟知的信息加工

多存储模型：记忆的结构化模型

的**多存储模型**进行回应。这篇文章并非表明他们不认可这样的事实，即刺激（信号）通过感觉登记器（眼睛：视觉；耳朵：听觉；鼻子：嗅觉；口腔：味觉；皮肤：触觉）进入我们的大脑，其中分别有有限的短时存储（即现在所称的短时记忆或工作记忆）和几乎无限的长时存储（长时记忆）的区域。

但两位专家的质疑在于，信息加工的多存储模型并不能恰当地解释为什么有些内容比其他内容得以更好地学习和保留。为此，克雷克和洛克哈特提出了**深度加工模型**。两位专家认为知觉包含着在多个水平上的刺激分析，开始是对刺激的物理或感觉特征的分析（如线条、角度、亮度、音调、响度等），随后的阶段则是通过像**模式识别**和意义提取等过程，将新输入

模式识别：自动地识别模式及趋势

的刺激与已存储于我们记忆中的内容相匹配，这也是深度加工模型构建的依据。当某个刺激被再次确认后，个体将会通过丰富化及精细化的方式进行更为深入的心理加工。克雷克将加工深度定义为："从刺激中所提炼出的意义性，而非依据对刺激进行分析的数量。"

深度加工模型还认为，经过知觉分析后，就产生了记忆痕迹。具体来说，他们认为：

痕迹保留的持久性随分析深度而定，伴随着更深层次的分析，记忆痕迹将会更精细、更持久且更深刻。由于个体通常只关心从刺激中所提取的意义，因此储存这种深度分析的结果是有益的，但通常无须储存初步分析的结果。

因此，较深入的分析/加工会产生更持久的记忆痕迹，进而可以促成更好的记忆留存与学习。

两位作者认为，尽管在对加工水平进行划分时可以将其视为几个不同的阶段（例如，感觉分析、模式识别、刺激精细化加工），但将这些水平描述为一个分析的连续体更为恰当。在此基础上，他们也将记忆视为一个连续体，从基于感觉分析而迅速衰减的短时记忆（例如，基于音素和正字法的加工），到基于语义联想加工的长时记忆。

与多存储模型相比，加工水平模型是相对非结构性的，我们所记住的是加工信息之后的结果。根据克雷克和洛克哈特的观点，我们可以采用三种方式加工信息。前两种方式可以被称为**浅层加工**。结合克雷克和洛克哈特的这项研究以及克雷克和塔尔文以学习书面文字为主的研究，我们试图对其加以清晰的阐述。你可以采用结构化的方式来加工一个书面文字，即**结构性加工**。也就是说，你注意这个字的外观，只编码其物理特性或只关注这个字看上去是个什么样子（例如，字体、大小、颜色等）。第二种加工方式比结构性加工的层次略深一点，在这里我们称为**音素加工**，即对文字的声音进行编码；或者称为**字形加工**，即对文字中的字母进行编码（即拼写）；还有一种加工方式即**正字法加工**，也就是有关规范使用文字的编码。这两大类浅层加工方式都涉及维持性复述（即重复某件事情，使其储存在短时记忆中），这将导致微弱的、非持久性的记忆痕迹，由此也只能是相当短暂的记忆保留。此外，还有一些其他形式的浅层加工，例如在文章中标注重点、画下画线、把教师说的话逐字记下来作为笔记等。

> 浅层加工：关注表面特征

相反，深度加工涉及对信息的**语义加工**，也就是当你对文字的意义进行编码，并将其与具有相似含义的相似文字联系起来时，即在进行语义加工。克雷克和洛克哈特对此进行如下解释："当某个词语被识别后，它可能会引发研究对象根据既往与这个词语有关的经历而产生联想、图像或故事。"这种深度加工涉及我们所知的包含了意义分析的精细加工复述，例如，赋予某个字或词组含义，或将其与之前的知识联系起来，从而形成更深刻、更持久的记忆痕迹和更好的记忆效果。

> 语义加工聚焦于深层的意义

记笔记是用纸笔还是用电脑

在是否允许学生在教室里使用笔记本电脑这个问题上存在很

多争议。禁止使用电脑的主要理由是：（1）学生们使用电脑做记

笔记之外的其他事情（例如，登录脸书、照片墙等

社交媒体，收发电子邮件，浏览新闻，玩游戏等

等）；（2）即使你没有使用电脑，电子屏幕也会让

你分心。这两点都是毋庸置疑的。但还有第三个原因，那就是现

在的大多数孩子打字的速度和教师说话的速度一样快，因此，学

生可以一字不差地将教师的话语转录下来。字词从其耳朵进入，

然后又从其手指敲出，就其实质而言，他们只在音素层面上加工

信息。如果他们使用笔和纸来记笔记——除非他们用速记的方

法——那么，他们就需要对教师所讲的内容进行转述、精炼，并

提炼重要内容（也就是辨别良莠的过程）。因此，他们会更深入地

加工所听到的话语，也由此更好地记忆和学习。

> 手写还是敲键盘

至此，我们应该清楚地认识到，作为教师，我们应该努力让学生尽可能地对信息进行深度加工。我们应该为此利用各种技术和教学法来加以促进、激励，甚至要求学生对课堂上的信息进行深度加工。

研究结论/对教育实践的启示

> 多任务加工：同时进行两个或多个信息的加工活动

因为我们一次只能做一件事（我们不能进行多任务加工！），在浅层上加工某个信息会干扰在更深层上的加工过程。换言之，学生有意识参与的加工过程决定了什么信息将被编码到记忆中并被保留下来。正如克雷克和塔尔文在他们的10项系列实验中所展示的那样，学生加工材料的方式甚至比其学习意愿更重要。马什（Marsh）和巴特勒（Butler）指出，克雷克和塔尔文的实验意味着这样一个事实，即一个刻意为考试而准备但忽视了学习内容的深度加工的学生，其成绩会不如那些即使不是很想努力学习但对学习内容进行了深度加工的学生。

总之，关注不同的教学策略和学习策略会导致什么类型的加工方式，这是非常重要的。就大部分的教育任务而言，明确地鼓励学生对需要记忆的信息进行意义提炼，这种策略将会让学生受益良多。因此，如果教师希望学生学得更好，这意味着学生不仅要知道，而且还必须用他们所知道的和学到的去做。

如何在教学中使用该研究成果

借鉴克雷克和洛克哈特的观点是相对容易的。有些人甚至可能会说这就是常识。尽管如此，我们还是列举了以下几条在教学中可以用来深度加工的简便易行的方法。

1. 鼓励学生主动地对所学内容进行探索，以便对其进行精细加工。例如，我所学到的概念、原理、策略与其他的知识有什么联系？这种**精细化编码**可以帮助学习者对某个概念有更多的了解，同时也可促进记忆，因为它帮助学习者构建了一套与正在学习的内容相关联的更为丰富的整合性记忆。

2. 鼓励学生思考所学知识的**区别性**。这个概念、原理、策略与其他的概念、原理、策略有何相似或不同之处（即特殊性）。

> 使之有所区别

3. 将新信息与**先备知识**联系起来。我们将在第6章中进一步了解先备知识（利用先行组织者）的重要性，如果学习者将所学信息与他们已经习得的内容联系起来，则可以更好地保留和记忆这些信息。他们在新信息和心理图式中的已有知识之间建立联系，进而能够在更深层次上加工这些信息。

> 与已有知识联系起来

4. 学习活动应关注**应用**。如何将你所学的内容应用到不同的情境中？它能被应用吗？如果不能的话，原因何在？当鼓励学习者借助这种应用的方式来掌握知识时，知识的保留度将得以提升。

> 应用所学的内容

5. 对已经学过的内容进行**返工**。让学生用自己的语言来表达所学内容，撰写概要或阐释所学内容。要求学生将所学内容绘制出一个概念图。让学生和其他人讨论所学内容。

6. 为学生**量身定做**。如何将学生学到的知识与其个人经历相联系？

7. 运用**适于迁移的加工**方式，即学生将来希望以什么方式运用这个信息，则现在就用这种方式来加工该信息；或者教师以何种方式评估学习效果，学生就用该种方式来学习和加工。鼓励学生试着想象一下，教科书的作者或者教师期望自己运用所学可以做些什么。

> 适于迁移的加工：
> 信息的编码与提取
> 是类似的

要点

- 学生能否记住所学的内容，取决于他们对这些内容深度加工的程度。

- 学习者在学习过程中对信息的加工程度越深，信息的保留和记忆的效果越好。

- 学习者或教师越多地运用技术去促进深度学习，就越能更好地记忆信息。换句话说，如果学习者能以多种方式加工信息，则能更有效地记忆及回忆这些信息。

- 除非将注意力集中于某个特定的水平上，否则信息加工将是自动化的，且加工水平通常较低。

- 仅仅是"只管用谷歌搜索一下"来搜寻信息是不够的。要指导学生去思考概念的意义，以及这些概念与其他概念具有怎样的联系，而不只是孤立地记住它们的定义。

- 学习在很大程度上就是关于这样一个问题，即我们关注什么。因此，要确保学生去关注正确的事情。例如，制作黑斯廷斯战役的PPT有可能会让学生更好地学会使用演示文稿软件，而不是对黑斯廷斯战役有更多的了解。

第4章　学习的进化观点

进化心理学

生物学的

初级学习

运动
说话

建立关系
民间心理学
民间生物学
民间物理学

生物学的

次级学习

文化知识：
学校课程
阅读
写作
数学

| 文
章 | 《进化视角下的教育科学》"An evolutionarily informed education science"[1] |

| 引
文 | "进化教育心理学研究的是民间知识和能力之间的关系，以及伴随而来的推理和归因偏差，因为这些偏差影响了进化中的新文化情境（尤其是学校情境）中的学业学习。" |

为什么你应该阅读这篇文章

婴儿在刚出生的时候几乎是立即与父母沟通。他们让父母知道自己什么时候开心、什么时候饥饿、什么时候不舒服。经过6到8周的时间，他们就会对父母微笑了，父母也会回以微笑。然后他们就会开始发出声音，这种发声的互动在父母和婴儿之间反复进行。不久后，他们开始说第一句话，并学会与他人共处、玩耍。婴儿和蹒跚学步的孩童们是如何学会做这些事情的呢？为什么他们学习说话时似乎毫不费力，但几年后在学习同样语言的阅读和写作时却极为痛苦和困难？为什么班级里的孩子对彼此的关注多于对学业活动的关注？戴维·吉尔里（David Geary）在其文章中从进化的角度来审视孩子们的学习，对诸如此类的问题予以回应。从进化的视角来审视和研究学习，让人耳目一新。它给我们解释了为什么孩子们对某些事情有着不竭的动力，而对另一些事情则鲜有动力甚至毫无动力，以及为什么某些学习方式如此受欢迎。

文章摘要

学校是进化与文化交汇的中心。孩子们在学校情境中学习不断演进的新能力和新知识，以便长大成人后立足于社会。进化教育心理学研究的是儿童学习和动机系统中的进化偏差如何影响其在学校里学习不断演进的新型学习能力与动机。我简要概述了有关进化的心智领域、相应的学习与动

---

[1] Geary, D. C. (2008). An Evolutionarily Informed Education Science. *Educational Psychologist,* 43 (4), 179-195.

机倾向，以及让人类能够在其一生中学习和应对各种变化的进化系统。进化系统使文化和学术创新的产生成为可能，也为在学校中学习不断演进的新信息提供支持。本文还阐述了进化系统的作用机制以及进化教育心理学的前提和原则，并且通过对进化的动机倾向与儿童学习动机之间关系的讨论、通过对进化的社会认知系统与支持儿童学习阅读的机制之间的关系描述，来说明它们的效用。

文章

我们"自动地"学会了很多东西，而无须付出任何明显的努力。原因很简单——学习某些东西是由于自然选择在我们的基因上形成了既定程序。可以说，某些类型的学习通过进化而在我们身上固化下来。基于这种方式，我们通过观察和

> 生物学上的初级知识：我们自然而然获得的进化的技能/知识，比如说话

比较来学习识别面孔、通过倾听来学习说话、通过不断试错来学习走路。它们都是学习的各种形式，而我们作为一个物种，经过了许多代的进化才掌握了这些特定的学习形式。我们也称为生物学上的或进化的初级学习。各种初级的技能，例如学习通用的问题解决策略、模仿、识别面孔、通过倾听和说话来进行沟通交流，以及涉及沟通能力的社会关系等都是通过进化而得以演进发展的。吉尔里认为："人类的大脑和认知系统通过进化而能够对重要的具有进化意义的信息予以关注、加工并指导着相应的行为反应，这构成了人类认知的'生物学上的基础性的'或核心的领域，并汇聚成了民间心理学、民间生物学和民间物理学"。民间心理学（即常识心理学）主要关注自我、他人和群体动力学，关注我们与生俱来的解释能力和预测他人行为和心理状态进而处理和建立关系的能力（例如，他/她很友好，或者我可以依赖他/她）。民间生物学主要关注我们如何对周围的自然界进行分类和推理，如何建立有关自然界的运行状况及其"本质"的分类标准（例如，我们用于理解周围自然世界的一种探索）。民间物理学是未经训练的人类对各种基本物理现象的看法，这有助于我们了解、建立各种现象的心理

表征（例如，有升必有降）以及工具制造。吉尔里指出，从进化的角度来看，我们在社交活动和探索周围事物方面也具有生物学偏差。我们仅仅作为某个群体的成员、无须接受明确的指导或教学，就可以轻而易举、毫不费力地获得这些初级知识。我们也将生物学上的基本知识直接储存在长时记忆中，并未在工作记忆中进行有意识的加工。

> **自然选择：让某个物种得以生存下来的特性**
>
> "适者生存"的说法一直以来被认为是查尔斯·达尔文提出的，实则是由英国维多利亚时代的著名科学家赫伯特·斯宾塞（Herbert Spencer）首创。在日常用语中，人们对这个术语的理解是较强壮的物种会战胜较弱小的物种，从而生存下来。但这种说法只具有某种特定意义上的正确性。适者生存是有关进化问题的，用于描述达尔文所说的**自然选择**机制。自然选择是一个生物学概念，只与繁殖能力（即成功）有关。换句话说，它实际上描述的是任何一种生命形式得以生存的问题，即是否有最大的机会活得足够长以便繁殖，并且若有必要的话，还能够照顾尽可能多的后代，使它们最终也能够繁殖。也就是说，植物或动物中的最适者比其他植物或动物更具有适应性，并且能够在其后代中留下尽可能多的自我复制。只要我们审视一下诸如交流（包括口头和肢体上的交流）、识别他人、与父母和生存所必需的其他人形成社会联系等方面的初级知识或技能，就能够很清楚地发现，没有这些技能，婴儿将无法存活很长时间，也无法繁殖、无法延续这种非习得的能力。

随着社会变得越来越复杂，我们需要的不仅仅是这些初级知识。人们除了保持身体上的健康，还需要获得不同类型的知识，以便能够融入社会。这包括获取广义的文化知识，即我们通过有意识地而不是靠自然进化所获得的且能够传递给后代的各种知识，例如阅读、写作、数学、使用电脑或搜索引擎等。我们不再仅仅依赖于当下即时可得的信息，而是通过教师、书籍等信息载体，让更多的人获得信息。这类文化知识或次级知识通常是与上述的民间心理学、民间生物学及民间物理学这三个领域分开的，并经常在学校中教授。我们把这种学习方式称为"生物学上的次级"，这类知识和技能是有意识地获得的，通常需要付出相当大的努力。此外，斯威勒和特里科（Tricot）提到，与生物学上的初级通用认知技能不同，生物学上的次级技能往往是特定领域的。换句话说，这些技能是我们在学校里习得的技能。

> 生物学上的次级知识：诸如阅读、写作等无法天生获得的文化知识

问题解决

在我们作为智人发展的某个阶段，含有初级学习的自动化过程已无法满足发展的要求。为了在快速变化的社会和生态环境中生存，人们发展出了**系统化的问题解决能力**。运用这种能力，人们就能够抑制进行低级幼稚的探索的本能倾向，而以更系统的方式进行学习和解决问题。例如，面对一个充满爱意的狼的标本时，那种想逃离的倾向会被抑制。这种系统化的解决问题的潜能是人类大脑最重要的特征之一。它与自动化的认知过程一起构成了人类大脑的核心基础，使初级学习和次级学习都能得以进行。然而，从进化的角度来看，我们次级学习的能力很不成熟，没有初级学习的素养发展得好。根据吉尔里的观点，这种认知结构会影响到学校中的学习及其效果。

> 系统化的问题解决：运用初级和次级生物学上的知识

我们在学校中如何学习

进化不仅在我们想学什么方面发挥作用，而且在我们喜欢怎样学习方

面也发挥着作用。在日常生活中，我们可以依靠启发式、实用的经验法则和记忆法。通过这种方式，我们可以快速且自动地赋予周围世界意义。假定你遇到一个人，你的大脑通常会快速知晓这是朋友还是陌生人，你可以通过此人嘴巴和眼睛的形态来判断其是高兴、生气还是悲伤。这些自动化的认知过程帮助我们成功地与他人互动。我们通过观察、发现和玩耍等方式掌握了这些过程，这些都是无意识的学习。如果我们也能以同样的方式轻松地获得次级知识就好了，但事实并非如此。我们可以自动地学习说和听，但是需要通过显性教学来学习拼读和写作（也可参见第21章"真正有效的学习技巧"和第17章"发现式学习"）。与初级知识不同，学校中知识的获取并不是自动发生的，它需要学习者的努力。这种学习过程是有意识的，因此它发生在工作记忆中。

研究结论/对教育实践的启示

进化心理学有助于我们理解为什么学生能很容易地学会某些东西而且有很充沛的动机（初级学习），为什么其他学习任务需要他们付出更多的努力（次级学习）。正如吉尔里所说：

> 如果我们的目标是普及教育，让学生掌握各种不断演进更新的学科领域内容（如数学）及能力（如与阅读有关的语音解码），那么我们不能假定

| 语音解码：对字音的识别 |

> 与生俱来的好奇心或学习动机对大多数儿童和青少年来说就够用了。

> 儿童天生的好奇心以及学习文化的动机将促使他们启动学习，但无法预测能否维持其长期的学业学习。这一点与卢梭和其

| 浪漫主义：庆祝人类自然状态的文化运动 |

> 他"浪漫主义"所倡导的教育方法相左（参见赫希所著的《我们需要怎样的学校》）。

> 为了让学生在学校里能够充分地学习，教师应该手把手地引领学生，并且用不同的方式激励其学习，因为：

- ■ 孩子们将不得不抑制其本能倾向，而这种抑制本身也是需要付出努

力的；

　　■孩子们将需要以不同于初级学习的方式来进行学习；

　　■对次级学习而言，由具有专业经验的人进行直接教学更为可取。

　　吉尔里指出，为了激发学生在学校中的次级学习的动机，教师最好能找出初级学习与次级学习之间的过渡区域。他举了一个家长（也可以是教师）给孩子"读"图画书的例子。孩子对此是感兴趣的，因为他/她喜欢把注意力集中在父母（或教师）身上，由此也想学习语言（初级学习取向）。与此同时，书中的图片是他们周围事物的抽象版本，交流也不是直接用大白话，而是借助书面故事进行（这二者都是次级知识）。如果学生们经常经历类似的学习情境，并且发现能从中学到一些东西，那么他们也会有动力去学习其他越来越抽象的课业内容。成功会带来动力，反之则行不通。

如何在教学中使用该研究成果

　　学校中的学习需要付出努力，有时甚至需要付出很大的努力。意识到这一点很重要，它将有助于了解学生是如何进行活动的。要让学生意识到，有些事情是可以靠自己学会的，而其他事情只有通过努力才能学会。由熟知学生的人实施直接教学，这不啻为引导学生进行次级学习的良方。

　　如上所述，教师可以通过将学校中的次级学习与自然而然发生的初级学习联系起来，以此激发学生的学习动机。这可以通过将教学材料与学生所关注的议题联系起来加以实现，例如，身边的现实环境或社会进程等。如今，我们对学校教育给予了很多关注，例如，提倡真实性学习或有意义的学习（可参见第23章"情境认知与学习的文化"）。在这里，我们也同样在寻求学生要学习的内容与其所处的现实世界之间的联系。

要点

　　■人们天生就会关注那些对其生存具有重要意义的事情，学会这些是毫不费力的。

　　■学校中的学习需要学生付出努力并主动利用工作记忆。

■每个人无须接受学校教育均可学会听和说，但只有借助显性教学才有可能学会读和写。

■需要帮助学生平衡或"管理"好自己的兴趣点与课堂学习的兴趣点。

■学生能够"天生地"发展社会技能（生物学上的初级或民间经验），但必须学习将这些技能恰当地运用于特定的领域（生物学上的次级知识）。

■通过与学生自然而然的学习方式建立联系，来激发其学习的动机。

第5章　一幅图与一千字

双重编码

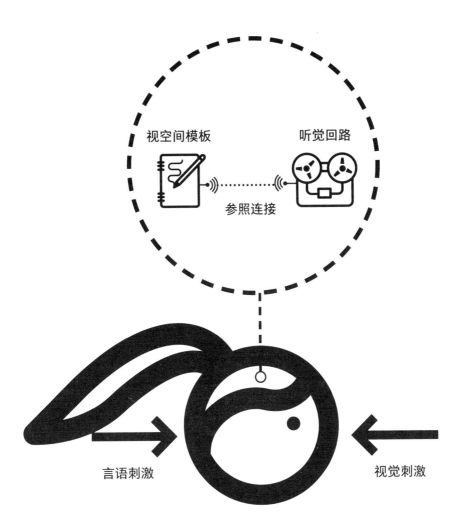

视空间模板　　　　　听觉回路

参照连接

言语刺激　　　　　　视觉刺激

文
章 | 《双重编码理论与教育》"Dual coding theory and education" [1]

引
文 | "人类认知的独特之处在于，它能同时专注于处理言语及非言语的物体和事件。"[2]

为什么你应该阅读这篇文章

你也许听过这句话：一图胜千言。这句话虽然有其事实依据，但也存在两个问题。首先，只有当所表现的概念是具体的或清晰无误的时候，这句话才是符合事实的。以罗马的**正义女神**为例。我们大多数人是非常熟悉正义女神的形象的，但正义是一个非常抽象的概念，如果没有必要的先备知识和文化历史，那么这尊雕像也无法说明任何事情。再以**哺乳动物**为例。若要让人们理解或推论出该术语的内涵，那就需要无数张图片，例如从大黄蜂、蝙蝠到树袋鼠，再到牛、人、大象、蓝鲸等，图片还应体现这些动物的突出特征。这句话忽略了图片与言语二者可以叠加的事实。

先回到第一个问题。将正义女神的图片与言语解释结合起来，则更有可能深刻地理解该术语及其意义，例如正义女神蒙眼的意图（公正的象征，与财富、权力或其他身份地位等无关）、手持天平（象征着裁量支持和反对力量的公平）、手握利剑（决断和最终权威的象征）、身着长袍（荣耀地位的象征）等。对于"哺乳动物"这个概念，也可如法炮制，根据五个简单的原则来确定其内涵，即由雌性生产并养育幼崽、温血、有体毛、有新大脑皮质以及三块耳骨。是否有人在没有语言（文本或口头）解释的情况下，能够推断出这些原则并正确地将相关动物归为哺乳动物，这是值得怀疑的。

第二个问题是忽略了图片和文字影响可以叠加共同发挥作用。二者发挥合力是阿兰·帕维奥（Allan Paivio）的双重编码理论（Dual Coding

---

[1] Clark, J. M. & Paivio, A.（1991）. Dual Coding Theory and Education. *Educational Psychology Review*, 3（3）, 149-210.

[2] Paivio, A. (1986). *Mental Representations*. New York, NY: Oxford University Press.

Theory，DCT）的基础，也是本章要探讨的主题。

文章摘要

双重编码理论从**动态联想过程**的角度来解释人类的行为和经验，这种动态联想过程在含有丰富的言语和非言语（或表象）表征的网络上运行，具有特定的形态。我们首先描述该理论的基本前提，然后展示如何使用基本的双重编码理论机制来模拟不同的教育现象。研究发现，具体性、表象化和言语联想过程在教育领域的诸多方面起着重要作用，例如知识的表征与理解、学校课程的学习与记忆、有效教学、个体差异、成就动机与考试焦虑以及运动技能的学习等。双重编码理论对教育心理学的科学理论与实践（特别是对教育研究和教师教育等）也具有重要的启示。研究表明，双重编码理论不仅为教育领域中的多种不同主题提供了协调一致的解释，而且其机制框架也能很好地适应诸如策略和其他高级心理过程方面的理论。虽然双重编码理论还有待进行更多的研究，但该理论为学生、教师和教育心理学家的行为和经验所提供的具体模型进一步加深了我们对教育现象的理解，也加强了相关的教育实践运用。

> 联想过程：在信息片段之间创建联系

文章

1969年，阿兰·帕维奥发表了文章《联想学习与记忆中的心理表象》（Mental imagery in associative learning and memory）。在这篇文章中，他提出非言语表象加工与言语符号加工在操作上彼此是可区分的，而且可以作为联想中介或记忆代码等分别为学习者所用。

> 非言语表象：与特定的文字相关联的视觉表征

言语系统以文字的形式加工信息，帕维奥将这种形式称为语言单元。非言语系统以现实世界中出现的事物属性的形式加工信息，这种形式被称为表象系统。例如，当我们想到一个网球时，我们可以回忆起它的单词（语义代码），但我们也可以回想起拿着网

> 语义代码：文字

表象系统：与某
个文字有关的图像

球的感觉，以及它看上去的样子、闻起来的气味（表象系统）。这些表象系统与外部世界直接相关，而语义代码则是抽象的，是外部世界的某个事物的象征符号。

此外，双重编码理论指出，连接可以在每个系统内部产生（即联想）。例如，你可以将"学校"这个词与阅读、写作、算术、教师或教室等其他词汇联系起来。你还可以将学校的形象与体育馆的气味或挂在教室墙上的教学材料联系起来。同样，两个系统之间也会产生连接（即参照）。例如，"学校"这个词可以让你脑中浮现出自己学校的表象，而学校建筑的形象也可以唤起"班级"和"学习"（当然还有"学校"）等词汇。帕维奥用下面的图示来描绘这些系统及其关系（见图5.1）。

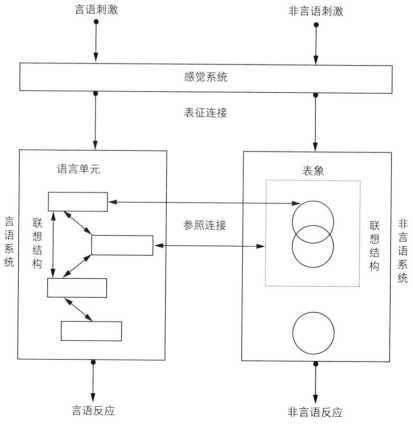

图5.1 加工文字与表象的双重编码模型

双重编码理论最重要的假定之一就是，语义代码和表象系统对记忆具有累加效应。换句话说，同时使用两种系统比只使用一种系统可以更好地记住信息。这在今天看来也许只是常识，但在当时却具有里程碑意义。而且更为重要的是，研究毫无疑义地表明这个假定是正确的。

双重编码理论作为认知负荷理论与多媒体学习认知理论的基础

双重编码理论（DCT）为后续许多理论的提出奠定了基础。例如，约翰·斯威勒提出的**认知负荷理论**（CLT）（可参见第3章）和理查德·迈耶（Richard Mayer）提出的**多媒体学习认知理论**（Cognitive Theory of Multimedia Learning, CTMML）都是基于帕维奥的研究而提出的。这两种理论都认为，如果你同时采用言语与非言语两种方式加工信息，则能更好地记住信息。在CLT和CTMML中，至少有三个原则与帕维奥的研究直接相关：（1）**通道或多媒体原则**，即把文字和图表放到一起比单纯的文本或单纯的图表更有利于学习。（2）**冗余原则**，即配有动画和解说时，能让我们更好地学习；当视觉文本信息与口头言语信息同时呈现时（例如，在课上阅读幻灯片上的文字），这是多余的，且会阻碍学习。（3）**空间邻近或注意力分散原则**，即当文字及其对应的图片在页面或屏幕上彼此靠近而不是远离时，我们会学得更好。如图5.2所示。

双重编码理论还解释了为什么给学习者提供具体的内容（例如，举例、信息、概念等）是重要的。

> 具体的事例比抽象的概念更容易加工

具体的内容更容易加工，因为它们更能"激发想象力"；与抽象的内容相比，它们能更快、更容易地唤起表象。不妨思考一下加工"树"（具体的）和"自由"（抽象的）这两个概念之间的区别。"树"的图像要比"自由"的更容易浮现在脑海里。为了促进抽象概念的加工，教师可以使用例子。例如，教师可以通过指出在教室上课和课间在操场上玩耍的区别来解释"自由"。

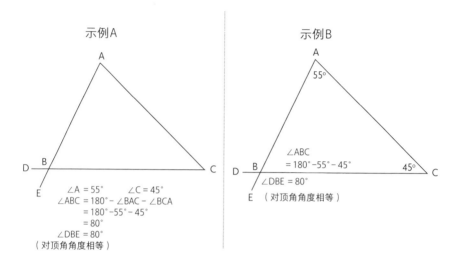

图5.2 注意力分散原则：文字及其相应的图片隔开呈现（左图）
或接近呈现（右图）

各种事例的作用也在数学教育中得到了证明。许多教学方法都是先使用实物（例如弹珠或者纽扣等），然后再引入数字及其表达符号（如同代表着表象系统的文字与符号）。逐渐地，教师移走弹珠等辅助教具，教授学生使用数学符号来计数。还有其他一些例子，例如利用馅饼和比萨饼的切片来解释百分比或分数。通过将事物具体化，并充分地利用非言语系统，我们可以更好地理解认知结构是如何工作的。

研究结论/对教育实践的启示

透过双重编码的视角来审视教学与学习，这对教育实践是有益处的，即使这不过是从我们可用的不同方法中进行选择而已。从双重编码理论的角度来看，恰当地将两个系统组合起来，并运用多种事例，这种方法应被优先选择。如果某种方法只能满足一个系统，要么是言语的，要么是非言

语的，那么这种方法就没有太大用处。要记
住，没有谁在环境中只使用一种系统就能让思
考或学习最优化（即单一的视觉学习风格或言
语学习风格）。这些所谓的学习风格已被一次

> 学习风格：一种伪理论，
> 声称学习者以最偏爱的风
> 格进行学习时效果最好

又一次的研究证明为无稽之谈。不存在什么"图像思考者"或"语言思考
者"。每个人都运用这两种系统进行思考，每个人也都能从这两种系统的使
用中受益。你越经常将两种系统结合使用，你的记忆痕迹就越深刻，你也
就记得更牢、学得更多。

如何在教学中使用该研究成果

利用双重编码的首要方式就是在教学中恰当地使用图像和文字。教师
（或其他在学术会议上做报告的学者们）常犯的一个错误是，在幻灯片上填
满了文字，然后逐字逐句向学生（或听众）读出幻灯片上的内容。这种错
误是很好理解的。他们认为通过口头重复幻灯片上所写的内容（即文字的
"共同"意义的一种冗余形式）可以强化所传递的信息。不幸的是，这已经
被证明是一种错误的观点。再如，在解释一个图表时，要进行口头表达，
而不是通过图表内或图表旁边的文字来表达。教师在课上讲解图表或公式
时，尽量使用突出的标记（例如，动画或高亮显示）。不要把解释的文字都
写在幻灯片上！

在使用双重编码理论时，将你在文字（口头的或文本的）中呈现的内
容，与用于说明、解释和具体化文本概念的图像恰当地组合在一起，这是
极其重要的。一个很好的例子就是如何清楚地解释**可供性**[①]这个相当复杂且
很抽象的概念。可供性主要描述了物品与使用者之

> 可供性：物体给使
> 用者提供的选择

间的交互关系。假定设计师在设计房间的门把手时
忽视了可供性这个问题，某人试图使用把手去拉开

---

① 可供性是指用户对某物的感知属性，它影响着用户的使用方式。有些门把手看起来应该是用来拉开
门的，它们的形状让我们的大脑相信"拉"是使用它们的最佳方式。而其他的把手看起来则应该是用来
推的，它们的特征通常由门上的一根横杆或某侧边上的一块平板来表示。

门，但实际上这扇门需要通过推才能打开。如果用门推板代替把手，打开门需要推这个动作就变得显而易见了。在图5.3中，每个人都很容易在左边这种情况下去推门而不是拉门，而在右边这种情况下则相反。

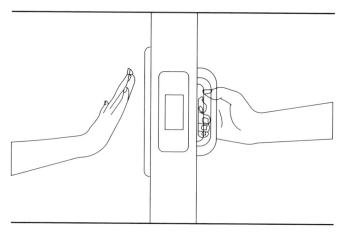

图5.3　让可供性这个概念快速清晰化的一幅图片

或者教师试图解释"科技反咬"这样的概念，即科技有时也会惨遭失败，那么教师可以在课上这样来解释：人们期望自动扶梯能让人的行进速度加快，因为自动扶梯在移动，同时人也会在扶梯上走动，但事实有时并非如此。让学生观看一幅图片，人群拥挤在自动扶梯底端，因为每个人一旦踏上扶梯就都站着不动了（见图5.4）。

举例：鼓励学习者创造抽象概念的心理表象

教师也可以通过激发学生的想象（在脑海中描绘某些东西）来使用双重编码的方法。有多种途径可以将这种方法用于教育实践中。例如，要求学生对刚刚讨论过的事物，尤其是抽象概念创造出心理表象。这类方法更容易唤起学生的表象思考，帮助他们更好地理解和记忆抽象概念。例如，如果教授莎士比亚的某部戏剧，其中包含大量角色及其相关的主题，教师可以要求学生通过关注不同角色的个性特征以及这些特征与戏剧主题的关联性，来创造出有关这些角色的心理表象。事实上，莎士比亚本人在这方

图5.4 让"科技反咬"这个概念快速清晰化的一幅图片
（由帕维尔·卢斯夫斯基拍摄，来自 Adobe Stock 图像资源库）

面就做得很好。敏锐的读者在谈及戏剧中的伊阿古（Iago）这个角色以及嫉妒的危害时，在脑海中会浮现出"绿眼怪物"的形象。另一种方法是让学生绘制含有各个子概念及其关系的概念图。最后，教师可以要求学生将书面内容进行图像化的加工，或者对视觉图像内容进行书面文字描述。通过这种方式，一方面可以帮助学生创建额外的记忆线索，加强记忆；另一方面，要求学生检索已储存的信息（也就是检索练习），这也可以加强记忆。

要点

■每个人都有两个相互协作的记忆系统，一个是非言语系统，一个是言语系统。

■这两个系统在学习过程中都处于活跃状态。单一的图像思考者或言语思考者是不存在的。

■ 在记忆事物时，使用两种系统比只使用一种系统更有效。

■ 运用多个例子来解释抽象概念。

■ 与环境及其物体互动所形成的广泛经验为后续的言语发展奠定了坚实基础。

■ 同时提供图像和文本材料，这样学习者就不必在加工某一部分的时候还得记着另一部分。

第二部分
学习的先决条件

"你可以将马牵至水边，但唯有进到肚子里的水才是它真正喝进去的。"这句来自恩斯特·罗斯科普夫（Ernst Rothkopf）关于萌发活动的文章[①]中的名言应该给所有教师敲响警钟：如何确保学生利用我们在课程中所提供的内容开始去"喝水"？

为了让学生能有效、高效且愉悦地学习，我们的教学必须尽量满足一定的条件，例如一个相对封闭的空间（虽然有时在博物馆中参观或在大自然中漫步也很好）、纸和笔（或允许的话，可以有电脑或平板电脑）、教师/教育者、学习资料等等。这虽然听起来老生常谈，但拥有类似的条件往往是有裨益的。此外，还需要由学生自己发挥作用的其他一些条件，这主要是心理方面的。例如，学生必须知道并理解自己正在做什么，认为自己能够应对即将发生的事情，有动力去着手做事，想要去学习或取得成就，并且感到自己就是命运的主人和灵魂的主宰。如果学生在开始做某件事的时候，一直认为自己不会成功，不明白自己在做什么，缺乏着手去做某件事的动力，认为成功与否不取决于自己，自己的命运掌握在别人的手中，那么他们很有可能学不好。

这一部分将讨论以上提到的这些条件，以及学生可以掌握的其他学习条件。

[①] Rothkopf, E. Z. (1970), The Concept of Mathemagenic Activities. *Review of Educational Research*, 40, 325-336.

第6章 你所知道的决定了你所学的

先行组织者

文章 《先行组织者在学习和保持有意义的言语材料中的运用》"The use of advance organizers in the learning and retention of meaningful verbal material" [1]

引文 "影响学习的最重要的单一因素是学习者已经知道了什么。教师应探明这一因素，因材施教。" [2]

为什么你应该阅读这篇文章

请想象以下场景。你正在某所学校或某个公司里四处走动，你看到一套设备，里面有很多玻璃器皿、塑料管和玻璃管、冒泡的液体，等等。如果你从未上过化学课，那么你可能对眼前正在发生的事情毫无概念。如果你在高中学过化学，你有可能记得这或许与蒸馏有关。也许你还记得，当你蒸馏某种东西（例如杜松子酒、威士忌或汽油）时，你会把液体里的两种不同物质分离开来。然而，如果你在大学里学习过化学，看到某个特定情境中的蒸馏设备的使用，例如，不是用本生灯（科学实验用煤气灯），而是用水浴槽将温度控制在100℃以下，温度测量器的读数为78.33℃，你或许就知道了这是在进行乙醇蒸馏。换句话说，你所知道的决定了你所看到的，反之则行不通。

约翰·克鲁伊夫（Johan Cruijff，英国人和美国人将其名字写为Johan Cruyff）是被公认的最伟大的足球运动员之一，他在球场上尽展风采，而他的许多名言也为人称道："如果我想让你明白，我就得解释得更清楚""如果你赢不了，那就确保不要输"或"踢足球很简单，但踢简单的足球很难"。他还曾经说过"只有当你得到它，你才会看到它"。这与戴维·奥苏贝尔（David Ausubel）的观点异曲同工。奥苏贝尔在其研究和论著中指出，先备知识是影响当下学习的最重要的因素。为了确保学习者对

---

[1]　Ausubel, D. P.（1960）. The Use of Advance Organizers in the Learning and Retention of Meaningful Verbal Material. *Journal of Educational Psychology*, 51, 267-272.

[2]　Ausubel, D. P. (1968). *Educational Psychology. A Cognitive View*. New York, NY: Holt, Rinehart and Winston, Inc.

其要学习的内容有必要的基础，尤其是在学习新内容时，他提出了**"先行组织者"**的概念，即在学习事件之前呈现的具有较高**概括性、包容性和抽象性**的文本或图表的内容，它为学习新信息提供了概念框架（见图6.1）。

> 先行组织者：在学习之前呈现出的概括的、包容性的和抽象的框架

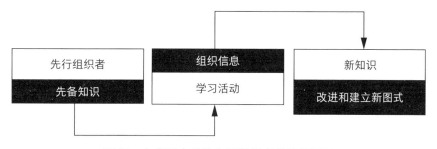

图6.1　与学习有关的先行组织者的简单图示

文章摘要

　　本研究的目的旨在检验这样一个假设：通过先引入一个有关的类属概念（即组织者），可以促进不熟悉但有意义的言语材料的学习和记忆。该假设是基于这样的推测，即认知结构是根据高度包容性的概念分层组织的，其中包含了较低包容性的子概念和信息数据。如果这种内化的知识领域中渐进分化的组织原则确实具有主导作用，那么就有理由假设，新的有意义的材料被纳入认知结构中，就如同被归属于相关的已有概念中。由此还可以推测，由适当的和稳定的已有经验构成的认知结构，其可用性将增强新学习材料的可纳入性。以此类推，如果"有意义的遗忘"反映了记忆减退的过程，即新学习材料的特性被更具有包容性的已有经验所同化，那么，通过降低覆盖性类属的程度，已有经验的可用性也能够提高对新学习材料的记忆。在本研究中，在学习不熟悉的课业材料之前，有意引入适当的和相关的类属概念（组织者），以探明学习和记忆是否得以提升，由此验证上述理论。

文章

> 观念框架：包含着更具体的知识的概念支架

奥苏贝尔所做的实验旨在确定学习者是否能从一篇2500字的文章中学到什么、学得如何，而他们之前对该文章的内容知之甚少或一无所知。文章的内容主要涉及碳钢的冶金性能，实验参与者是教育心理学专业的学生。在让他们阅读这篇文章之前，他们会先看到一段导言（500字）。导言有两个不同的版本，一个是先行组织者（即实验干预条件），另一个是与历史相关的背景信息（即控制条件）。前者包含了具有较高的抽象性、普遍性和包容性的背景信息，这些信息可作为一个**观念框架**，用以组织在将要学习的文本材料中的那些更为具体的观念、事实和关系等。后者包含了钢铁加工方法演进的背景信息，内容虽然有趣，但与后面将要学习的文章内容无关。三天后对学生进行测验，该测验有36道题，主要考察文章中所描述的事实、原理及运用等。结果清楚地表明，接受先行组织者的那组学生的得分显著高于另一组。奥苏贝尔认为先行组织者：（1）通过调动和利用记忆中已有的类属（高阶）概念来将新学习的材料纳入其中，进而促进有意义的言语材料的理解和记忆；（2）为新材料提供最佳固定点，这可以促进

> 覆盖性类属：某个较具体的观念无法与其上位的类属观念区分开来，直至遗忘

新知识材料纳入已有认知结构，也有助于阻断之后的**覆盖性类属**（由于新信息被类属于或纳入了一个更大的概念之中，致使以有意义的方式习得的新信息无法以准确的方式被回忆出来）。他总结道：

尽管类属这个原则似乎是不证自明的，但在实际的教学过程中或在大多数教科书的编排中很少被遵循……大多数情况下，学生尚未在适当的包容性水平上获得充足的相关类属的知识之前，就被要求学习新的、不熟悉的具体学科内容。

这一切意味着什么？要理解这一点，我们必须了解奥苏贝尔的《有意义言语学习的心理学》这本具有里程碑意义的著作。我们之所以认为这本书具有里程碑意义，是因为它破除了当时流行的行为主义的学习观，即认

为学习者本质上是被动的，学习是对环境刺激的一种反应。也就是说，行为主义学习理论并未考虑到学习者内部的心理状态或意识。在这本书中，奥苏贝尔谈到"接受学习"这个术语，而现在看来，这个术语可能会让人有些误解。能够凸

> 行为主义：一种理论，认为所有行为都是通过对刺激作出反应的条件反射而建立的

显其理论特色的一个贴切的术语是**类属学习**。简单地说，类属理论认为学习是学习者将有待学习的新信息与已有的认知结构（即长时记忆中的图式）联系起来的过程。这个观点与认知领域的另一位先驱让·皮亚杰的观点非常类似，皮亚杰认为学习是一个同化和顺应的过程。奥苏贝尔的主要假设是，当学习者获得了一个有意义的认知框架，能使得新信息得以组织、同化并被归属于已有观念中时，就能促进学习及其在记忆中的留存。

> 类属理论：奥苏贝尔的先行组织者理论的另一种说法

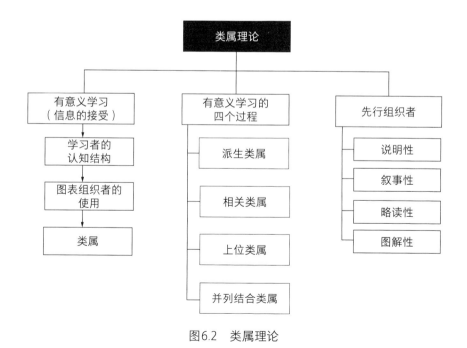

图6.2 类属理论

我们从图6.2中可以看到，实际上有四种类属：**派生类属、相关类属、上位类属及并列结合类属**。每一种类属都在先行组织者的使用过程中发挥作用。将新信息添加到已有的认知结构中，使之与已知的概念联系起来，这就是派生类属。例如，如果你已经掌握了"哺乳动物"的概念，你可以将"蝙蝠""鲸鱼""牛"等动物的特征加入"哺乳动物"中，而无须对该概念进行任何修改。将新的具体内容添加到通常是较高层次的已有概念中，这就是**相关类属**。例如，将飞行（如蝙蝠）、游泳（如鲸鱼）等信息添加到"哺乳动物"的概念中。**上位类属**就是引入一个新的较高层级的概念，用它来整合已有的不同类别内容。例如，把"脊椎动物"的概念添加到"哺乳动物""爬行动物"和"鸟类"中，这就属于上位类属了。最后，**并列结合类属**是指将新观念与更高层次的一些概念建立起相互联系（结合起来）。例如，当一个人从物理学中了解到静止的空气空间具有隔热的功能这一事实，这将有助于此人更好地理解毛发或羽毛对某些动物的保暖所具有的功能。

> **类属的种类：**
> 派生类属：将新信息与已有信息联系起来
> 相关类属：添加具体内容
> 上位类属：引入一个更高水平的概念
> 并列结合类属：将更高水平的概念联系起来

此外，也有四类先行组织者可以在教学前使用，即说明性组织者、叙事性组织者、略读性组织者以及图解性组织者。**说明性组织者**对学习者后面要理解的新知识进行描述，把要学习的新信息与已知信息联系起来。当新的学习材料对学习者来说相对陌生的时候，经常使用该类型的组织者。**叙事性组织者**以故事的形式向学习者呈现新的信息。它使用故事来激活背景知识，

> **组织者类型：**
> 说明性组织者：描述
> 叙事性组织者：讲故事
> 略读性组织者：提供概览
> 图解性组织者：图像表征

这样学习者就可以将新的信息同他们所知道的东西联系起来，形成具有个人色彩的联系，进而激发学习动机。例如，在一节课的开始，教师可以讲述一个与这节课的重要概念有关的故事，以此引入当节课程内容。**略读性组织者**就是给学习者提供一个要学习的新材料的概览。它主要包括新材料中的大标题、小标题、关键信息等要点，这样学习者在仔细阅读材料之前就能先熟悉这些材料大概的整体状况。**图解性组织者**包括各种不同类型的视觉文本，如概念图、象形文字、维恩图等。这类组织者利用了第5章的双重编码理论中所提及的言语和非言语这两种形式的信息存储。

先行组织者遇到麻烦了吗

1975年，巴恩斯（Barnes）和克劳森（Clawson）在《教育研究评论》（*Review of Educational Research*）上发表了文章《先行组织者能促进学习吗》。他们总结道，鉴于多种原因，"先行组织者的效力并未被建立起来"。他们的主要质疑点在于"奥苏贝尔没有对先行组织者进行操作性的定义"，而且他只是"在组织者和概览之间做出了逻辑上而非操作上的区分"。之后，劳顿（Lawton）和万斯卡（Wanska）在《教育研究评论》上发文对巴恩斯和克劳森的文章提出批判性意见，他们支持奥苏贝尔的基本前提假设，但同时也认为需要进行更多的研究来探讨如何构建（同样也是操作化的问题）和使用组织者。这两篇文章均遭到奥苏贝尔本人的强烈反击，其中主要是针对缺乏操作性这类问题。

如果这些评论者读过我撰写的关于有意义的言语学习和教育心理学的书籍以及我的研究论文，他们就会发现有关先行组织者的精确操作标准以及如何构建一个先行组织者的讨论。

理查德·迈耶（Richard Mayer）在《教育研究评论》上撰文，认为有明确的证据支持"同化编码理论"，并且有"一致的证据表

明，如果在适宜的情境下使用先行组织者并进行准确的衡量，则
先行组织者是能够影响学习结果的"。

　　无论先行组织者的理论流派是什么，不可否认的是，先备知
识的可用性及其呈现，特别是将上位概念与下位概念及其重要的
联系等方面结合起来，将促进有意义的学习。

研究结论/对教育实践的启示

有关先备知识及其对学习的影响的研究为我们如何优化组织教学活动
指明了方向。为了建构丰富而连贯的知识图式，学

> 新的知识必须被纳
> 入现有的结构中

生必须主动地将新信息嵌入现有的知识结构中。让
学生的先备知识明晰化，这是学习的第一步，它可
以帮助教师识别基础较差的学习者、确定课程的难度水平，或把学生分成
不同水平的小组。例如，巴拉克·罗森希恩（Barak Rosenshine）建议，教

> 罗森希恩的教学原则

师应该在每节课开始时，用3~5分钟的时间对之前
学过的内容及其与后面要学内容的关系等进行简短
的摘要重述。这可以是说明性的，也可以采取小测
验或讨论的形式。

　　为了准确了解学生先备知识的掌握状况，教师在引入新的学习材料之
前，可以让学生做一个小测验。这可以是多项选择题、匹配题、开放式问
题，甚至也可以是这样的测试，即学生需要指出他们认识哪些东西，还需
要学习什么内容。在此基础上，教师可以引入一个先行组织者，或者基于
学生的已有知识水平来开展教学。将已有知识测试的结果反馈给学生，让
他们深入了解自己知道什么，以及要学习的新材料与这些内容有什么关系。
进行这样的先备知识测试还有助于学生认识到学习新知识需要付出努力，
因为他们必须将新知识与其自身的知识结构联系起来。

如何在教学中使用该研究成果

提取已有知识或构建新知识，这是大多数教师
都熟悉的内容。在某些学科领域，这是合乎逻辑的，
因为学习进程变得越来越复杂。例如，如果学习者
还没有掌握以单位进行运算的方法，也没有掌握一
打就相当于12的概念，那么用一打作为单位来进行

> 提取练习：
> 通过记住已经学过
> 的东西来促进学习
> 的一种学习策略

运算就很困难。因此，教师需要了解学生是否已经掌握了先决的步骤或概
念，并在学生尚未掌握所需概念或遇到问题时给予帮助。

即使在语言、历史或地理等侧重于主题的科目中，确定学习者的先备
知识水平和构建新知识也是很重要的。学习者也在校外获得了与这些学科
领域有关的很多知识。更为复杂的是，随着学生的社会经济地位（SES）
的不同，他们在这些学科的学习方面也存在差异。哈特（Hart）和里斯利
（Risley）提出，相比于那些来自社会经济地位较低的家庭的孩子，那些来
自社会经济地位较高的家庭的孩子通常拥有更多的"世界知识"和更大的
词汇量。如果学生对教师要讲授的主题已经有了很多的了解，那么教师可
以通过说明性组织者来丰富教学内容。然而，若学习者的先备知识相对较
少，那么最好首先去关注如何呈现必要的起锚定作用的概念及其新旧知识
间的相互关系（例如，通过并列结合的类属），通过这种方式，给学生提供
可以构建新知识的概念支架。

奥苏贝尔和唐纳德·菲茨杰拉德（Donald Fitzgerald）的一项
著名研究即是例证。在学生学习佛教内容之前，先给他们阅读一
篇关于基督教的短文，其中对这两种宗教进行了比较。用奥苏贝
尔和菲茨杰拉德的话说，这个比较性的组织者"明确指出了佛教
和基督教两种教义之间的主要异同。这篇比较性的短文在抽象性、
普遍性和包容性上都比那篇佛教短文要高得多，其设计意图主要
是增加两组概念之间的区别性"。结果表明，与先阅读一篇历史类

的文本材料的学生们相比，先阅读基督教文本的学生能够更好地学习和记忆佛教文本的内容。此外，与说明性的组织者相比，比较性的组织者产生了更好的学习效果。说明性的组织者即要求学生"在一个较高的抽象性、普遍性和包容性的水平上来解释佛教的核心教义，而且不涉及任何基督教的内容"。

要点

■学习是建立在已有知识和经验的基础之上的，所以要关注学生的先备知识。

■教师的作用就是在学生的已有经验与将要学习的内容之间架起一座桥梁。

■经常激活学生先前已经学过的知识，例如，以小测验的方式开始一节课。

■如果学生对某一学科知之甚少，则可以通过提供一个可以放置新知识的框架（观念框架）来"创建"先备知识。

■先给学习者呈现最一般的概念（即较为普遍的、抽象的和包容的），然后再引入相对具体的概念（可参见第16章赖格卢特（Reigeluth）的精细化理论）。

■教学材料应该既包括新的内容，也包括以前习得的信息，新旧概念之间的比较是非常必要的。

第7章 为什么独立学习不是一种成为独立学习者的好方法

独立学习者

个体的

环境的　　行为的

文 章 | 《自我调节的学业学习的社会认知观点》"A social cognitive view of self-regulated academic learning" [1]

引 文 | "学生的自我效能感在某种程度上取决于四种个体因素：学生的知识、元认知过程、目标和情感。"

为什么你应该阅读这篇文章

> 自我调节：管理自己的情绪与行为的能力

当我们想到"自我调节者"时，脑海中可能会浮现出一个高度自信的个体，这个人会周密安排自己每一天的活动计划，像机器一样执行每一项任务。这类人的动机通常被认为是一种内在的力量：他们被某种内在的引擎以某种方式"驱动"着，推动着他们取得成功。一些励志的海报或名言传递了这样一些理念：如果你"审视自己，相信自己"，那么一切皆有可能。但外部因素对动机、成就和自我调节能力的重要性又如何呢？我们都希望学生能够成为自我调节的人，去调节自己的学习。但是教师能做些什么呢？

在这篇文章中，巴里·齐默尔曼（Barry Zimmerman）从社会认知的视角来阐述自我调节，这是非常重要的，因为他并不拘泥于争论这样的理论观点，即把自我调节视为个体自我生成的一种内部状态；相反，他认为自我调节在很大程度上受到外部因素的影响，例如环境条件、教师教学与示范、同辈/父母的影响等。

其具体内容是什么呢？齐默尔曼提出了一个自我调节模型，描述了三个关键因素之间所存在的共生关系：个人、行为和环境。这三个要素构成了他所称的"三元交互"，即它们共同影响学生的自我调节状态。他以阿尔弗雷德·班杜拉（Alfred Bandura）的研究成果为基础，班杜拉在其论著中指出学生的表现既是内部力量的产物，也是外部力量的产物："因此，行为

① Zimmerman, B. J. (1989). A Social Cognitive View of Self-regulated Academic Learning. *Journal of Educational Psychology*, 81, 329-339.

是自我生成及外部影响的产物。"

自我调节学习策略是指学习者为获取信息或技能而采取的行动和过程，包括学习者的能动性、目的性和工具性知觉。它们包括诸如组织和转换信息、自我承担后果、搜寻信息以及练习或使用记忆辅助方法等。

> 自我调节学习：三元交互

为什么这很重要？教育中最常见的目标之一就是培养所谓的独立学习者，然而，让学生独立学习可能是实现这一目标的拙劣之举。众所周知的建构主义观点认为，学生需要尽量少的指导，教师应该被看到而不是被听到，这一观点由杰罗姆·布鲁纳（Jerome Bruner）于1961年首次提出，但这可能并不是影响学生自我调节的最有效方式（至少从长远来看不是）。相反，基尔施纳等人和罗森希恩分别在他们的文章中指出，给学生提供有关解决方案和策略的清晰而明确的指导与示范、改变环境条件等，都可以对学生的成绩产生显著的影响。

自我调节的一个关键方面是班杜拉所说的"自我效能感"，它与两个关键因素有关：具体的学习策略的知识与使用以及对表现的自我监督。

自我效能感是指个体对自己实现目标的内在能力的一种信念。用班杜拉的话来说，这是对"自己能在多大程度上执行应对未来情况所需的行动方案"的一种个人判断。换言之，你是否认为自己能完成被要求做的事情。

值得注意的是，自我效能并不是一种通用的技能，而是针对特定领域而言的。例如，学生可能在历史方面具有较高的自我效能感，但在数学方面具有较低的自我效能感。也许存在着这种情形，他们具有历史学科的知识，这意味着他们可以将大任务分解成更小的、更易于完成的一些任务，他们或许拥有在该学科中成功是什么样子的良好内部模型；而缺乏数学知识则意味着他们甚至不知道该从哪里入手。

所有教育工作者面临的一个重要问题是，如何才能培养出更多的自我调节学习者？齐默尔曼的文章之所以意义重大，是因为他强调了教师、家长和同龄人等更广泛的社会动因在这一过程中的重要性。他还给出了一个颇有价值的含有14种自我调节学习策略的表格，这些策略与学生的目标设定、环境构建、寻求社会帮助、学业成功等高度相关。

文章摘要

对学业领域的自我调节学习感兴趣的研究者已经开始研究学生用来发起和引导自身的努力，以期获取知识和技能的过程。这里提出的自我调节学习的社会认知概念包括对组成过程的三元分析以及对个人、行为和环境这三元影响因素之间的互为因果的关系假设。这一理论解释也在学业自我效能信念以及自我观察、自我判断和自我反应这三个自我调节过程的构建中起到了举足轻重的作用。本文讨论了支持这种社会认知观点的有关研究，同时也讨论了该观点对改善学生学习及学业成就的益处。

文章

齐默尔曼将自我调节学习定义为"学生在元认知、动机和行为等方面积极参与自身学习过程的程度"。这里至关重要的一个因素是，学生拥有特定的知识、技能和策略来取得特定的成效，因此自我效能感——个体对自己组织和使用技能以取得这些成效的能力知觉——扮演着重要的角色。

> 元认知：对自己思维过程的意识及理解

"元认知" 是对认知的认知，或者简而言之，是对思考的思考。如果学生意识到自己没能以最优的方式进行学习，并通过采用更有成效的策略来改变自己的实际活动，那么，他们就是在进行元认知思考。

这里有很多的"自我"，听起来好像所有的事情都是在学生头脑内部进行的，但是齐默尔曼在班杜拉的研究的基础上，提出了以下模型（见图7.1），以此来说明很多外部力量也会影响学习者。

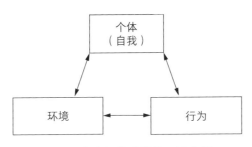

图7.1　自我调节功能的三元分析

库尔茨（Kurtz）等专家的研究表明，高自我效能感的学生有两个具体的特征。首先，他们拥有更有效的学习策略；其次，他们对学习结果有更好的自我监督。换句话说，学生的自我效能感直接关系到他们知道自己在某一特定领域可以通过做什么来改变自己的行为。然而，当教师明确地示范如何解决问题时，也会极大地影响学生的自我效能感。申克（Schunk）发现，与没有提供示范的对照组相比，成人给四年级学生示范如何解决数学问题显著地提高了学生的自我效能感（以及除法运算题的准确性）。

需要指出的重要一点是，自我调节学习不是一个绝对的状态。托勒森（Thoresen）和马奥尼（Mahoney）指出，自我调节学习是随时间和情境的变化而高度可变的。

> 技能是针对具体领域而言的

因此，教师教授的通用的独立学习技能，以及将其迁移到各种情境中的观点是非常有问题的。决定一个学生是否处于自我调节学习的状态，其核心要素在于他们所具有的特定领域的学科知识水平。例如，一个对《麦克白》

以及该戏剧的社会和历史背景有大量知识积淀的学生，可以很容易地识别出用于巩固知识、加深理解的一系列任务。此外，他们也能够快速识别自己不知道的内容，并尝试将新知识与已有知识联系起来。正如齐默尔曼所写，"学生的数学常识将促使他们有能力将一周的作业分解成可管理的日常任务"。

> 目标设定应该注重时间、行动和差异

此外，自我调节与有效的计划是密切关联的，学生做出的很多元认知决策都取决于他们的目标设定。班杜拉提出，实现这一目标的一种方法就是在时间和难度级别上设定有具体行动计划的适中目标。如果没有明确的具体目标，长期目标几乎不起作用，因为学习者没有什么可以作为"抓手"的。洛克（Locke）等人对此表示认同，并指出这就是经常给出的"尽力而为"的建议对动机或学习很少起作用的原因，这也再次凸显了这样一个事实，即许多激励学生的尝试都收效甚微。

> 示范：演示和解释具体的策略

那么影响学生自我调节的环境因素是什么呢？齐默尔曼特别强调了四大因素：**示范**、**言语说服**、**教师的直接帮助**，以及**学习情境的结构**。示范对低学业成就的学习者特别有效，正如班杜拉所提出的，"有效的应对策略可以增强个体的自我效能感，因为这些人经历了很多表明自己无效能的情形"。

如果学习者认同应对策略，也就是说，如果他们觉得**这看起来像是在努力解决问题**，那么他们更有可能从中受益。例如，申克等专家提出：向学生展示一种无错误的掌握模式，远不如向他们展示一种需要高度集中、坚持和投入努力的应对模式有效。此外，齐默尔曼和罗恰（Rocha）发现，在完成任务中接受言语说服的学生自我效能感也有所提升。

研究结论/对教育实践的启示

因此，与其把自我调节视为一个纯粹的内部过程，我们不妨思考一下影响学生自我调节的行为及社会活动经验。为什么这一点很重要？学生们究竟可以使用哪些策略？首先，这意味着教师实际上可以通过示范、言语说服以及明确的具体教学策略来帮助学生更好地自我调节。其次，这篇文章给出了一个非常有用的表格（见表7.1），其中列出了中学生自我报告使用的14种策略。有趣的是，齐默尔曼和马丁内斯-庞斯（Martinez-Pons）于1988年发现这些策略与实验室研究中所探讨的策略非常相似。在14种策略中，有13种策略能够区分高分段学生和低分段学生，并且与教师对学生在课堂上的自我调节及随后的考试成绩的预测等都具有高相关性。

表7.1　自我调节的学习策略

[改编自埃芬尼（Effeney）、卡罗尔（Carroll）和巴尔（Barr）所著文章]

类别/策略	内涵界定
❶ 自我评价	学生对自己学业的质量或进展进行主动评估。例如，"我检查了自己的作业以确保我做对了。"
❷ 组织与转换	学生主动地对学习材料进行显性或隐性的重新编排，以改善学习效果。例如，"我会在写论文前先列出提纲。"
❸ 目标设定与计划	学生设定自己的教育目标或子目标，并计划好目标实现的顺序、时间安排，完成与这些目标相关的活动等。例如，"首先，我在考试前两周开始复习，并随时调整自己的学习节奏。"
❹ 搜寻信息	在完成作业时，学生主动地从非社交途径来进一步获取与作业有关的信息。例如，"在开始写论文之前，我要去图书馆尽可能多地获取与论文主题相关的信息。"
❺ 记录与监督	学生主动地去记录事件或结果。例如，"我记下了课堂讨论的笔记"，"我列出了自己出过错的单词表。"
❻ 环境构建	学生主动地选择或安排物理环境以方便学习。例如，"我让自己远离任何可能分散我注意力的事情"，"我关掉了收音机，这样我就能专心于正在做的事情。"
❼ 自我承担后果	学生对成功或失败的奖惩进行安排或想象。例如，"如果我在测验中考得好，我就去看一场电影来犒劳自己。"
❽ 练习与记忆	学生通过外显或内隐的练习方式来主动地记忆材料。例如，"为了准备数学考试，我不断地抄写公式，直到记住为止。"

（续表）

类别/策略	内涵界定
❾-⓫ 寻求社会支持	学生主动地向同伴（9）、教师（10）和成年人（11）寻求帮助。例如，"如果我做数学作业时有问题，我就找朋友帮忙。"
⓬-⓮ 评估记录	学生主动地重读笔记（12）、做测试（13）或看教科书（14），为上课或后续的考试做准备。例如，"在准备考试时，我会复习之前做好的课堂笔记。"
⓯ 其他	由教师或家长等其他人发起的学习行为以及所有不明晰的口头回应。例如，"我只是按照老师说的去做。"

如何在教学中使用该研究成果

一种引导学生进行自我调节的方法是"逆向策划"成功的自我调节是什么样的。明确地教给学生上述策略，并要求他们在三个层面上思考这些策略：他们自己的信念、他们实际的行为以及他们所处的环境，这将有助于他们体验到能够对自己的进步有更多的控制。

首先，让学生通读齐默尔曼的14种自我调节学习策略，并让他们在1~10的等级量表上对自己在练习中使用每种策略的有效性进行评分。这样做就是在鼓励学生从元认知的角度思考自己的学习。其次，要求他们把这些策略应用到可以改进的特定学科的特定领域。

> 学习者通常是新手，应该接受相应的教育（参见第1章）

最后，自我调节并不是学习者仅靠自己的努力就能达到的状态。当学生还是新手时（几乎所有的学生都是新手），认为学生可以调节自己的学习，这一观点可能会事与愿违。教师在开始时通过示范一些成功地解决问题的方法、给予明确的指导和言语说服，可以对学生的自我效能感产生极大的影响。通过以一种让学生感觉"好吧，我可以做到"的方式来呈现材料，教师就正在帮助学生成为一个自我调节的学习者。

要点

■自我调节学习不只是一个内在的过程，而是个体、行为和环境因素的结合。

■对于新手来说，自主学习可能是成为独立学习者的拙劣之举。

■告诉学习者"尽力而为"是无效的。长期目标应该被分解成过渡性的中期目标，最为重要的是，它们应该是具体的。

■教师的示范和言语说服对学生的自我效能感具有极大的影响。

■对某一特定领域有更多了解的学生能够更好地从元认知角度思考自己在该领域的学习。

■确保学习者具备自我调节学习所需的知识和技能。

第8章　有关智力的信念影响智力

思维模式

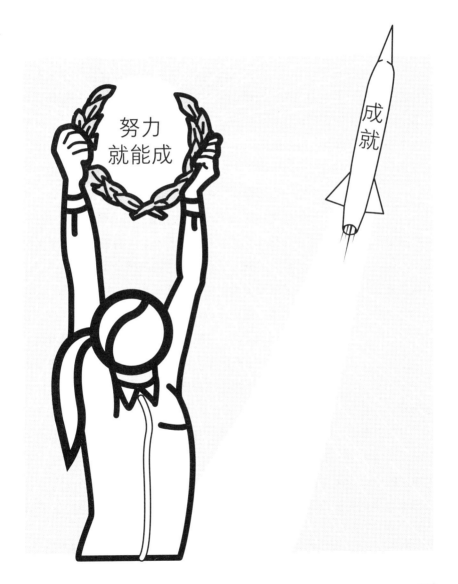

文章 《动机与人格的社会认知取向》"A social-cognitive approach to motivation and personality" ①

引文 "关于能力的内隐信念预测着个体是倾向于发展自己的能力还是倾向于证明自己有充分的能力。"

为什么你应该阅读这篇文章

当你看到有人推一扇门，但门上却写着"拉"时，你会认为那个人很傻，还是认为他们智力正常，只是在那一刻做了一件愚蠢的事？根据这篇文章，你对这个问题的回答可能会反映出比你自己认为的更多的关于你的自我概念、自尊以及你对外部世界的看法。

成长型思维模式：认为智力是可塑的

　　卡罗尔·德韦克（Carol Dweck）在过去40年里有关动机的研究在教育方面产生了巨大的影响。如今，教育领域中极少会遇到对"成长型思维模式"这个术语不熟悉的人，然而德韦克的研究工作也是被误解最多的典型例证之一，许多学校将其研究成果简化为庸俗的励志海报或动员大会，并错误地认为天赋并不重要，努力才是重要的。在"成长型思维模式"和"固定型思维模式"的术语出现之前，还有一些不太吸引眼球的术语或观点，如

固定型思维模式：认为智力是固定不变的

"实体理论家"和"增长理论家"，一些观点也可以粗略地概括为下面这句话：**个体对"改变是可能发生"的相信程度，在很大程度上决定了他们影响改变的能力。**

　　尽管德韦克的研究在她的实验室中取得了令人鼓舞的结果，但西斯克（Sisk）等人发现，最近所进行的试图复制其研究发现的一些尝试产生了令人质疑的结果，这些研究表明，试图改变学生有关智力本质的内在信念可能不像曾经认为的那样具有可塑性。尽管如此，德韦克在20世纪80年代

---

① Dweck, C. S., & Leggett, E. L.（1988）A Social-Cognitive Approach to Motivation and Personality. *Psychological Review*, 95, 256-273.

的有关研究依然是对动机领域研究的巨大贡献，并且仍然是当今教师需要考虑的重要问题。如果学生认为自己就是学不会教师所教的内容，那为什么要自找麻烦呢？相信我们所处的世界基本上是可改变的，相信我们不是DNA的俘虏，这是一种解放。智力不是固定不变的，而是可以通过努力和接受挑战来优化和提升的，这一观念是任何一个站在教室前试图激励学生学习的人的重要起点。

文章摘要

以往的研究记录和描述了适应良好和适应不良行为的主要模式：掌握取向模式和无助型模式。在这篇文章中，我们提出了一个基于研究的模型，该模型从潜在的心理过程的角度来解释这些模式。这个模型还详细说明了个体的内隐理论如何将他们导向特定的目标，以及这些目标如何建立不同的模式。的确，我们展示了适应良好与适应不良模式的每个特征（认知、情感和行为）是如何直接遵循着不同目标的。我们还考察了模型的普遍适用性，利用该模型来阐明多个领域中的现象。最后，我们将该模型置于最广泛的背景中，考察它如何影响我们对动机和人格过程的理解。

文章

这篇文章首先概述了两种行为模式，个体在其中展现出适应良好的倾向（掌握取向）与适应不良（无助）的倾向。行为的无助型模式

> 习得性无助：经历了反复失败后不再努力尝试

的特征是"面对障碍时回避挑战及表现退化"。与此形成直接对比的是，行为的掌握取向模式包含了"寻求具有挑战性的任务，并在失败时依旧保持有效的努力"。德韦克与艾伦·莱格特（Ellen Leggett）认为，这种差异没有考虑到原始能力（一些最聪明、最专业的个体表现出无助的行为模式），而是从两类个体着手完成任务的不同方式来考虑的。

为了解释这一现象，德韦克与艾利奥特（Elliott）引用了一些研究，这些研究认为这两种类型的学生可能追求的是完全不同类型的目标。两位研

究者确定了两种类型的目标：持有表现目标的学生主要关注可衡量的结果，例如考试成绩；而持有学习目标（现在称为掌握目标）的学生则对如何改善一般能力、掌握所学主题等更感兴趣。德韦克与莱格特精辟地指出："在具有挑战性的情境中，表现出无助的行为模式的儿童可能去追求能**证明**自己能力的表现目标；而掌握取向的儿童可能追求学习目标，以期**改善自己的能力**。"

换言之，如果教师想让学生精通某一特定领域的知识，用目标成绩或考试分数来描述所期望达到的结果，这实际上并不是精通该领域的一种好

考试成绩（学业表现）与学习成绩不同

方法。为什么呢？作者认为，这一切都可以归结于关于智力本质的内隐理论，以及教师是否认为它是可以改变的，还是它只是一个静态的实体。

为了验证上述论点，研究者设置了一些实验任务，在这些任务中，一开始陈述的目标要么是掌握取向的，要么是表现取向的。当给儿童提出的目标是获得技能而非评价时，他们对自己当前能力的评价就无关紧要了，而所选择的任务也表现出掌握取向的模式。然而，当对儿童进行基于目标的评价时，他们选择了自认为是与他们的**知觉能力**相一致的任务。简而言之，如果学生认为自己的能力很低，若让他们做一个测验，而该测验将会显示其能力高低，那么他们一定会按下暂停键。如果认为自己会不及格，那为什么还要参加考试呢？

两个不同的推理规则

有趣的是，持有表现目标的学生认为努力与能力成反比。他们所持有的逆向规则是：如果你需要在某件事上投入很多精力，那就意味着你不太擅长此事。然而，持有**学习（掌握）目标**的学生倾向于使用正向规则，即努力与能力呈正相关。贾加辛斯基（Jagacinski）和尼科尔斯（Nicholls）

表现与掌握

以及苏伯（Surber）都支持类似的观点，例如"当某件事对你来说很容易时，你就不知道自己有多擅长做这件事"。

那么由此产生的一个非常重要的问题是，为什么某些学生偏向于关注衡量自己能力的表现目标，而其他学生则选择了注重提升自身能力的行为？对于研究者来说，

> 智力实体观：
> 固定型思维

这是由于个体对智力的不同信念造成的。持有**智力实体观**的学生相信智力是固定的，也是自己无法控制的。相反，持有**智力增长观**的学生则认为智力是可塑的，是可以通过努力而得以改善的。换句话说，他们拥有众所周知的**成长型思维模式**。个体将自己的智力视为一个固定的实体，这种思维方式与**表现取向**有关，而智力在本质

> 智力增长观：
> 成长型思维

上具有可塑性的观念则与**学习取向**有关。

作者接着对上述观点进行了概括，并指出这两种理论（智力实体观与智力增长观）在**自我概念**和自尊方面具有重要作用。对持有智力实体观（固定型思维模式）的学生而言，自我被概念化为一个"可以被测量和评估的固定特征的集合"。而对于持有智力增长观（成长型思维模式）的学生而言，自我被视为

> 自我概念：有
> 关自我的核心
> 信念

一个"通过个体的努力而与时俱进的可塑品质系统"。由于这两种不同的自我概念，自尊所产生的方式也不同。一般而言，自我概念是你所持有的有关自己的信念，例如你是男性还是女性，或者是否擅长高尔夫球等；而**自尊**是你对自己所具有的这些属性的满意程度（如果你不在意高尔夫球，那么你也不会在意自

> 自尊：你对自
> 己有多满意

己是否不太擅长高尔夫球）。

研究者搜集的早期数据为这一论断提供了支持证据。他们在对儿童的智力观进行评估后，要求儿童描述他们在学校里什么时候觉得自己聪明，换句话说，什么时候感到有高自尊。正如研究者所预期的那样，持有智力实体观（固定型思维模式）的儿童说，当他们的作业没有错误或者作业很

容易时，他们会觉得自己很聪明。相比之下，持有智力增长观（成长型思维模式）的儿童认为，当他们掌握了有难度的挑战任务时，例如当他们成功地完成了以前无法完成的任务时，或者当他们阅读了一本有难度的书时，他们会觉得自己很聪明。

智商是怎么回事

但是，成长型思维模式的观点与智商的观点难道不矛盾吗？

> 阿尔弗雷德·比奈的成长型思维模式

也许并不矛盾。德韦克和莱格特认为，阿尔弗雷德·比奈（Alfred Binet），这位伟大的智力测验研发者，"显然是一个智力增长理论家"，他认为智力和一般学习能力可以通过他自己开发的培训项目训练而得以提高：

正是在这种实际意义上，也是我们唯一能理解的意义上，我们说这些儿童的智力已经提高了。我们提高了构成学生智力的要素：学习和吸收教学的能力。[①]

作者接着指出，具有讽刺意味的是，比奈开发的评估工具现在被广泛地与智力实体观和表现目标范式联系在一起，其中智力是被作为一个非常稳定的实体来衡量的。然而，这两种立场不应该被极化，正如德韦克与艾利奥特指出的那样，人们承认能力上存在个体差异，但仍然强调这些个体的成长潜力。

随后，作者试图将这个模型推广到自我之外，并考虑实体理论家和增长理论家看待外部世界的方式。他们认为，固定的和不可控的事物倾向于被衡量和判断，而被视为可塑或可控的事物则倾向于被施加行动或被开发。作者提出了这样的观点，如果个体是基于考试成绩或一些错误而形成了自己的

[①] 阿尔弗雷德·比奈：《现代儿童观念》（*Les Idees Modernes Sur Les Enfants*），1973年版，第104页，该书首版于1909年。

智力实体观，那么他也可能会根据孤立的个别因素和有限的证据就把别人判断为本质上不值得信任或能力不足，而不考虑背景因素或这个人考虑问题的视角。一个有着固定世界观的实体理论家可能会认为一个犯了一次错误的人就总是会犯错，而一个拥有增长观的人可能会认为这个人只是个容易犯错的人，而这些所犯过的错误是这个人最终取得成功必要的垫脚石。

研究结论/对教育实践的启示

这里需要指出的是，试图否认天赋能力重要性的动机取向注定要失败，因为它们并不正确。如果教师试图让学生相信天赋占成功的0%，努力占成功的100%，那么这是在误导学生。教师不应该对学生说"天赋不重要，只有努力才重要"，而应该对学生说："是的，天资和才能在成功中扮演着重要的角色，但努力也能发挥边际作用，这些边际效益能够在之后的学习中继续产生显著的收获。"

> 努力可以产生指数效应

此外，还需要理解的重要一点是，这些倾向只有在面对挑战或失败时才会发挥作用。实体观和增长观都表明，当工作任务容易时，其行为都是相同的；但当需要付出努力时，这些行为上的差异就会变得明显。为此，作者认为，学生对智力的固有信念可以产生边际效益。

如何在教学中使用该研究成果

这篇论文的一个关键观点，也是这个领域的一个关键观点，就是智力增长观（成长型思维模式）与目标选择是正相关的，这也是教师可以大有作为的地方。如果某节课或某学习单元的目标或结果在很大程度上基于表现，例如说，在很大程度上依赖于目标成绩，那么很多学生可能会持有智力实体观，并选择**表现**目标，而不是**学习**目标/掌握目标。以目标成绩的形式来确立表现目标的学生总会问："我的能力够吗？"而确立学习目标的学生可能会问："我怎样才能改善自己的表现和能力？"因此，教师不应该告诉学生成功是由考试分数决定的，而是应该告诉他们成功是由基于具体知识的掌握程度来定义的，例如理解特定词汇的含义、能够操作特定的实验，或是能理解深奥的哲学概念。

如前所述，在某领域试图去复制成长型思维模式的干预效果往往并不令人满意，所以，我们应该停下来思考一下，**激励**学生是否是唤醒其动机的最好方式？让他们观看"鼓舞人心的"视频，或者教给他们有关大脑可塑性的知识，这些是形成成长型思维模式的最佳方式吗？或者当学生们取得成

> 成就带来动机 ≠ 动机带来成就

就时，他们会感到有动力吗？正如格雷厄姆·纳托尔（Graham Nuthall）提到的："学习需要动机，但动机不一定能导致学习。"如果成长型思维模式更多地被视为一种哲学而不是一种干预，那将会如何呢？所有的教师都应该相信在一定程度上学生的智力是有可塑性的，他们可以帮助学生来提高智力，否则为什么要自找麻烦呢？例如这种情况，认识到

> 成长型思维模式：是一种哲学还是一种干预？

新手和专家以不同的方式学习（已在第1章"新手不是小专家"讨论过），而新手特别需要高度支架化的学习环境（已在第7章"为什么独立学习不是一种成为独立学习者的好方法"中详细介绍过），这可能是激励他们学习的最佳方法。也许我们把因果关系颠倒了。换句话说，动机并非总是能带来成就，但成就往往会产生动机。

要点

- 智力实体观认为智力在很大程度上是固定不变的。
- 智力增长观认为智力是可变的。
- 表现目标可使学生持有智力实体观（固定型思维模式）。
- 学习（或掌握）目标可使学生持有智力增长观（成长型思维模式）。
- 掌握取向的儿童将困难或未解决的问题视为需要通过努力去征服的挑战，而非视其为失败。
- 天赋确实很重要，但努力也能产生边际效益。

第9章　自我效能感

思想使然

**文
章** 《自我效能感：行为改变的统合理论》"Self-efficacy: Toward a unifying theory of behavioral change" [①]

**引
文** "感知到的威胁是由于其预测价值才启动了防御行为，而不是因为其令人厌恶的性质。也就是说，当先前的中性刺激与痛苦的经历相关联时，并不是这些刺激变得令人厌恶，而是个体已经学会了预期令人厌恶的结果。"

为什么你应该阅读这篇文章

为什么有些人在大街上遇到狗会非常害怕？为什么有些职业运动员在训练中表现出色，而在大型赛事上却表现不佳？我们要讨论的一个重要议题是，为什么在能力和经验上彼此相当的一些学生，在某些领域和某些情况下却有着迥然不同的表现？一种解释可能是自我效能感的不同。班杜拉认为，**自我效能感**是"个体对自身在应对未来情况时是否能采取所需行动的执行能力的判断"。对狗极度恐惧的人可能会在理性层面上明

> 自我效能感：个体认为自己是否能应对某个具体的挑战任务

白，大多数狗并不会攻击自己，但如果他们认为自己可能会在看到狗的情形中产生极度的焦虑，那么，当他们遇到邻居家的狗时，就很可能会表现出恐惧。

这篇文章的核心观点是，与其说是情境本身引发了人们的相应行为，不如说是人们**预测**情境的方式引发了相应的行为。例如，许多学生在课堂讨论和平时考评中均有上佳表现，但在期末考试的考场上却感到非常焦虑。在许多情况下，这类表现与他们的能力无关，而是与他们对自己是否能掌控这种情形的认知有关。正如莎士比亚的《哈姆雷特》中的一句名言："世上之事物本无好坏之分，思想使然。"自我效能感是指个体在多大程度上相信自己有能力成功地完成一项任务。从这个意义上说，自我效能感具有领

---

① Bandura, A. (1977). Self-efficacy: Toward a Unifying Theory of Behavioral Change. *Psychological Review*, 84 (2), 191-215.

域特异性的特点，并通过在该领域内的积极体验而得以加强。下面将对此有所论述。

文章摘要

本文提出了一个整合的理论框架来解释和预测不同治疗模式所导致的心理变化。这一理论认为，无论心理程序具有怎样的形式，它们都会改变自我效能感的水平和强度。该理论还假设，个人效能的期望决定了面对阻碍及令人厌恶的经历时，是否会产生应对行为、将会为此花费多少努力，以及该过程能维持多久。坚持做出那些在主观上具有威胁性，但实际上相对安全的活动，个体通过体验到掌控感，进而提高自我效能感，同时也相应地减少防御行为。在所提出的模型中，**自我效能感预期**来自4个主要信息源：**表现成就、替代经验、言语说服和生理状态**。影响着对效能感信息进行认知加工的因素主要来自生成、替代、劝说和情绪等方面。本文依据所假定的认知操作机制，分析了不同治疗程序的不同效力。通过对生成的、替代的和情绪的治疗模式的微观分析，所得结果支持自我效能感和行为改变之间的假设关系。

> 自我效能感预期：成就，经验，言语说服，生理状态

文章

我只相信我自己

20世纪60年代，教育研究者从行为主义学习观转向认知主义学习观，对我们大脑里发生了什么特别感兴趣。他们将我们的大脑与计算机进行比较，而后者是基于

> 学习者期望他们的能力和成绩之间能有一种联系

理性模型和步骤来处理输入和输出的。他们的挑战在于理解人类

如何在大脑中加工和存储知识。在20世纪70年代和80年代，我们也开始关注学习过程本身以及学习者在其中的作用。学习者并不总是像计算机那样理性地工作，他们会做出选择，选择某项任务（或不选择某项任务），着手处理该任务，放弃或坚持，等等。所有这些选择都决定了一个人最终能学到什么，其中最重要的事情之一是相信自己的能力。学习者经常会选择他们认为能带来最好结果的任务或方法。班杜拉还指出，学生也期望着在自己的能力——或者有关自身能力的信念——与结果之间能有一种关联。他们会选择自己认为可以完成的某种任务或是他们认为能够奏效的某种策略。

在这篇文章中，班杜拉提出了一个理论框架，该框架基于这样一种观点，即心理过程"充当了创造和加强个人效能期望的一种手段"。通过诸如考察决策的认知过程，或者完成活动的程序，班杜拉对行为的改变进行了专门的探讨。他认为，自己完成任务和看着别人完成任务都能使个体产生变化，但在提高自我效能方面，前者更有效。

结果预期是指个体估计某一行为将导致某些结果，而**效能预期**则是关于个体能够实施行为以达到某种结果的信念。换句话说，人们会避免那些自认为无力应对的威胁性情境，而更倾向于参与那些自认为可以掌控的事

结果预期与效能预期的差异

情。例如，你可能知道并**相信**你需要通过健康饮食和积极锻炼来减肥，但你可能缺乏动机来采取必要的行动，例如食用健康食品、定期跑步等。

班杜拉列举了影响个体自我效能感产生的四个主要信息源（见图9.1）：表现成就、替代经验、言语说服和生理状态。

表现成就指的是个体承担某项任务并顺利掌控该任务的经历，由此，当个体在将来遇到类似任务时，会产生成就感，也更有自信。有趣的是，班杜拉认为，通过完全掌控任务而形成的自我效能感可以泛化到其他情形，

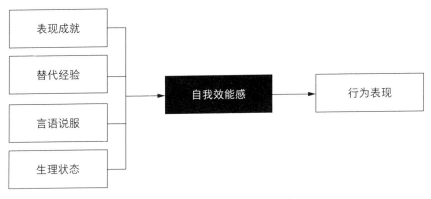

图9.1　自我效能感的影响因素

例如克服了对动物的恐惧感，则可以在社交场合中表现出更适宜的应对能力，并降低对其他动物的恐惧感。不过，班杜拉也指出，当所进行的活动与最初完全掌控的活动更类似时，这种泛化效果最为显著。

> 表现成就：借由掌控任务而产生自我效能感

替代经验描述了这样一个事实，那就是不仅个体自己顺利掌控任务能够提升自我效能感，当看到他人身处威胁情境并能成功应对时，也能够提升这样一种感觉，即如果可以坚持不懈并持续努力，个体也能够改善自身能力并完成任务。换句话说："如果他们能做到，那我也能。"

> 替代经验：通过观察他人的成功而产生自我效能感

言语说服是一种较易实现的干预，因为与某人交谈并建议他们只要努力就能达成预期目标，这种做法从某种程度上来说相对容易。然而，如你所料，这种方式在提高自我效能感方面不如个体亲身体验掌控任务的方式有效。在许多情形中，言语说服的"主要目的是提高对结果的期望值，而不是增强自我效能感"。这里的一个关键点是，仅仅说服人们，使其相信自己能够完成这件事情，这还是不够的，你必须提供"有效行动的临时援助"。换句话说，仅仅告诉别人他们**可以**做到还是不够的，

> 言语说服：将期望值提高到比结果更高的程度

你还必须向他们展示**如何**去做。

生理状态，班杜拉也称其为"情绪激励"，描述了这样一种状况，即无

> 生理状态：焦
> 虑削弱了表现

论个体是否有能力完成任务，高度的焦虑通常都会削弱个体完成任务的能力。例如，一个在训练中点球从未失误过的足球运动员有可能在真实的比赛中被恐惧压垮，因焦虑而非能力致使罚球失误。在这种情况下，你经常会听到诸如此类的说法："压力困扰着他"或"他懵了"。在教育情境中，我们经常看到学生对学习或考试感到严重焦虑，尽管他们有能力来完成这些活动。简单来说，对经历的恐惧比实际经历恐惧更糟糕。正如班杜拉所指出的："他们通过认为自己无能的观念引发了恐惧，将自己置于高度焦虑状态，这远远超过了在实际的威胁情境中所经历的恐惧感。"由此，对任务的预期也远低于实际的完成水平。

然而，作为环境事件的这四个层次的信息与个体在主观层面上如何加

> 成功的外部归因

工这些信息，二者是要做出区分的。在某些情况下，个体将成功归因于外部因素，如运气或任务的难度，而不是归因于自己的努力或能力（可参见第10章"你对成就的看法比成就本身更重要"）。当使用某些辅助手段试图提高自我效能感时，例如完成过于简单的任务，这一点尤其成问题。正如班杜拉所说的，"在简单的任务上取得成功并没有提供改变自我效能感的新信息，而成功完成具有挑战性的任务则传递了增强能力的显著证据"。

该文章认为，在自我效能感方面有可能产生泛化的、持久的改变。这涉及最初的引导性活动，例如清晰的教学指导与示范、移除外部辅助（即支持、辅导、帮助搭建支架）等来证实个体的效能，最终使个体进行独立的实践和掌控，这些将使自我效能的期望加强和泛化（可参见第18章"直接教学"）。

此外，自我效能感是高度情境化的。某些情境或任务比其他情境或任务需要更多的技能，产生消极结果的风险也更高，而期望也相应地发生变化。"例如，公开演讲中的自我效能感的水平与强度将取决于演讲的主题、

形式以及听众的类型。"这一现象可以解释为什么教师在与青少年或大学生谈论自己非常熟悉的某个主题时通常颇为自信，但在与同行谈论同样的主题时却有可能感到焦虑。后一种情形对他们的职业声望有更大的挑战，而且听众也比学生有更渊博的知识。并非所有的情境都是相同的。

为了验证这一理论模型，研究人员通过两种不同的治疗干预来测试恐蛇症患者（即害怕蛇的人）对抗蛇的恐惧的能力。其中一组观看引导师与蟒蛇进行越来越具有危险性的互动，而另一组则自己亲自动手去完成这些任务，越来越多地接触和把控蛇，对照组则没有接受任何治疗干预。在接下来的测试中发现，那些通过直接接触蛇来直面自己恐惧的人，更有自我效能感，并且能够将这种自我效能感推广到不同种类的蛇。

> 举例：暴露作为一种提高自我效能感的手段

潜伏的思维模式

在有关动机的研究中，德韦克发现学生在看待能力和智力方面是存在差异的。她区分了两种不同的方式或思维模式：静态的（固定）思维模式和成长型的（增长）思维模式。具有固定的思维模式的学生将能力看作当下能立即显现的东西，否则就不具有该能力。如果不能马上解决某件事，他们就会放弃或停止解决。与之相反，具有成长型思维模式的学生则认为，能力可以通过努力和练习而得以不断发展。即使任务很困难，或者遇到了问题，他们也能坚持不懈。

> 有关成长型思维模式干预的议题

目前，研究人员对德韦克最初研究的可靠性有所质疑。西斯克等人的研究得到了不同的结果，即成长型思维未能导致更优的学习结果。而且德韦克的研究是基于一种非常不可靠的学生自我报告的方法。学生对能力和智力有不同的看法，这是事实，但这些思维模式对学习成绩的影响从来没有得到确凿的证明。尽管最近有很多科学证据和文章来反驳德韦克的观点，但这一理论已被广泛接受，甚至一些创新的教学过程也是基于该理论来设计的。

研究结论/对教育实践的启示

班杜拉认为，自我效能感的测量应该是针对特定学科领域的，而不是普遍的。很多证据表明，这些学科特异性的测量是学业成就的有力预测因素。例如，写作自我效能感的测量结果被证明可以显著预测学生论文的写作成绩。这对教育工作者有两个重要的影响：首先，自我效能感在很大程度上是**领域特异性**的，对于那些试图基于励志名言或励志标语来提高自我效能感的做法，教育工作者应该持有谨慎态度。似乎并不存在一个**总体的**自我效能感，使得个体可以提高普遍意义上的自我效能感。其次，自我效能感是在某一特定领域取得成功的一个强有力的预测因素，因此，教学应该因材施教，让学生在该特定领域体验成功，从而影响其自我效能感。

> 自我效能感是领域特异性的，并能预测成功与否

这篇文章的核心要点是，自我效能感影响着一个人做出的行动选择，特别是在坚持性和努力程度方面。在某一特定领域中具有较低自我效能感的个体不太可能花费很多精力去完成某一特定任务，而自我效能感高的个体则更有可能着手去完成该任务，并将失败视为最终成功的一种手段。那么，教育工作者如何利用这个理论模型来帮助学生呢？

首先，我们回到班杜拉提出的影响自我效能感的四个方面，思考教师如何创设条件来加强学生的自我效能感。很明显，如果学生以替代性的方式体验成功，随后又亲身体验成功，那么他们很可能会体验到不断提升的自我效能感。教师可以做的就是对学生要学习的材料进行清晰的指导和示范。

展示如何做

具有明确结果的示范行为比结果不明朗的示范行为可以传递更多的效能感信息。在替代性学习的探索过程中，观察他人的成功行为确实比目睹没有任何明显结果的同样行为更能够导致行为的改善[1]。

除了教师示范的成功，与替代性经验有关的另一个要考虑的因素是让学生看到他们的同伴在特定任务中取得了成功。例如，当学生完成一篇文学作业的论文时，教师不应只是对作业进行批改并返还给学生，而应该给学生展示班里同学写的三篇高水平范文，然后让这三个学生与全班同学交流自己是如何构思文章的，使用了什么样的观点和概念，以及采用了什么样的方式来表达自己的观点。

这里的关键是，就某些示范行为而言，有着明确的结果。所以，告知学生"努力就有结果"，这种泛泛说辞就其一般意义而言是正确的，但它不太可能导致行为上的变化。相反，给学生展示诸如解决某个代数方程的具体步骤，然后给他们时间和空间去独立练习并取得成功，这样做更有可能提高自我效能感。

> 模糊的建议是无效的，要具体

最后，让学生根据自己已有的水平来完成任务（即做作业），且任务所设定的目标在学生们可达到的范围之内。班杜拉本人也提及了学习环境中的诸多因素，这些因素有助于提升学生的自我效能感。例如：

■注重"学习"而非"知道"：这样学生就会发现他们是可以成长进步的，而且知识和技能不是与生俱来的能力。

■不鼓励相互竞争，强调个人的进步与成就。

---

[1] 班杜拉:《自我效能感：行为改变的统合理论》,《心理学评论》1977年第84期。

■反馈侧重于进步，而不是错误（参见第19章"为学习评估，而非对学习评估"和第20章"上馈、反馈、前馈"）。

如何在教学中使用该研究成果

自我效能感是一种复杂的认知特质，是经过多年才形成和巩固下来的，但教师应该意识到的一件事是**考试焦虑**或**表现焦虑**。正如班杜拉所言："恐惧和能力缺失通常是相伴共生的。对压力性活动的回避则阻碍了应对技能的发展，而由此导致的能力缺乏又为恐惧提供了现实基础。"如前所述，

> 考试焦虑：预期通常比实际体验更糟糕

对表现结果的情绪反应会引起焦虑，从而引发回避行为，并严重削弱完成任务的能力。换言之，对任务的预期远比**实际完成的任务**要糟糕得多。为了解决这一问题，班杜拉建议将示范作为一种缓解潜在的消极情绪状态的方法，并通过演示处理威胁情境的有效方法来教授应对技能。因此，当学生在课业写作或考试中产生焦虑时，教师可以将写作任务分解成一些小的写作要素，并示范如何写引言、展开论证等，然后通过创设与真实情境类似的场景，例如课堂上的限时考试，让学生感受考试情境。就像那个在训练时万无一失，但在实际比赛中却不能克服焦虑的点球手一样，你无法准确地重现在真实的考试场景中产生的那种压力，但它将在一定程度上帮助学生通过顺利完成模拟情境中的有关任务来应对他们的焦虑。

此外，在给学生提供建议或进行一对一的讨论时，教师不要使用模棱两可、不知所云的语言或指示，这很重要。"只要你相信，你就可以完成任何事情"的说法听起来似乎是正确的，但这样的建议所带来的结果有可能适得其反。相反，提供非常清晰明了的指导则更有效，指导学生完成某一特定任务需要做什么，示范如何完成该任务，最后让学生独立完成一些练习，以促进自我效能感的提升。

为什么励志标语不起作用

"言语说服对自我效能的影响可能在很大程度上取决于说服者的可信度，例如他们的声望、信誉、专长和自信。信息来源越可信，效能预期就越有可能改变。"

举例：低自我效能感

在课堂上，低水平的自我效能感通常意味着学生对他们面临的任务存有偏见，高估了任务的实际难度。在某些情况下，低自我效能感是合理的。例如，如果你必须在10秒内跑完100米，你会认为自己做不到（除非你是飞人博尔特）。但在教育背景下，学生需要完成的任务通常在其能力范围之内。低自我效能感也会导致回避行为以及糟糕的计划，为此，可以采取另一种方法来减少这种可能性，即精心设计教学进程及任务，并在适当的时候减少或取消对学生的辅导，最终使得学生能够顺利完成某项具体任务，并产生成就感，这才是自我效能感的最强有力的决定因素。

要点
■自我效能感是指一个人对自己完成某一任务的能力的相关信念。

■通过拥有成功的经验以及顺利掌控某项任务或主题这样的方式，个体可以提升自我效能感。

■观察他人的成功以及通过他人的言语说服，也可以提升自我效能感，尽管这种方式的效果不是很强。

■预期某项任务时的情绪状态（例如焦虑），会让任务看起来比实际困难得多。

■焦虑问题可以通过教师示范以及让学生感受模拟的压力环境得到解决。

■给学生提供他们能够处理的一些任务，使其获得成功经验的机会。

■通过让学生注重"学习"而不是"知道"这种方式，他们会发现他们是可以成长进步的。

■不鼓励相互竞争，强调个人进步。

第10章 你对成就的看法比成就本身更重要

归因理论

文章 《成就动机与情绪的归因理论》"An attributional theory of achievement motivation and emotion" [1]

引文 "在记忆中存在着近乎无限的各种因果关系。然而，在成就领域的范畴内，最为凸显的决定因素屈指可数，其中最为主要的影响因素就是能力和努力。也就是说，人们通常将成功归因于能力强和勤勉，而将失败归因于能力弱和缺乏努力。"

为什么你应该阅读这篇文章

当一支足球队输掉了一场比赛时，如果赛后对教练进行访谈，你往往会得到两种类型的回答。第一种教练会怪罪于裁判、对手的庸俗伎俩（如铁桶阵[2]），或者只是运气不好。在某些情况下，他们甚至还会归咎于场地。第二种教练不会推责于外部因素，而是反求诸己，问责球队本身，认为"今天我们还不够努力"或者"前锋没有得到好的传球"。这两种反应不仅试图搞清楚某个具体的表现，而且还试图确保未来的任何表现仍能在他们的掌控之下。归咎于裁判的教练会使他的球队在将来能够维持某种程度的动力，因为他们不会总是遇到同一个裁判（然而，教练也错过了一个让球队从比赛失误中进行学习的良机）。同样，把责任归咎于球队不够努力之类的内部因素的教练并不是说他的球队永远都不够好。毕竟，许多拥有"蹩脚"球员的球队能够通过使用正确的战术来击败"优秀"的球队。他们宣称，自己以后可以更加努力，并且有更出色的表现。你几乎从未听过教练说这样的话："他们的球员比我们的球员优秀，所以他们是一支比我们更棒的球队"，尽管这对任何观看比赛的人来说都是一个显而易见的事实。

归因理论本质上是个体将自己的成功或失败归结于哪些原因。伯纳德·韦纳（Bernard Weiner）的研究更深入地探讨了人们的知觉如何影响其

---

[1] Weiner, B. (1985). An Attributional Theory of Achievement Motivation and Emotion. *Psychologycal Review*, 92 (4), 548-573.

[2] 铁桶阵是足球比赛中的一种只守不攻的阵容。当球队摆出铁桶阵时，会安排大量的防守队员，一般目的是在得分后保住比分或守平。

情绪状态，进而又如何影响其后续对未来任务的动机。一个非常重要的因素是，**觉知的**原因比**实际的**原因更重要。例如，学生对糟糕的考试分数的情绪反应比分数本身更重要，因为它可能会建

> 归因理论：我们认为导致我们成功或失败的因素是什么

立一种未来行为模式，而这种模式有可能导致自我挫败。就像哈姆雷特对罗森克兰茨说的那样，"世上之事物本无好坏之分，思想使然。"如果学生认为自己在数学考试中的糟糕分数源于自身根本无法控制的能力缺失，尽管事实可能并非如此，但他们的负面情绪反应很可能导致他们以后不再努力。反之，如果学生将

> 举例：觉知到的原因与实际的原因

糟糕的成绩归咎于缺乏努力，那么他们或许在刚开始时会感到羞愧，但以后仍有可能去改变这种不努力的行为，进而获得成功。

韦纳试图系统地探讨在与成就相关的情境中学生如何对学业结果进行归因，以及这些归因如何影响其将来在学业中的积极性和表现。正如弗里茨·海德（Fritz Heider）所指出的，我们都是试图去探明不确定世界的"天真的心理学家"。理解学生如何对学业成绩做出反应，以及这种反应将如何影响其未来的学习动机，这对教师而言是需要格外关注的一个重要问题。

文章摘要

本文提出了一种动机和情绪的理论，阐释了因果归因在其中所发挥的关键作用。文章首先论述了在与成就有关的情境中，存在着一些起决定作用的因果关系觉知。成功和失败的觉知原因具有三个共同的特性：**控制点、稳定性和可控性**；而意图性和整体性则是其他可能的因果结构。觉知到的原因的稳定性影响着对成功预期的变化；而控制点、稳定性和可控性这三个归因维度都会影响各种常见的情绪情感体验，包括愤怒、感激、内疚、绝望、遗憾、自豪和羞愧。这些预期和情感又有可能反过来决定着带有积极性的行为。因此，该理论将情感和行为的动力系统与思维结构联系了起

来。本文还对努力取得成功的一个动机情形进行了分析，并基于该理论的立场对大量的实际现象进行了探讨。文章也着重论述了支持该理论的实证依据、该理论在解读普遍的人类情绪方面的优势、概念框架所具有的潜在普适性等内容。

文章

基于海德在20世纪50年代的开创性工作，韦纳确证了这样一个事实：在成就情境中，成败原因通常被归于一系列的内部因素和外部因素。例如，某学生可能会把某次测验的糟糕成绩归结于诸如缺乏努力或能力等内部原因，也可能归结于诸如测试难度或教师偏见等外部原因。

> 学业结果的原因：
> • 能力
> • 努力
> • 任务难度
> • 运气

韦纳在20世纪70年代提出了这个观点，当时他注意到，在这两大类原因中，有些是稳定的，而有些则是变化波动的。此外，学生倾向于将学业成绩归因于以下四种原因之一：**能力、努力、任务难度或运气**。在这四种因素中，能力和努力被认为是最常见的。

除了控制点这个维度外，韦纳又增加了另一个维度：**稳定性**。稳定性描述了某些因素随时间的推移有多稳定——当论及一个人拥有多少控制力以及由此而导致的在未来有多积极主动时，稳定性就变得至关重要。在稳定性这一维度中，诸如能力或天资等因素被视为是相对稳定的，而情绪和努力则被视为是相对可变的。

表10.1　控制点维度1

	内部	外部
稳定	能力	任务难度
不稳定	努力	运气

然而，需要注意的是，这并没有完全抓住"幼稚归因者"的问题，即努力可能被认为是一种稳定的特征，任务可以变得容易或困难。虽然努力

是一个不稳定的原因，我们在某种特定的情形中可能付出更多或更少的努力，但也存在着这样的观念，即某人就是懒惰，在这种情形中，努力就被视为一个相对稳定的结构。正如罗森鲍姆（Rosenbaum）所指出的，情绪、疲劳和努力都属于内在的、不稳定的原因，但从某种意义上来说，努力又有所不同，它能够以情绪或疲劳所不能的某种方式来加以调控。因此，韦纳将第三个维度"**可控性**"加入其中，以对此加以解释。例如，成功或失败的原因可能是内在的，但是**无法控制**的，例如数学能力。我们经常听到学生甚至很多成年人说："我就是对数字不感冒。"

表10.2 控制点维度2

	内部		外部	
	可控	不可控	可控	不可控
稳定	努力	能力	教师偏见	任务难度
不稳定	学科领域	情绪	缺少支持	运气

　　至关重要的是，当学生经历了成功或失败并对这些结果进行归因时，这些归因又会影响他们对未来的失败或成功的**预期**。这里还涉及诱因的问题——学生可能感到自

> 将经验与预期联系起来

信并期望成功，但他们为考试而努力的动机可能取决于这次考试是否会计入最终成绩，还是仅仅是一次小考而已。韦纳接着详细阐述了对结果的不同归因所产生的情绪反应。在一个事件的结果出现之后，个体起初会体验到一种积极或消极的情绪反应，或者称为"原始的"情绪反应。随后，个体会对该结果产生的原因进行解释。正因如此，诸如愤怒、羞愧和内疚等情绪会对以后的表现产生破坏性的影响。

　　因此，那些经历过失败并将其归因于人格或能力等内在的、稳定的因素的学生，很可能会体验到低自尊，经常停滞不前并放弃，会说"我就是不擅长这个"。相反，那些把失败归因于外部的、不稳定的原因的学生，很可能会怪罪于他人或其他外部因素，由此错过了有可能促进未来进步的一

些成长和反思的机会。

研究结论/对教育实践的启示

当学生体验到学业成功时，成功的行为会得到积极的强化，他们很可能会再次表现出这种行为。相反，当一个学生经历失败时，他们对失败的评价对于决定未来的行为至关重要。将失败归因于内在的、稳定的原因，例如能力，则他们的情绪反应可能是羞愧、内疚和沮丧，并可能会导致成

> 成败原因通
> 常并不明晰

绩不良的恶性循环。然而，在很多情况下，决定成败的因素并非一成不变。在大多数学业情境中，诸如努力、坚持和特定学科知识等多种不稳定因素的组合会发挥很大的作用，而且具有可塑性，也就是说，学生可以有所作为。

另一个重要的因素是要记住：在学生的努力和学业成就水平方面要永

> 人人有奖励：对长
> 期的动机没有好处

远保持诚实。激励学生是一回事，但给他们呈现一幅虚假的表象则是另一回事，后者可能会产生潜在的破坏性影响。正如韦纳论著中所指出的：

因果归因决定了对成功和失败的情感反应。例如，当某人从教师那里得到了"A"的成绩，而该教师给所有人的评分都是这个等级时，或者某人打赢了那个总是输球的网球手时，他们也都不太可能体验到成功的自豪感或胜任感。

那些只对学生报喜不报忧的教师有点像那个总是在喊"狼来了"的男孩。表扬是激励学生的强有力的工具，但如果它变成了一种默认项，则学生就会对它产生免疫，并不再理会。反之，如果教师能够培育出这样一种文化，即成功与努力密切相关，而不是与潜在能力相关，那么更能促进学生的成功。

如何在教学中使用该研究成果

归因理论可能对那些反复经历学业失败且动机较低的学生最为有用。这类学生往往会陷入一种消极循环之中，习得性无助充斥内心，他们的行

为变成了一种自我实现的预言。对于这样的学生，要想改进其未来的表现，帮助他们树立起对自己表现的基本信念是至关重要的。因此，向这样的学生提出一系列的问题，并让他们进行一段时间的反思，这种辅导方法可以产生积极的效果。教师可以提出如下的一些问题：

对动机缺失的学生的五个关键提问

1. 在测验中发生了什么事情？
2. 你对这个测验有什么样的感受？（原始的情绪）
3. 这与你个人有关还是与其他原因有关？（内部/外部）
4. 这个原因是稳定的还是随时间变化的？（稳定/不稳定）
5. 你能对此作出改变吗？如果可以，将如何改变？（可控性）

也可能确实存在着一些外部的/不可控的因素，例如某个特定考试的难度或只是运气不佳，它们影响了学生的成绩。但是，关键的一点在于他们对原因的**觉知**比**实际**的原因更重要。学生越是觉得自己无法控制局面，就越不可能对这种局面做出积极的反应。如果能够满足这样一些条件，例如，相对有建设性的个人素质、适当的指导以及必要的努力，则绝大多数学生都能完成力所能及的任务。

归因理论的一个重要方面是个体在多大程度上觉得自己对某一情况要有所**掌控**。如果一个学生对自己的学习成绩有误解，将缺乏能力之类的内部因素或教师偏见之类的外部因素视为自己成绩不佳的原因，那么可以转变他们的想法，使其朝向他们可做的一些事情，例如提升努力、技能和知识；所有这些都可以通过正确的方法加以改变。

掌控：学生需要感到自己有控制的能力

要点

■ 当把学业成败归于特定的原因时，有三个共同的属性：控制点、稳定性和可控性。

■ **觉知到**的学业表现的原因与**实际**的原因一样重要。

■ 某个原因的相对稳定性影响着学生将如何"期待"未来的成功。

■学生对成绩的情绪反应深刻地影响着未来的学习动机。

■把学生的思维从不可控因素转向可控因素是很重要的。

■持续的正面表扬会随着时间的推移而削弱表扬的效果。

第11章 我们朝向何方以及如何抵达那里

目标取向

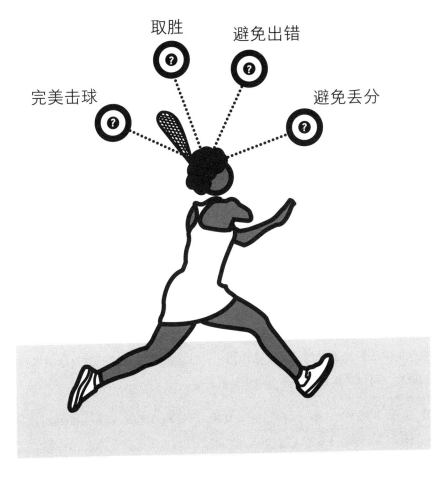

文章	《多元目标，多元路径：目标取向在学习与成就中的作用》"Multiple goals, multiple pathways: The role of goal orientation in learning and achievement" [1]

引文	"未来关于学业成就目标的研究需要超越简单的掌握目标（良好）与表现目标(不良)的界定，而应关注在多元情境中的学习与成就的多元目标、多元结果以及多种路径。" [2]

为什么你应该阅读这篇文章

人们看上去似乎在做相同的事情，但其背后的原因往往不同。以在壁球场上练习为例。有些人去壁球场或报名参加壁球课，可能是因为他们想掌握打壁球这项运动的战略、战术和技巧（即他们想掌握这项运动）；而另一些人可能看起来也是做着同样的事情，但他们是为了取胜（即他们想要在比赛中胜过他人）。有些人可能会花大量时间独自练习或与他人一起练习，因为他们不想在比赛时犯愚蠢的错误（即他们试图避免错误），而其他人也会花大量时间练习，以确保自己的球技不比别人差（即他们害怕输球）。这四种壁球选手有着不同的动机去参加课程、进行练习。在研究人们（当然学生也包括在内）的动机时，我们也应尽量考虑到这些问题。我们还应探讨影响他们做什么以及为什么做的其他一些因素，例如人们是否认为自己有能力实现目标，自己在多大程度上能够影响某个结果的出现。我们在第8章"有关智力的信念影响智力"以及第10章"你对成就的看法比成就本身更重要"中也涉及此类问题。除了前述的这两个重要的决定因素外，我们还应考察学生学习时所持有的目标。保罗·平特里奇（Paul Pintrich）在他的关于目标取向的这篇文章中指出，学生启动一项活动时可能有不同的理由，可以将其分为两类，即学习或表现。

---

① Pintrich, P. R. (2000), Multipel Goals, Multiple Pathways: The Role of Goal Orientation in Learning and Achievement. *Journal of Educational Psychology*, 92, 544-555.

② Pintrich, P. R. (2000), A Motivational Science Perspective on the Role of Student Motivation in Learning and Teaching Contexts. *Journal of Educational Psychology*, 95, 667-686.

文章摘要

在经典的目标理论和研究中，掌握目标与**适应性的结果**有关，而表现目标则与不太具有适应性的结果相关。但是，在修正后的目标理论视角下，表现趋近目标就某些结果而言也是具有适应性的。本研究讨论了包括掌握目标与表现趋近目标在内的多元目标的作用，并将它们与动机、情感、策略使用和成绩表现等多元结果联系起来。研究者搜集了3波段的八年级和九年级学生（N=150）在数学课堂上的自我报告问卷以及他们实际的数学成绩等有关数据。调查发现，随着时间的推移，适应性结果普遍下降，但这种趋势被多个目标的不同模式所调节。与经典目标理论相一致的发现是，掌握目标具有适应性；同时也与修正后的目标理论观点一致，即同时持有表现目标与掌握目标时，也同样具有适应性。

> 适应性结果：随着过程而产生变化的结果

文章

20世纪80年代末，平特里奇提出了目标理论，该理论可以用来解释教育情境下的学生动机。在他看来，这种动机有三个组成部分，即"（a）**价值**（包括任务价值和成就目标取向）；（b）**期望**（包括控制信念、自我效能信念和成功期望）；（c）**情感**（主要指考试焦虑和自尊）"。结合多元理论视角，他强调了将任务价值研究与成就目标研究相结合的重要性，因为学习者的成就目标取向可能会帮助确定其成就行为，而价值将会影响学习者行为的强度。

基于德韦克和莱格特的关于动机和学习的研究（参见第8章"有关智力的信念影响智力"），平特里奇的研究关注于学生需要着手进行一项任务时的动机问题，这就是所谓的目标取向。他区分了掌握目标（旨在学习和理解有关材料内容的目标）和表现目标（只关注成绩表现的目标）。掌握取向的学生开始从事某项任务是因为他们想要学习并了解如何完成该任务，并受到内部动机的驱动。与之相反，表现取向的学生关注的是完成一项任务后所能获得的分数，他们

> 掌握目标与表现目标

119

着手某项任务以获得分数，当然，最好是能比其他同学获得一个更好的分数。他们的动机是来自外部的。用平特里奇的话来说：

掌握目标引导学生专注于学习和掌握内容或完成任务……而相比之下，表现目标引导学生关注自己的能力以及相较于他人的表现，使学生关注那些比他人做得更好或避免看上去无能或比他人能力差的目标。

这里需要特别注意的是，一个人的目标取向不是普遍的，而是取决于

目标取向是领域具体化的

学科领域，甚至是特定的任务的，因为目标取向会受到学生的效能感、任务价值、兴趣、积极情感等诸多因素的影响。一名正在学习外语单词的高中生可能专注于在每周的考试中取得好分数，从而让自己的成绩优于其他同学；但其在数学方面则可能具有内部动机，只是想掌握学习内容，而不在意其他同学表现如何。

平特里奇除了区分掌握取向和表现取向外，还对目标取向进行了第二

趋近：展示能力

个重要的区分，即**趋近**和**回避**。这种区分对掌握取向和表现取向都很重要，对表现取向尤为重要。如果你的表现目标是趋近取向的，那么你试图做得比别人更好，并且展示自己的才能与胜任力（即你想超越他人）。反之，如果你的表现目标是回避取向

回避：避免看上去很糟糕

的，那么你就试图避免显得愚蠢或无能（即你想要避免看起来很糟糕）。这种差异也存在于掌握取向方面。如果你的掌握目标是趋近取向的，那么你会因为想要真正学习如何做好某件事而致力于完成一项任务。相反，如果你的掌握目标是回避取向的，那么你就会因为害怕如果不这样做，你就无法掌握材料或学习所有能学到的东西而努力完成任务（见表11.1和表11.2）。

平特里奇及其同事进行的研究表明，这四种不同的目标取向与班级里的成绩、动机、策略选择等多种不同的结果之间具有关联性。

这些都意味着什么呢？我们先来看看具有趋近取向的学习者。研究表明，这些学习者有动机成为最好的（不是他们能够成长为最好的人，而只是想成为班里最好的那一个）、在班上显得最聪明和最有能力的人。因此，他

120

表11.1 处理一件任务时的四种不同目标取向

	掌握目标	表现目标
趋近取向	专注于掌握任务	专注于表现/看上去比别人好
	对成功、进步、理解等持有主观的或个人的标准	持有常模标准，例如分数、班级排名
回避取向	专注于如何避免不理解	专注于避免显得愚笨或比他人差
	对于不佳的后果有自己主观的或个人的标准	持有常模标准，例如分数、班级排名

表11.2 处理某一具体学科任务时的四种不同目标取向

	掌握目标	表现目标
趋近取向	我希望能够用西班牙语进行阅读和写作，所以我在学校和家里进行了大量的练习	我每天都在练习册上练习西班牙语单词，因为我想得到最好的西班牙语成绩
回避取向	我做了西班牙语练习册上的所有练习，因为我担心如果不这样做，我就学不好西班牙语的阅读和写作	我每天都在练习册上练习西班牙语单词，否则我就会得到班上最低的分数

们努力学习，投入了大量的精力去超越同学，考试成绩普遍都不错。学习本身并不是他们的目标，他们努力学习，可能只是为了我们称为的"错误理由"。这些学习

> 表现取向：关心考试结果

者尽管刻苦努力，但他们对自身的学习并非很投入，他们经常使用一些肤浅的表层学习策略，只在意展示他们熟练的学习能力，例如记忆力。

一个比较大的问题是那些具有回避目标取向的学习者。这类学习者会不惜一切代价避免犯错误，以免显得无能。他们通常极为焦虑，学习缺乏章法，躲避他人提供的帮助（接受帮助就意味着承认自己的无能），成绩往往较差，对自己的学习活动少有兴趣。在学习过程中，他们会尽量避免有挑战性的任务，以降低失败的可能性，这些都导致他们采取驾轻就熟的方

式，选择那些简单易行、对自己不构成挑战的任务。如果他们失败了，往往会感到挫败并放弃。

相比而言，持有掌握目标的学习者则较少出现此类问题，不管他们是

> 掌握取向：学习和理解本身就是目的

趋近取向的还是回避取向的。森科（Senko）等人的研究表明，那些专注于掌握某项任务的学生，即具有掌握目标的学生，对学习过程积极投入。他们通常很喜欢所学的课程内容；即使课程变得困难了，他们仍会坚持学习；他们能够很容易地获得外界的帮助，也能很好地进行自我管理；他们通常会采用深度学习策略，在课堂上有积极的情绪体验，并能够认识到他们必须做的作业是有价值的。根据丽莎·布鲁姆（Lisa Bloom）的观点，"就学业参与度而言，掌握目标可能是最佳的"。持有掌握目标的学习者往往有更高的自我效能感，他们借由成功而获得更大的自我驱动力，变得更努力，在学习上投入的时间更久，并寻求挑战的机会。回避取向的学习者通常容易担忧，他们缺乏良好的学习习惯，回避他人提供的帮助，他们的学习成绩往往不佳，他们对自己的学习活动鲜有兴趣。当他们"失败"时，他们不会放弃，而是会更加努力。

学生可以同时追求多个目标吗

平特里奇要求学生填写一份关于目标取向的问卷。调查表明，学生可以同时持有多个目标。他们去学习一门课程，既可以是因为想掌握这门学科，也可以是因为想取得一个好成绩。因此，这两种目标取向并非相互排斥的。事实上，同时追求两个目标在理论上应该是会产生优势的，这样学习者们不仅有内在的动力，而且也想取得好成绩。问题是学生在多大程度

> 掌握目标与表现目标并非互斥的

上有可能同时追求这两个目标，因为在学习过程中，不同的目标有不同的侧重点。但是，

假如学习者在整个学期都是专注于如何学习和掌握知识，而在备考阶段将注意力转移到如何取得好成绩上，那么这个问题也是可以解决的。

研究结论/对教育实践的启示

目标理论启发教师去深入了解学生是如何思考以及如何完成任务的。它有助于让教师理解学生为什么去做或不去做某些事情。研究结果表明，在学习中持有某种目标取向确实比持有另一种目标取向要好。掌握取向将有助于学生建立去学习某一科目或完成某一任务的内在动机。通过为了掌握知识而学习，学生将对学习从长计议，而不仅仅是为了眼前的考试。侧重于表现取向则有助于学生更好地去表现，展现出最好的自己，但这往往是一种短期的学习。学生为了考试而学习，得到一个好成绩，然后经常就忘记了所学的东西。尼古拉斯·索德斯特罗姆（Nicholas Soderstrom）和罗伯特·比约克（Robert Bjork）在其文章《学习与表现：整合性综述》（Learning versus performance: An integrative review）中就此问题进行了讨论。他们表示：

教学的主要目标应该是促进长效学习，也就是说，在领会、理解以及促进技能的长期**保持与迁移**方面能够产生相对持久的变化。然而，在教学或培训过程中，我们所能观察和测量的就是表现，但这往往是一个不可靠的指标，它无法证明被视为学习的那种相对长期的改变是否已经发生。

> 保持与迁移：不只是能记住信息，而是要能够运用它

这两种目标取向可以同时出现，都有助于学生的学习过程。二者的结合是最有益的，因为学生在进行长效学习的同时也取得了良好的成绩。只有回避取向才会产生相反的效果。

如何在教学中使用该研究成果

学习是一件有风险的事情，从其定义上看，学习意味着去做一些你不知道要如何去做的事情。因此，通过降低失败的成本来降低风险是很重要

> 当以建设性的视角来看待失败时，失败可以是一个强有力的学习工具

的。有很多方法可以做到这一点。例如，教师可以确保自己对学生出现错误的反应是感兴趣、支持的态度，而不是批评。让学生有机会以建设性的视角看待他们的"失败"（即错误），这也不失为良策。以不会产生严重后果的方式给学生提供更多机会去了解自己不能做的事情，给学生机会甚至是激励他们去发现并改正自己的错误。

当然，作为一名老师，你也必须给学生打分，所以要确保学生保持积极的态度，不要带有恐惧或其他负面情绪行事。如果学生认为他们尽了最大努力就能取得好成绩，那么成绩就能激励他们；但如果成绩会让学生感到焦虑或不安，那么成绩的作用就适得其反，尤其当这些学生具有回避取向时，更是如此。在这种情况下，应关注如何提升其内部动机，例如，使用形成性评价（参见第19章"为学习评估，而非对学习评估"），给予积极的反馈（参见第20章，"上馈、反馈、前馈"），提供适合学生现有水平的任务（参见第12章"为什么支架并不像看起来的那么容易"）。为了提高内在动机，应强调学习并不只是分数那点儿事；教师更应该感兴趣的是学生能否理解如何完成某项任务、如何运用正确的策略，而不只是答案是否正确（见图11.1）。换句话说，应把注意的焦点更多地放在学习的过程上，而不是结果上。如果教师可以这样做，那么错误就不再被视为令人焦虑和回避的事情，而是有趣的事情，因为学生可以从中进行学习。

图11.1　表现与掌握的最佳结合

要点

■在学习者如何学习的过程中，有两类不同的目标在发挥作用：想要掌握一门学科，或者想要表现得很好。

■两类目标均可产生积极的结果：持有掌握目标的学习者通常是由内部动机驱动的，持有表现目标取向的学习者通常会取得更高的分数。

■试图为了避免失败而学习（而不是去掌握某门学科），这对学生的学习过程具有消极影响。

■学生可以同时追求两种目标取向（即掌握目标和表现目标）。

■告诉学生，出错既不可怕也不是件坏事，因为学生可以从中汲取经验教训。

■这意味着教师应该让教室成为一处安全之地，这样学生在学习中就敢于承担风险。

■当给学生布置一项学习任务时，该任务的设计应超越学生当前的能力水平，但又应在其力所能及的范围之内。

■尝试着去鼓励表现目标取向的学习者以更深层的方式学习（即不只是死记硬背，而是通过理解来学习），并劝阻"回避者"选择最简单的方式来完成最简单的任务。

第三部分
哪些学习活动支持学习

　　回顾教学的愚昧时代，我们曾认为学生要么是白板，要么是海绵。他们起初一无所知，我们给他们提供信息，而他们就像海绵吸水一样吸收这些信息。他们无精打采、完全依赖他人，他们只是对外部刺激做出反应而不思考。

　　不可否认，行为主义取向有时是非常有效的。想想在一年级或二年级的时候，通过和其他同学一起反复练习加法和乘法表，或者通过计算机程序来反复做数学题（即操练）。通过这种方式，你无须深入思考就能学会自动化的数学运算技能，这使得较复杂的数学任务变得简单。

　　但自20世纪60年代以来，我们知道，在大多数情况下，学生既不是白板，也不是海绵，事实上，学习需要思考以及专注的学习活动。在这部分，我们将介绍一些教师可以支持学生进行有效、高效、愉快的学习活动的方法。所涉及的主题包括支架对学习的作用、辅导与其他教学技术、有效的问题解决以及萌发活动（即那些能产生学习的活动）。

第12章 为什么支架并不像看起来的那么容易

提供支架

文章 《辅导在问题解决中的作用》"The role of tutoring in problem solving" [①]

引文 "有效地使用支架首先要引导儿童采取行动，以产生对他们而言可识别的解决方案。一旦做到了这一点，辅导者就可以向儿童解释所存在的不一致现象。最后，辅导者起到确认的作用，直至儿童被认定为可以独立翱翔。"

为什么你应该阅读这篇文章

年幼的猫鼬是如何学会捕食蝎子而不被杀死的呢？更重要的是，成年猫鼬是如何"教"年幼猫鼬的？首先，成年猫鼬给年幼猫鼬一只去掉毒刺的死蝎子，让它们练习捕食。接下来，成年猫鼬再给它们带来一只带有毒刺的死蝎子，以提高练习的等级。最后，成年猫鼬给它们带来一只完整的活蝎子，这就完成了整个的训练。成年猫鼬看上去似乎是专家型教师，它们可以将学习活动分化，以适应学习者的水平。但实际上，人们认为它们只是对年幼猫鼬的叫声做出反应，并根据本能而不是复杂的思考来完成这项任务。杰尔杰伊（Gergely）和西布拉（Csibra）将教学描述为"通过个体间的**交流**来传递文化知识的认知机制"，这彰显了教学作为人类活动的鲜明特征。

在这篇文章发表时，人们认为人类是唯一的一个真正以"有意"的方式进行教学的物种。年幼猫鼬可以很好地学习如何捕猎蝎子，但它们在多大程度上通过沟通而得到了有目的的教学呢？这篇文章的作者大卫·伍德（David Wood）、杰罗姆·布鲁纳（Jerome Bruner）和盖尔·罗斯（Gail Ross）试图探讨在人与人之间，特别是在成年人和一群试图用积木解决某个问题的3至5岁儿童之间，是如何进行有目的和沟通性的教学的。

在这篇文章发表之前，问题解决或技能获得的活动在传统上被视为个

---

① Wood,D.,Bruner,J., & Ross, G. (1976). The Role of Tutoring in Problem Solving. *Journal of Child Psychology and Child Psychiatry*, 17,89-100.

体单独的活动，而社会互动通常被框定为示范和模仿。然而，如果有辅导者或教师参与其中（即某人是一个专家，知道如何解决某个特定的问题），则这种情形就会产生微妙的动态变

> 支架：给学习者提供的引导支持，并随着学习的不断推进而逐步移除

化。作者将这一过程称为"**支架**"，这是当今教师培训中最具影响力且被普遍使用的术语之一。然而，正如我们将要看到的，该术语涉及一个非常复杂的过程，需要教师具有高度的技能与技巧。就像猫鼬学习捕猎蝎子一样，如果使用不当，很容易出问题。

文章摘要

该研究考察了成人或专家帮助非成人或非专家的辅导过程。在一项任务中，一位成年辅导教师教授3至5岁的儿童搭建一个模型。起初，该任务难度超出了儿童的能力范围。该辅导过程与传统辅导有所不同，专家知道答案，而辅导者不知道答案。我们探讨了"自然"的辅导过程，以进一步了解自然的和自动化的教学方法。这项研究不是对假设的检验，而是系统描述儿童如何对这些不同形式的帮助做出反应。该研究关注的核心是问题发现的活动，而不是问题解决的活动。

文章

这篇文章着重进行了这样一项研究，即调查30名年龄在3至5岁的儿童在将21块积木拼成一个金字塔时，如何回应成年教师给予他们的帮助。为了让儿童参与该项活动，这些任务设计得很有趣味，同时也具有挑战性，但并未超出儿童的能力范围。教师的主要目标就是让儿童尽可能地自己解决问题，最初只提供口头支持，只有在必要时才介入。儿童的相对成功或失败决定着教师的行为方式。

> 必要时提供支持和介入

当儿童试图解决问题时，教师对三种行为给予回应。首先，如果儿童只是玩积木而忽略了任务本身，教师会向儿童展示搭建的几对积木，让他

们开始这项活动。其次，如果儿童已经开始搭建，但忽略了要完成任务的某个特征，教师则给予适当的言语提示，使其回到任务要求上来。最后，如果儿童开始按照示范的模型来搭建，教师则允许他们改正其间所出现的各种错误。

实验任务

实验任务是搭建一个由积木组合而成的金字塔（见图12.1）。在儿童摆弄5分钟积木后，开始真正的实验任务。教师先教儿童如何将两块积木拼搭起来，但若儿童已完成此项任务，教师就将其拼搭好的积木拿起来，作为例子给大家示范，并要求儿童拼搭更多的积木。如果儿童忽略了任务要求，教师就会再次向他们展示拼搭的积木。如果儿童已经开始拼搭积木，但忘记了一些要求，那么教师会口头提醒他们注意任务要求。教师尽可能地让学生不断推进任务进程。

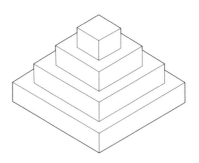

图12.1　伍德等研究者的积木任务图示

正如所料，3至5岁儿童的行为有所差异，每一个年龄段都有其不同的需求。有趣的是，所提供帮助的效果是不同的。例如，当教师试图给3岁的儿童解释如何解决问题时，每5次中只有1次是有效的。然而，这种方法在5岁儿童中，超过50%的次数都是有效的。显然，不同的年龄组需要不同水平的帮助。在3岁儿童中，无须帮助、完全自主拼搭的人数比例为64%~65%，4岁儿童为79.3%，5岁儿童为87.5%。

研究者得出结论，即教师对3岁儿童的作用主要是让他们专心完成任务。事实上，儿童能够意识到一个有效的解决方案的开始，例如把两块积木拼搭在一起。尽管如此，他们完全无视教师的建议，也许这种状况对任何家长而言都司空见惯、不足为奇。对于4岁的儿童，他们更多的是听从教师的要求，教师也能够在任务进行过程中给予鼓励和纠正。5岁的儿童能够向教师寻求支持，并检查自己的解决方案是否正确。最为重要的是，作者认为对5岁的儿童来说，支架的作用"衰退"了；他们推测对6岁的儿童来说，这种支架支持是不必要的。

基于这些观察，作者们将"支架"界定为帮助儿童采取对他来说是可识别的解决方案的行动。换言之，教师能够帮助儿童识别他们将要采取的

> 理解预期结果是关键：领会先于产出

一系列行动。正如作者所阐述的，**"对解决方案的领会必须先于产出。也就是说，学习者必须能够识别特定类别问题的解决方案，然后才能在没有帮助的情况下自己生成解决方案的步骤"**。这里所强调的重点是，儿童在开始任务之前必须理解手段和目的之间的关系，或者正如作者简明扼要指出的，"领会先于产出"。

在这个过程中需要注意的另一个重要因素是，教师需要同时记住两件相反的事情。这并非易事，但教学是一件复杂的事情。问题解决所具有的深层结构只有在接近最终解决时，以及在提供有效的支架时才会显现出来。因此，教师不仅需要记住深层结构和正确的解决方案，还需要记住学生对深层结构以及可能的解决方案的认知现状。唯有如此，教师才能提供恰如其分的帮助。正如作者所指出的，这意味着教师在实际教学过程中需要牢记两种理论。

两种理论

教师必须牢记深层结构及学生当前状况

　　如果教师不具有这两种理论，则既不能提供反馈，也无法设计出这样的情境，即在**任务掌握**上，反馈更适合**这个学习任务**中的**这个学习者**。因此，有效指导的实际模式将既取决于**任务**，又取决于**学习者**，教师的两种理论相互作用而产生教学要求。

研究结论/对教育实践的启示

支架的六种作用

　　这篇文章的主要内容是对支架进行了详细的界定，并系统而精确地描述了为学生提供支架所具有的六种不同的"功能"：

　　1. 动员：教师必须以某种方式激发问题解决者对任务的兴趣，并使其展现完成任务所需的各种技能。

　　2. 减少自由度：这主要是指教师将任务简化为更少的可能性，这样学习者就不会被压垮。对于困惑的新手而言，在一个正确的步骤和一个明显的错误步骤之间做出选择要比面对一大堆无法区分的不同步骤容易得多。

　　3. 方向维持：保持学习者的兴趣，使其专注于手头要完成的整体任务，这是支架的一项重要功能，尤其是当学习者成功地完成了整体任务中的较简单的部分任务（例如拼搭两块积木）并试图不断重复，而非继续下一步任务的时候。

　　4. 标记关键特征：教师应该标记或强调任务完成进程中的重要里程碑。这里的关键之举就是让学生当下的状态与他们下一步要达到的状态之间的差异明晰可见。

　　5. 挫折控制：对学生可能遇到的挫折进行共情关注，这是支架所具有的至关重要的一个作用。要做到这一点则有赖于灵活的技巧，否则存在一定的风险，因为若教师的共情轻而易举就可以获得，则学生就会对教师过分依赖。

6. 演示：仅仅提供一个任务的解决方法是不够的，有效的教师会对要执行的任务给出一个"理想化"的示范。这可以表现为教师去执行学生将要解决的，也可能是学生已经着手进行部分工作的某个问题。教师通过精心地完成任务，让学生更容易模仿解决问题所需的步骤。

组合技能

当解决某个问题时，存在着一个层级化的技能结构。在你获得更高水平的技能之前，必须先掌握基本的技能。如果我们用伍德及其同事所使

> 较高层级与较低层级的技能

用的积木问题来加以举例说明，就可以说学生首先要学会如何识别积木，并学会如何将它们拼搭起来。一旦他们掌握了这两种技能，就可以将它们组合起来，形成一个快速将两个匹配的积木拼搭起来的技能。因此，重要的是应首先掌握较低层次的技能。

如何在教学中使用该研究成果

为学生提供支架是一个高度复杂的过程，需要指导者或教师具有多种不同的技能。为了提供适宜的支架，教师需要拥有并能够表现出一系列的情绪情感技巧，例如共情和耐心。教师还需要知道何时和如何提供有力支持，以及何时和如何撤走支持。最后，教师还要能够同时持有两种心智模式，一个是他们自己的有关要解决的整体问题的心智模式，而另一个极为重要的是有关儿童解决问题的心智模式。引导儿童学会发现他们在完成任务的进程中所处的位置与问题最终解决之间的差异，这是所需的关键技能，而不是一件容易的事情。就像本文所介绍的研究中使用积木拼搭金字塔的精细任务一样，如果拼搭的积木有任何一部分不牢靠，那么整个积木模型

最近发展区：学习者在没有帮助时可以完成的事情与在有帮助时可完成的事情之间的差异

就会倒塌。当教师确定了学习目标后，在向学生介绍新内容时，首先要考虑的或许就是不要让课程太长。要给学生示范或演示应该做什么。我们知道，示范是教授新内容的一种非常有效的方式，特别是当教师对所演示的内容及对自己的思维过程（主要是对年龄较大的学生）进行言语解释时。这与所谓的**最近发展区**密切相关。教师应该给学生足够的时间不断练习如何检查理解或其他技能，但也不要让学生深陷其中不能自拔，这是个复杂的问题，要把握好尺度。为此，教师需要提供适时的和"水平适宜"的支持。最后，当学习者能够独立完成任务时，教师应该将支架移除。

要点

■ 不同水平的学生在解决问题时需要不同的指导方式。

■ 提供支架实际上是一种差异化的教学形式。

■ 学生必须先掌握较低层次的技能，然后才能掌握更高一层的技能。

■ 教师借助支架可以给学生提供恰当的支持（即提供刚好超越学生现有水平的支持，这将助推学生达到更高的水平）。

■ 支架必须细分到学生可以独自完成的程度。

■ 不仅要理解拟解决的问题，还要能够了解学习者对要解决的问题的看法，并帮助他们看清存在的差异，这是至关重要的。

第13章　整班教学与一对一辅导

最佳策略

文章 《2个标准差问题：寻找与一对一辅导同样有效的班组教学方法》
"The 2 sigma problem: The search for methods of group instruction as effective as one-to-one tutoring" [1]

引文 "辅导过程表明，大多数学生确实有潜力达到高水平的学习。我认为研究和教学的一项重要任务就是寻求在比一对一的辅导更实用、更现实的条件下达成目标的方法，一对一辅导对大多数社会来说成本过高，无法大规模实施。这就是'2个标准差问题'。"

为什么你应该阅读这篇文章

棒球的最佳击球策略是什么？如果一个全垒打能带来最大的回报，为什么球员不尝试着每次都打出全垒打呢？其实能让球员打出全垒打的机会相对来说比较少，如果操作不当的话，被判罚的风险也比较高。每次都试图打全垒可能意味着球员三振出局的概率更高。所以，常规的策略是变换自己的比赛技巧，组合运用一系列的技术。这些技术单独使用时，可能不会产生显著效果；但若组合起来使用，其综合效果远远大于单个技术分别使用之和。

一对一辅导相当于全垒打。正如这篇文章所展示的，它取得了优于传统教学的佳绩（接受辅导的学生的平均成绩高于98%的传统班级学生）。然而，一对一辅导的成本投入很高，所以普通学生较少接受个别化的辅导。在大多数情况下，学生在班额为25～30人的班级里学习，因此本杰明·布鲁姆（Benjamin Bloom）思虑的难题是：既然我们不能个别化地教授每个学生，那么哪些教学方法组合起来能够达到与个别辅导同样的效果呢？布

> 2个西格玛：两
> 个标准差

鲁姆将这一难题称为"2个西格玛（标准差）问题"，正如我们将要了解到的，这是一个没有确切解决方案的问题。

---

① Bloom, B. (1984).The 2 Sigma Problem: The Search for Methods of Group Instruction as Effective as One-to-One Tutoring. *Educational Researcher*, 13(6),4-16.

文章摘要

两名芝加哥大学教育学博士生，阿纳尼亚（Anania）和伯克（Burke）在博士论文中比较了学生在以下三种教学条件下的学习情况：（1）传统教学；（2）掌握学习；（3）辅导。其中最引人注目的研究发现是，在我们能设计的最佳学习条件（即辅导）下，学生的平均水平比采用传统教学方法的对照组高出2个标准差。辅导过程表明，大多数学生确实有潜力达到高水平的学习。我认为研究和教学的一项重要任务就是寻求在比一对一的辅导更实用、更现实的条件下达成目标的方法，一对一辅导对大多数社会来说成本过高，无法大规模实施。这就是"2个标准差问题"。研究人员和教师能否设计出这样的教学—学习条件，使大多数进行班组学习的学生也能达到目前只有在良好的辅导条件下才能达到的水平？

文章

这篇文章重点介绍了两名博士生做的研究：他们比较了学生在三种条件下的学习：

1. 常规组。学生们在一个约30人组成的普通班级里向教师学习，并定期进行测试。

2. 掌握学习组。该组学生与常规组在班额、教学内容、形成性测验等方面均相同，但此外还接受了矫正性指导及相应的平行测试，以考查学生对该课程内容的掌握程度。

> 掌握学习：学生只有达到规定的先决水平才能进行新内容的学习

3. 辅导组。学生们可以单独向教师学习，也可以在最多由三个人组成的小组中学习。他们会接受相同的形成性测验，但采用上述的掌握学习形式。

将学生随机分配到三种条件下，各组均接受了相同数量的教学内容，但后两组还接受了矫正性指导。该研究在三周时间里进行了11节课的教学。

正如人们所料，各组间的最终成绩存在显著差异。辅导组学生的平均成绩要好得多——比常规组大约高出两个标准差。掌握学习组的平均成绩比常规组高出一个标准差。

什么是标准差和效应量

标准差（SD或σ）是一个数值，用来表示测量值相对于某个群体或总体平均值的分布情况。测量值可以是身高、体重、在学校的成绩等。以IQ为例，总体平均值为100，标准差是15。这意味着IQ为85或115的人与总人口的平均水平分别相差为1个标准差；IQ为70或130的人与总人口平均值分别相差2个标准差。此外，68.2%的人口比例是在距离平均值正负1个标准差的范围之内（IQ在85到115之间），95.6%的人口比例是在正负2个标准差的范围之内（IQ在70到130之间；见图13.1）。

> 标准差：测量值的离散程度

效应量（d）是用来表示某种效应大小的一种测量值，例如，对两种不同的教学方法之间的差异大小进行量化测定。通常而言，我们说小效应量（d=0.2）、中等效应量（d=0.4）或高效应量（d=0.6）。约翰·哈蒂（John Hattie）将d=0.4定义为节点，因为他在研究中发现，如果我们不做任何特别的事情，而只是衡量学生一学年后的成就，其效应大小近似于我们这里所看到的0.4这个结果（即完全是由成熟所导致的）。这意味着如果某种干预的效果未能超过0.4，你也可以什么都不做，让孩子自发成熟；如果干预效果小于0.4，则实际上制约了学习。

> 效应量：两种教学方法的差异程度

特别引人注目的是，辅导组学生的平均分数比常规组高98%，这意味着该项研究中的绝大多数学生在适当的条件下都有能力达到高水平的学习（见图13.2）。布鲁姆随后提出的问题是：我们能否开发一种途径，在班组教学的条件下也能达到辅导条件下的同等效果？布鲁姆将这种困境称为"2

个标准差问题"。

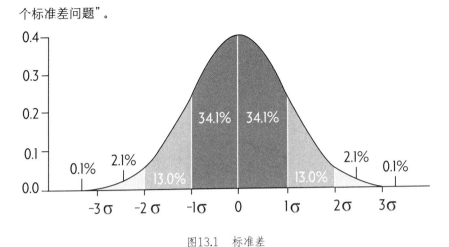

图13.1　标准差

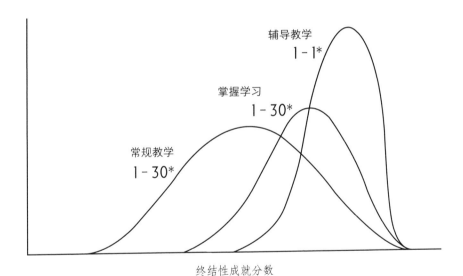

终结性成就分数

图13.2　学生在常规教学、掌握学习与辅导教学三种条件下的成绩分布

　　现代社会尚无法为每名学生提供一对一的辅导，这是显而易见但大家
又避而不谈的事实。布鲁姆声称，如果有关2个标准差问题的研究能够生成
实用的方法，即一般的教师能够在很短的时间内，也就只需比常规教学方
法多花一点时间即可学会的方法，那么它将是"一项最伟大的教育贡献"。

那么布鲁姆建议的这些实用方法可能是什么呢?

布鲁姆对**可改变**与**不可改变**的事物进行了区分,他将**能够**改变的事物称为"**可变变量**",将不能改变的事物称为"稳定的"或"**静态变量**"。可

> 可变变量与静态变量:能够改变的事情与不能改变的事情

变变量包括教学质量、时间利用、形成性测验、学习速度和家庭环境等(见表13.1)。静态变量则包括这样一些因素,例如教师的个性、智力水平(尽管这极具争议性)、要参加的正式考试以及家庭的社会经济地位。然而,并非所有这些变量都是相等的。借助于各种元分析,布鲁姆列出了一个可变变量的表格,其中最上层是一对一辅导,其效应量为2,而合作学习之类的方法,其效应量为0.8。他的核心观点是,这些可变变量组合在一起会产生**协同效应**。换言之,教师能做之事的适宜

> 协同效应:两个或更多个成分的累积交互作用

组合将会对学生的学习产生巨大影响。更简单地说,虽然1+1通常等于2,但在这种情况下,1+1可能大于2。两种或两种以上成分的结合所产生的效果远远大于各个单独成分的效果。

表13.1　可变变量对学生成就的影响举例

		效应量	百分位当量
	D 辅导教学	2.00	98
	D 强化	1.20	
	A 反馈—矫正(掌握学习)	1.00	84
	D 提供线索及解释	1.00	
(A)	D 学生课堂参与	1.00	
	A 学生在任务上用时	1.00[a]	
	A 阅读/学习技能改善	1.00	
	C 合作学习	0.80	79

（续表）

		效应量	百分位当量
	H　家庭作业（分级）	0.80	
	D　班级风气	0.60	73
	A　先决认知条件	0.60	
	H　家庭环境干预	0.50[a]	69
	D　同伴及跨年级的补救性辅导	0.40	66
	D　家庭作业（指定）	0.30	62
	D　高阶问题	0.30	
（D）	B　新科学与数学课程	0.30[a]	
	D　教师期望	0.3	
	C　同伴群体影响	0.20	58
	B　先行组织者	0.20	
	社会经济地位（对比）	0.25	60

注：A: 学习者；B: 教学材料；C: 同伴群体；D: 教师和教学过程；H: 家庭环境

a. 对相关数据或几个效应量进行的平均或估计

资料来源：布鲁姆改编自沃尔伯格（Walberg）的文章

那么，是什么使得整班课堂教学比一对一辅导逊色很多呢？首先，布鲁姆认为许多教师只从班上一小部分成绩优异的学生那里获得有关学习状况的反馈，而他们通常也是那些举手发言的学生。相比而言，一对一的辅导在每一个学习要点上都会进行检查，必要时还会给予更多的解释和澄清。为了解决这个问题，布鲁姆提出了一些策略，例如在课堂上随机抽取学生样本以获得反馈（通常被称为"不举手政策"或"无约电话"），这些策略虽然现在看起来不足为奇，但在当时，此类观念对许多教师而言都是前所未闻的。布鲁姆的主要观点并不是去改变教师的教学方法，而是鼓励他们面向班级里不同层次的学生进行教学，而不只是那些本来就参与其中的部分学生。

那么神奇的秘诀是什么呢？若要达到像一对一辅导那样的良效，需要将哪些方面组合起来呢？布鲁姆所能确定的一点是，掌握学习或者他所说

> "反馈—矫正"过程：辅导者识别出存在的错误，并给予解释及澄清

的"**反馈—矫正**"过程是首选之一。掌握学习是一种教学方法，即对学生所学的内容进行测试，如果他们在测试中的成绩低于90%，则针对所学内容，给其提供额外的教学，直至成绩提升至90%以上，或者"掌握"了相关的内容。在表13.1中，变量被分为A（学习者）、B（教学材料）、C（同伴群体）、D（教师和教学过程）和H（家庭环境）。有趣的是，布鲁姆推测，来自不同类别的两个变量一起使用可能是相辅相成的，而来自相同类别的两个变量一起使用则未必那么有效。多样性似乎调节着学习效果。

研究结论/对教育实践的启示

从本质上说，布鲁姆的发问是：我们如何以一种实质上或许与一对一辅导同样有效的方式去教授整班学生？其解决方案是，教师需要将各种不同的方法组合起来，但并非所有的方法都具有同等效力。尽管他主张使用多种不同的策略技巧（其中有一些是关于批判性思维和学生参与的含糊其词的讨论），但其中最为确凿的建议就是掌握学习，这是毫无疑问包括在内的方法之一。随后他又提出了一种称为**线索—参与—强化**的方法，即试图

> 线索—参与—强化：布鲁姆将矫正性反馈补充进来的一种行为主义教学模型

在更有效的提示（解释）方面为教师提供良好的指导，并促使学生更大程度投入学习的一种方法。布鲁姆认为，这两种方法的结合有可能导致在高级心理过程中的效应量为1.7。虽然这尚未解决2个标准差的问题，但至少已经很接近了。

布鲁姆这篇文章的核心观点是，在教学中有些事情是我们可以做的，也有些事情是我们无能为力的，我们不仅要关注那些可以做的事情，而且也要关注两三个最有效的事情，并将这些事情放在一起做。一般而言，布

鲁姆提倡一种更个人化的学习形式，即根据学生的表现来量身定制个别化教学（这是使得一对一辅导如此有效的动力机制），但机会成本的问题仍然存在。尽管掌握学习也有可能用于整班教学的常规课堂中，但不同的学生以不同的步调学习材料，这仍是- -个耗时的问题。这就是为什么布鲁姆的2个标准差问题被用作个别化教学策略使用的指导原则。尽管硅谷在个别化教学的探索方面令人充满期待，但这仍是一个尚未解决的难题，因此对整班教学和一对一辅导的探寻仍在继续。

如何在教学中使用该研究成果

布鲁姆的这篇文章除了对教学方法进行讨论外，还阐述了所使用的教学材料的性质，例如，使用那些较为复杂的教科书，它们体现了主题的顺序特点，并使得学生能够建构图式。此外，该文章还讨论了先行组织者（参见第6章"你所知道的决定了你所学的"）。使用这些材料所产生的效应量为0.2，这对于解决2个标准差的问题不太可能有很大助益，然而布鲁姆声称有这种可能：

在新的学习主题开始阶段使用先行组织者，在章节或单元学习进程中进一步使用组织化的辅助手段，在学习单元结束时运用适当的提问、总结或其他组织化的辅助手段，这些方式的组合对学生学习该章节的内容将产生实质性的影响。

简言之，在某个学习主题的**开始**引入先行组织者，而不只是在课程结束时将其作为复习资料，这对学习有可能非常有益。

文章还讨论了另一个变量，即家庭环境，并介绍了一些研究，这些研究着眼于促进父母更多参与子女学习的方式。其中有一项研究发现，在六个月的时间里，家长们每个月与一位家长教育工作者见面两次，每次两小时，这对学生的学习产生了巨大影响，家庭环境也发生了显著变化，尽管人们

> 父母参与可以极大地提高孩子的成绩

承认这种方式的成本效益可能并不高。布鲁姆推测，由于掌握学习发生在学校，而家长支持发生在家庭环境中，两种方法可以采用"钳形运动"的

方式发挥作用，这是解决2个标准差问题的有效方案，如果能够较早使用，效果更佳。

有趣的是，当把学生在常规课堂上的学习与一对一的辅导教学相比较

时，会发现大约20%的学生与接受辅导的学生有同样的良好表现。也就是说，这些学生如果接受个别化的辅导，也不会有更好的表现了。然而，从另一个角度来看，常规课堂中那些80%的学生的表现不如那些接受一对一辅导的学生。布鲁姆对此的解释是，在大多数课堂情境中，教师并非平等地对待学生，有些学生得到了鼓励与表扬，而另一些学生通常被忽视了。由此导致的结果就是：教师从相对少数的学生那里得到反馈，因而就错失了在个别情况下可获得的具体的、可操作的反馈和发展动向等信息。这里的关键是要从课堂上随机抽取的学生样本中获得对整个班级学习状况的反馈信息，而不是从自信的个别学生那里获得反馈，因为后者会给人留下这样的印象，即每个人都理解了学习内容。

从根本上来说，为了解决2个标准差问题，产生尽可能接近一对一辅导教学的那种效果，教师应该使用掌握学习的方法，同时结合使用其他的促进学生积极参与学习的方法。只有这样，教学才能够对所有学生，而不仅仅是对少数学生做出积极回应。对布鲁姆而言，在整个课堂教学中，显然存在着一个收益递减的法则，而他没有提供解决该问题的明晰标准或规则，只是呼吁教育者们接受挑战。时至今日，教育者仍在努力应对这个挑战。

要点

- 如果采用正确的教学方法，大多数学生都能取得良好的成绩。
- 通过以不同的方式将不同的教学方法结合起来，我们可能会极大地促进学习。
- 在使用先行组织者时，何时使用它们与如何使用它们是同样重要的。
- 家长投入子女教育，例如每月与教师或指导者见两次面，则可能会带来显著变化。

■不要从相同的学生那里得到反馈，而要随机点名进行提问。

■作为2个标准差难题解决方案的一部分，掌握学习可以取得显著的效果。

第14章 问题解决

如何大海捞针

文章 《人类问题解决》"Human problem solving" [1]

引文 "在当时，问题解决被许多人视为一种神秘的、近乎魔术的人类活动——似乎人类尊严的维护依赖于对自身保持深不可测的状态、依赖于保留未解之谜的魔法制造过程。"

为什么你应该阅读这篇文章

20世纪80年代，我家附近的每个孩子都有一个魔方。记得我经常拿起一个，尝试多种转法，但我不记得曾经成功过。这个挑战任务既简单又复杂：扭转立方体，直到每一面都有9个相同颜色的方块。这听起来似乎很简单，但当你从20世纪80年代的电视广告中了解到，这个立方体有30亿种可能的组合，却只有一种最终结果时，你或许就明白了。那么，儿童（或成年人）是如何解决这个看似不可能的问题呢？

和魔方一样受欢迎的是如何玩转魔方的指南。1981年，美国十大畅销书中就有三本是关于如何破解魔方的图书。解决方案不是随便就可以找到的，而是需要两个关键要素：一是要了解从何处着手，二是要了解做何事。几十年前，纽厄尔（Newell）和西蒙（Simon）运用计算机模拟的方法，提出了人们如何解决问题的理论，由此揭开了像魔方这类问题的神秘面纱。他

> 问题空间：问题的内在概念化

们假设，人们形成了"问题空间"，即一种内化的问题表征，它与问题的外部表征非常不同。他们研究工作的重要之处就在于揭示了问题解决的内在过程，揭秘了解决问题的众多"魔法"。

文章摘要

与其在这里回溯历史，我们更愿意简要介绍历史的产物，即从研究中

---

[1] Newell, A., & Simon, H. A, "Human Problem Solving," *Englewood Cliffs.* (NJ: Prentice-Hall, 1972)

提炼出的人类问题解决的理论。该理论涉及问题解决者面对一个任务时的信息加工系统。该任务是根据任务环境而客观界定的（你也可以从实验者的角度来界定）。为了解决这个问题，问题解决者依据问题空间对其加以界定。可以借由以下四个命题来把握该理论：

1. 人类信息加工系统中的少量，且仅是少量的总体特征随任务和问题解决者的不同而保持不变。

2. 这些特征足以确定某种任务环境（在信息加工系统中）被表征为一个问题空间，并确定问题解决发生于问题空间中。

3. 任务环境的结构决定了问题空间的可能结构。

4. 问题空间的结构决定了可用于解决问题的可能程序。

上述命题即是理论的核心内容。

文章

直到最近，人类解决问题的过程在很大程度上仍是未解之谜。行为主义者认为，问题解决本质上是复制性的，换言之，人们会复制以前解决某个问题时所用的方法。**格式塔心理学家**则以一种非常不同的方式来看待问题解决。对他们来说，问题解决的过程具有这样的特征，即个体在心理上重新构建或变换问题的元素，直到他们"发现了！"那一刻，突然"明白了"。然而，在20世纪70年代初期，纽厄尔和西蒙运用计算机程序（模拟）探讨了问题解决的本质，发现人类解决问题的方式有些出乎意料。

> 格式塔心理学：有关行为与心理的整体观

他们研究中的核心观点是"问题空间"。当面对需要解决的问题时，人类会将其表征为在内部记忆（即长时记忆）中进行搜索的一系列不同的解决方案。这与任务环境不同，任务环境是问题的外观。从本质上来说，当面对一个问题时，我们将对当前状态、目标状态以及介于两者之间的一系列可能性进行表征。然而，问题空间有可能非常大，通过可能的问题解决方案索引进行搜索几乎是不可能的。

以河内塔问题为例（见图14.1），有几个叠放的圆盘和三个桩子，目标是将所有圆盘按当前叠放次序移动到右边桩子上，但每次只能移动一个圆盘，当圆盘叠放一起时，不能把一个大圆盘放在一个小圆盘上面。如果有4个叠放的圆盘，大多数人最终只能通过尝试—错误的方式来解决这个问题。然而，如果有5个或更多的圆盘，问题空间所包含的变量范围太大，无法搜索，除非你有正确的启发式或找到了可用的"密钥"。

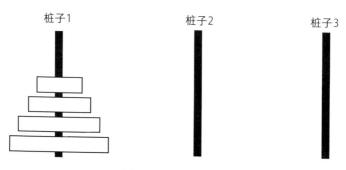

图14.1 河内塔问题

然而，成功解决这个问题的一个关键因素不是搜索整个问题空间，而是在一个更小的、预先界定的范围内搜索，这更易于管理、更有可能产生解决方案。换言之，知道去**哪里**寻找和寻找**什么**是一样重要的。正如纽厄尔和西蒙指出的，"我们无须担心这个干草垛有多大，如果我们能够识别出其中的一小部分，就肯定能找到那根针"。

在这些所谓的知识空间中，有不同的信息源和结构。纽厄尔和西蒙所界定的"**结构**"是与随机性相对立的。随机结构的存在或缺失决定了个体

> 结构就是随机性的对立面

是盲目地寻找答案、尝试每一种可能的方法，还是以系统的方式寻找解决方案。就能否成功而言，其关键的区别就在于是否具有这样一种能力，即预知应探寻哪些区域，这样就可以有选择地而非随机地搜索。

将每个知识状态或"步骤"界定为一个节点，例如，左桩上有四个圆盘是河内塔问题的起点，到达下一个节点的操作被界定为"算子"。因此，问题解决者实际上有两种选择：从**哪里**开始解决问题（节点）和**如何**解决

这个问题（算子）。达到这一目标的一种常见方法就是**手段—目的分析**。

作者提出的一个重要观点就是关于表征和语言。如果我们接受这样的观点，即一个问题既有内在的表征，也有外在的表征，以及人类问题解决者需要以文本或表象形式的信息去编码和解码问题，那么，当试图去评估转换过程时，问题就出现了。换句话说，我们很难知道解决问题确切的内部过程，或者正如作者所说的："这有点像创建一个把英语翻译成X语言的程序，但没有谁能告诉我们任何关于X语言的信息。"作者认为，这一翻译过程或"X语言"最终将被研究和解释。

> 问题解决者必须对一个问题进行编码和解码

研究结论/对教育实践的启示

解决问题的一项关键能力是强大的搜索能力，这在很大程度上取决于是否拥有知识——如果你不知道自己正在搜寻什么，那么你如何知道要找什么，又如何知道自己何时找到了它？正如作者们所指出的，德·格鲁特对国际象棋的棋手对弈进行了一个有趣的观察。棋子移动的序列树并非"茂密丛生"，而是"束状探索"。在探索完每一种可能性后，专家级棋手将回到基地位置，以评估进一步探索的可能性，这一过程被德·格鲁特称为**"渐进深化"**。这种方法体现了人类的基本特性，它是由工作记忆的限制造成的。这是人类解决问题和计算机程序之间的一个重要区别，后者具有近乎无限的对不同排列进行搜索的功能。考虑到工作记忆的局限性（参见第2章"减轻我的负荷"），对要解决的问题建立良好的心理表征，这对学生来说显然是有用的，就像最畅销的魔方指南书一样，专家给新手提供明确的指导。鼓励学生"发现"魔方的解决方案可能会维持10分钟的乐趣，但无助于他们解决这个问题（除非他们用30 000个小时来漫无目地摸索）。类似的，让学生组成小组去寻找解决方案也同样无济于事，除非某个学生产生了解决方案的内化的"问题空间"。

> 渐进深化：国际象棋大师在头脑内产生一系列的走法及其他可能的走法

如何在教学中使用该研究成果

给学生展示如何解决某个特定问题的同时，也让他们有机会独立解决该问题，并将所学到的知识应用到实践中，这是至关重要的。这种方法通常被冠以"操练与扼杀"而饱受诟病，认为它令学生缺失动力。但正如西蒙后来所指出的，这种论点缺乏证据支持：

"操练与扼杀"

对练习的批评（就是所谓的"操练与扼杀"，好像这个短语具有实证依据似的）在建构主义取向的著述中甚嚣尘上。在过去20年的研究中，没有什么比"练习无益"的断言更让人难堪了。来自实验室以及大量的专业案例研究的所有证据都表明，真正的能力只有通过广泛的练习才能获得。否定练习的关键作用，就等于否定了儿童形成真正能力所需要的东西。教学任务不是通过要求学生进行操练来"扼杀"其动机，而是要找到既能提供练习又能保持兴趣的任务。

乘法表就是一个很好的例子。学生们通过在小时候就记住这些知识，可以释放更多的认知资源，进而用于创造性地应对问题，找到解决方案。此外，通过运用如何解决特定问题的样例（参见第17章"发现式学习"），并给学生足够的时间进行练习，教师可以帮助学生建立内化的问题空间，而当学生遇到具有类似的潜在结构的新问题时，这种内化的问题空间是非常宝贵的。

此外，学生有选择地而不是随机地搜索解决方案也是极为重要的。从这个意义上说，教师需要监控学生是否掌握了足够的知识，以便着手进行创造性的问题探索。如果学生内在的问题空间不充分，那么他们只能进行猜测。换句话说，确保学习者具有必要的先决知识（参见第6章"你所知道的决定了你所学的"）是极其重要的——让学生大海捞针般地寻找解题方案可能是残忍的，但是，缩小从何处入手的范围以及一系列可能的行动，这将使他们能够找到取得成功的方法，并且在未来也会变得更有动力。专家能够看到自己哪里走错了，而新手却看不出来。因此，在讲授化学或物理实验时，为学生指明路径很有必要，这样当他们迷路时，还可以重返某个特定的节点，并从那里重新启程。

要点

■ 待解决的问题在我们内心世界中的表征方式不同于它们在外部世界中的表征方式。

■ 知道从何处着手解决问题与知道如何解决问题同样重要。

■ 拥有相似问题的心理模型有助于问题解决。教师是示范该模型的最佳人选。

■ 你可以通过把大问题分解成小步骤来帮助新手。

■ 当学生能够有选择地而不是随机地搜索问题空间时，他们就成功了。

第15章　引发学习的活动

萌发活动

文章 《萌发活动的概念》"The concept of mathemagenic activities" [1]

引文 "你可以将马牵至水边，但唯有进到肚子里的水才是它真正喝进去的。"

为什么你应该阅读这篇文章

恩斯特·罗斯科普夫（Ernst Rothkopf）在其1970年的一篇关于人们如何学习的文章的开头，用了这样一个比喻："你可以将马牵至水边，但唯有进到肚子里的水才是它真正喝进去的。"对罗斯科普夫而言，虽然学习依赖于教学者提供了什么（即水），但更多地取决于学习者如何加工那些所提供的信息（即学习者喝了什么）。为产生学习，我们必须就所提供的信息进行认知加工。我们是否加工，以及如何加工传入的信息将决定我们学到了什么和记住了什么。罗斯科普夫将那些有助于促进学习的活动称为**萌发活**

> 萌发：可孕育学习的

动［mathemagenic activities，在希腊语词根中，mathemain 指的是习得的东西（which is learnt），gignesthai 意为使产生（to be born），这两个词根组成了mathemagenic一词］。其萌发活动理论是最早将学习者，而非课程或教师，视为学习过程核心的理论之一。

可以说，学生对他们的学习拥有否决权。如果他们阅读文本或听讲时专注于事实性知识，那么他们将学习并可能记住这些事实。相反，如果他们在阅读或听讲的时候思考如何使用这些信息，那么他们将学会如何应用它们。当然，如果他们不对这些信息进行加工，那么他们什么也学不到。换句话说，作为教师，你可以提供一切，但最终还是学习者说了算。学习者必须加工教师提供的材料，而这一过程最终决定了能学到什么。不过，这并不意味着教师对学生的学习没有任何助益。教师可以成为激励学生参

---

[1] Rothkopf,E.Z.（1970）,The Concept of Mathemagenic Activities. *Review of Educational Research*, 40, 325-336.

与一些活动的动力因素，这些活动有助于促进学习。

学生可以通过多个活动来加工学习材料。有些活动会对学习产生积极影响（是萌发性的），有些活动是中性的（既不促进也不妨碍学习），而有些活动则可能会适得其反（被称为**萌发死亡**；参见第27章"当教学扼杀学习"）。例如，研究表明，在呈现学习材料之前或之后向学习者提出问题或进行一个

> 萌发死亡：可扼杀学习的

小测验（参见第21章"真正有效的学习技巧"）会诱发特定的**积极萌发**（mathemagenic positive）活动。一般而言，诸如高亮、下画线或重读文本等其他活动是**中性萌发**（mathemagenic neutral）活动。[①]

除此之外，还存在一些活动，例如，使任务与所谓的学习风格相协调，或在没有学会如何进行有效总结的情况下进行总结。这些实际上是**消极萌发**（mathemagenic negative）活动；也就是说，它们会干扰学习。罗斯科普夫还增加了第四个类别，即**未知萌发**（mathemagenic unknown）。

文章摘要

心理学家时常用人性化的语言进行写作。几年前，我向某期刊投稿了一篇关于萌发行为的实验报告，文章以这样一句话作为开头，"你可以将马牵至水边，但唯有进到肚子里的水才是它真正喝进去的"。编辑可能将此判断为消化问题（即与营养吸收或供给有关的问题），由此删除了这句话。对此，我感到遗憾，不仅仅是因为我很喜欢这句话，还因为无论是在过去还是现在，不饮水的马的问题都是一个有用的比喻，它可以阐释为什么研究萌发活动对教育心理学家来说是一项具有挑战性的事业。

这个命题很简单。在大多数教学情境中，学到了什么在很大程度上取决于学生的活动。因此，那些对教学科学研究感兴趣的人就有必要检查这些学习活动，即学生的"饮水习惯"。

在对框架式程序教学进行理论分析时，首先给我留下深刻印象的是某

[①]　在此，需要注意的是，这些活动本身并不会帮助或阻碍学习。然而，如果它们不是以积极萌发活动的形式来进行的，那么学生就不可能学会那些原本可以学会的内容。

些学习者活动的非凡重要性。学生做出的反应以及对结果知识的即时反馈在那种理论背景下被解读为会对学科知识的获取产生直接影响。但分析结果驳斥了这一解读，并引发了这样一种观点：这些操作会影响学生的检查活动，而检查活动又决定了学习者学到的是什么。

在尝试理解早期关于书面句子学习实验中的注意现象时，也得出了相似的结论。这促使我创造了"萌发"（mathemagenic）一词来指代主动关注现象，该词源于希腊词根mathemain——习得的东西，以及gignesthai——产生。萌发行为是指那些能孕育学习的行为。更具体而言，萌发活动研究就是对与实现特定教学目标相关的学生行为的研究。

萌发活动这一概念表明，学生在决定其学到了什么方面发挥着重要作用。

文章

为了解哪些活动是萌发的、哪些活动不是，罗斯科普夫假设我们首先需要精确地描述这些活动，然后在给定的情境下将它们与特定的学习目标联系起来。因为学习是一个复杂的过程，故最后两个方面极为重要。对他而言，

"如果对萌发活动的界定能够涵盖在任何情况下产生任何学习（或成绩变化）的所有活动，那么它就太宽泛了……不同情况下的成绩变化可能取决于学生的不同行动，这是通过……[区分]……（a）教学环境和（b）教学材料的具体特征来实现的。"

罗斯科普夫本人主要研究了书面学习材料，并区分了三类萌发活动：

（1）**导向**：让学生朝着他们要学的内容前进。这包括吸引和保持注意力以及控制分散他人注意力或干扰他人的活动。

（2）**目标获取**：使学生的注意力和学习以某种方式集中于特定事物上。

（3）**转化和加工**：这包括影响学生面对材料时关注什么以及如何关注的，如何在阅读时将材料转

> 萌发活动的三个类别：导向，目标获取，转化和加工

化成内部言语或表征以及其他相伴而生的心理活动，例如辨别、切分和大脑中的信息加工。

我们可以相当直接地观察到前两项活动。然而，学习者是否真的对信息进行了加工并由此产生了学习，这只能间接地从其他行为中加以推断，例如，他们是否能够运用所学概念对课本给出的应用题进行解答。第三类包含了以下三个密切关联的动作：

3a）转化：视觉上关注文本的部分内容，同时也出声阅读内容（有时可能是不出声的）。

3b）切分：对所读内容进行句法分析，以将其分解成更小的、相互关联的单元。"观察"这一点的一个典型方式是，跟随学生阅读时的语调。

3c）加工：将文本中的新信息同化到现有图式和动作中。这一点很难"看到"，除非通过教师或同学的测试或提问。

学习者进行萌发活动遵循从不太抽象到比较抽象的顺序，即从身体上可观察的某些行为（如眼睛和肌肉运动）到不可观察的更深层的加工。通过考察萌发活动并尽可能精确地在行为层面上进行描述，我们便可以了解学生在特定情境下为实现特定的学习目标必须做些什么。罗斯科普夫当时仅使用了一些较为初级的手段来跟踪诸如呼吸（呼吸模式）和语调（阅读时的切分和语调）等活动。不过，现今的研究人员有了更精确的方法来描绘学习活动，从而确定哪些活动是萌发性的，哪些不是（见方框内容"眼睛是通往大脑的门户"）。

眼睛是通往大脑的门户

研究人员现在可以借助称为眼动仪或视线追踪仪的设备来精确地描绘出我们在看到文本、图片、图文组合或场景时的眼动情况。这些追踪仪使我们能够准确地查看和跟踪某人正在看

> 眼动追踪的重要性：一个人看哪里、看多久、以什么顺序看

什么、持续时间、注视的模式、眼跳轨迹等。眼动追踪测量让我们对学习者头脑中的思维过程有所了解。

例如，金姆、艾利文和戴伊就新手和专家如何查看和解决几何问题进行了对比（图15.1）。显然，新手和专家使用了完全不同的策略。

此外，因追踪设备变得更为小巧、便捷、便宜，我们可以就学生在某些情境下查看什么开展研究。例如，对受训教师（新手）和专家教师管理课堂时的眼动情况进行研究，会有机会深入了解他们所使用的策略。在图15.2中，我们可以看到专家教师与受训教师在观察（和加工）课堂情形上存在不同。

眼睛——注视扫描路径

在第一个解决步骤中

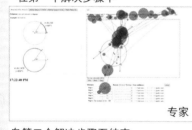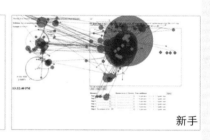

专家　　　　　　　　　　新手

自第二个解决步骤至结束

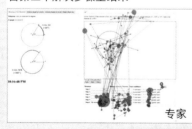

专家　　　　　　　　　　新手

图15.1　专家和新手解决几何问题时的眼动情况

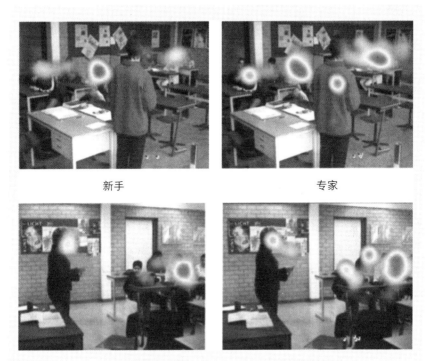

新手　　　　　　　　　　专家

图15.2　专家教师和新手教师在课堂中的眼动情况

（斑点越大表示凝视时间越长；此外，中心的不透明度代表了强度；在颜色上，斑点从绿色变成琥珀色再变成红色，就像交通灯一样。）

研究结论/对教育实践的启示

关注萌发活动对教学实践产生了两方面的具体影响。第一方面的影响是强调"投资教学环境"。自1970年以来，我们可以看到学习材料发生了根本性的变化，这些变化现在被认为是很普通的，但在当时却不尽然，过去的大多数教科书都很简略。而现在，各种注意力引导技术比比皆是，例如，在文本中穿插问题、在章节前提出学习目标以及在多媒体中使用提示和聚焦手段等。

第二方面的影响是，我们现在更加关注学生的实际行为。罗斯科普夫写道："教学的重点在于，在学生中推广那些能够让他们利用现有材料实现教学目标的活动。这确实是一种以学生为中心的方法。"顺便提一句，我们看到罗斯科普夫将在学习者中促进萌发活动称为以学生为中心！将学习者视为吸收信息的海绵的观点已经转变为将学习者视作自身学习过程的主动参与者。作为一名教师，你可以非常关注课程，思考诸如以下的问题：我应该使用哪种方法？我的课程目标是什么？我要按什么顺序展开教学？虽然这些问题都很重要，但为了促进学生的实际学习，你还必须考虑到学习过程。如果不这样做，你那精巧的课程就会被置若罔闻。罗斯科普夫通过观察学习者必须参与哪些学习和思考活动才能从提供的学科课程中进行学习，他的理论聚焦于学习过程。教师若在设计课程时注意到这一点，那么就可以支持学生的学习。我们将在下一节中为教师提供一些建议。虽然其中的一些建议对许多教师而言都非常简单，但意识到在特定情况下实现特定学习目标所必需的加工活动，这仍然是有意义的。这样做可以为如何教学提供一个新的视角。

> 罗斯科普夫"以学生为中心"取向的另类观点

如何在教学中使用该研究成果

作为一名教师，你可以采用不同方式来激发萌发活动。例如，导向和目标获取（选择）得益于安静有序的课堂。重要的是，妥当地安排学生就座，使他们可以在不受干扰的情况下听或读。汤姆·贝内特（Tom Bennett）将此称为构建积极的课堂气氛。这也意味着当手机、平板或笔记本电脑屏幕等对课程而言并非必要工具时，这些不同的干扰物就不能提供给学生。教师也可以鼓励和帮助学生，使他们专注于正在做的事情。在开始上课、实施奖励制度或在课堂上营造安静时刻之前，要考虑到课程目标应该清晰可见。虽然转化和加工在学生大脑内发生，但教师可以对这一过程施加影

> 积极的课程氛围支持导向和目标获取

响。例如，学生阅读文本、听演讲或播客、观看视频，甚至是从事一项学习任务或使用某种模拟，在学生进行这些活动之前、之中或之后，教师都可以利用附加问题或其他提示技巧来影响学生对这些内容的思考方式或展开学习的方式。附加问题和其他类似提示不仅能确保恰当的导向和目标获取，而且也会对加工过程产生重大影响。附加问题可以涉及具体的事实或概念（"X在哪儿？"或"X的定义是什么？"）、知识或思维的应用（"X是什么意思？"或"你可以把X更多地应用在哪些地方？"），或用于激发思考（"为什么X在这儿奏效而不是在那儿呢？"或"为什么X在这种情况下不奏效？"）。最后一类问题被称为认识论问题或任务。

通过不断地提出特定类型的问题或布置特定类型的作业，教师可以影响学生进行读/听、转化和加工信息的方式（即学习行为）。然后，他们在读/听时会想到这个问题，即使这时他们没有被提问。

> 附加问题：插入文本中以吸引注意力以及引导人们如何阅读和学习的问题

要点

■学习是在学习者身上发生的目标导向、选择、转化和加工活动的一种组合。教师可以尝试使学习目标变得易于达成，但学到了什么取决于学习者如何对待它们。

■教师准备的课程可能是非常精妙复杂的，但如果学生对它们无动于衷或者做"错误"的事（例如记忆而不是应用），那么他们将无法完全地学会。

■教师充分利用问题、学习目标和作业，可以引导学生的学习朝向所希望的方向（例如学习事实或应用知识）。

■某些环境因素，如学生的适宜行为、课堂氛围以及对技术的恰当使用等，对激发萌发活动至关重要。请优先妥当处理这些事情。

■对于那些培训教师或一线管理教师的人来说，少关注些"教学"、多关注些教师为引发学生学习而创建的总体条件，这样做是有帮助的。

第四部分

教师的教学活动

约翰·哈蒂在其《可见的学习：对800多项关于学业成就的元分析的综合报告》一书中评估并讨论了不少于138种影响学习的不同因素。[1]那么，对学生的学习过程而言，什么因素或者说什么人是最为重要的呢？确凿的答案是：教师。

位高则任重，如何不负众望？如果教师希望名副其实地发挥其积极影响力，那么他们必须是指导性的、权威性的、关爱的、积极的，充满热情地投身于教与学的活动中。除此之外，教师需要具备在概念性领域深厚的知识和技能，以便能够教授一门学科并给予每位学生有意义的反馈。最后，除上述所有之外，教师要能够准确判断他们的课程是否真的奏效以及是否完整。但是，用约翰·哈蒂的话来说，同样是无可辩驳的，"在这个关于学习的方程中，教师知道什么、做什么、关心什么是非常有影响力的[2]"。

在这一部分，我们将给教师提供一些有用的建议，帮助教师实现这一理想。例如，我们会讨论如何提供有效反馈，如何最优化地支持学习，直接教学如何起作用以及为什么有用，也会讨论为什么发现式学习行不通。

---

[1]　Hattie, J.（2009）. *Visible Learning: A Synthesis of Over 800 Meta-Analyses Relating to Achievement*. London: Routledge.

[2]　Hattie, J.（2003）. Teachers Make a Difference: What Is the Research Evidence? Australian Council for Educational Research: Annual Conference on Building Teacher Quality. Melbourne, Australia.

第16章　教学精细化理论

推远缩小到拉近放大

文
章 | 《教学精细化理论》"The elaboration theory of instruction" [①]

引
文 | "精细化理论所规定的自简单到复杂的顺序有助于确保学习者始终意识到被教授的不同观点的背景和重要性。它使得学习者在其知识发展的任何特定状态下，在最适合自己或对自己有意义的复杂性水平上学习。"

为什么你应该阅读这篇文章

作为一名年轻音乐家，克劳德·德彪西（Claude Debussy）深受德国作曲家理查德·瓦格纳（Richard Wagner）的影响，并且一度认为他的音乐代表了现代音乐的诞生。但几年后，他开始觉得瓦格纳的作品不如他先前认为的那么意义重大了，后来称其为"被误认为是黎明的美丽日落"。[②]

类比的使用实际上是一种启发式，旨在通过引入一个新概念并将其与学习者已知的概念关联起来，来阐明内涵。对那些不了解两位作曲家的音乐或其整体风格的人来说，要想辨别瓦格纳是否像许多人认为的那样具有开创性是不可能的。但通过类比日落和黎明，德彪西便能向新手说明这一点可能有什么意义，并引导他们进行更深入的鉴赏，或者至少引导他们进入理解辩论的第一阶段。

精细化理论是查尔斯·瑞格卢斯（Charles Reigeluth）于20世纪七八十年代形成的关于课程内容的教学排序和组织的一个模型，而类比的使用只

> 精细化理论：内容应该遵循由简单到复杂的顺序

是该理论的一个组成成分。某特定课程的组织结构可以是概念性的、程序性的或理论性的，需要各种策略成分，例如，"典型化"，即给出特定概念的最有代表性的具体例子，以及提供类比以引导学习者

---

① Reigeluth, C., & Stein, F.（1983）. The Elaboration Theory of Instruction. In C. Reigeluth（ED.）, *Instrectional Design Theories and Modles*, Hillsdale, NJ: Erlbaum Associates.

② Debussy, C.（1971）. L'inflence Allemande Sur La Musique Francaise. In MONSIEUR CROCHE（P. 67）. Paris: Editions Gaillimard.

进入特定的知识领域。这些年间，精细化理论得到了社会的广泛认可，并在课程设计和教学活动顺序方面产生了巨大影响。

文章摘要

精细化理论是基于对知识结构的分析以及对认知过程和学习理论的理解而形成的。与其他理论一样，目标是建构模型的基础。该理论是对奥苏贝尔的**类属序列**、布鲁纳的**螺旋式课程**和诺曼的**网络学习**的拓展，这三个模型最为重要的方面是从简单到复杂的特定排序。这种排序模式有助于建立稳定的认知结构，为所有教学内容提供有意义的背景，也使得从第一堂"课"开始学习就建立在有意义的应用水平上成为可能。加涅的**学习先决条件**序列只在必要时才在每节课内引入，并且在每节课和单元结束时提供系统的整合和回顾。此外，每节课都以一定的方式进行调整，以使其适合学生的能力水平，而学生的能力水平又与内容的复杂性或难度是相关联的。

> 螺旋式课程：重新学习那些复杂性每次都增强的内容

> 学习先决条件：构建新知识所需的基础知识

文章

通过使用类比，作者将精细化理论的最初阶段比作使用变焦镜头看图景。你可以阅读关于某事物的概述或从广角视图开始，这样就可以看到其组成部分以及它们之间的关系，不过看不到细节部分。自此，你可以放大各个组成部分，更仔细地观察各个元素及细微之处（这与"切割"到细节是不同的）。然后你再次缩小镜头，考虑如何将这些个别元素与整个画面再次关联起来。这些较小的组成部分是罗伯特·加涅（Robert Gagné）所说的学习先决条件，它们代表了这样一个事实：为获得新知识，则需具备一定的先前知识来充分理解它（参见第6章"你所知道的决定了你所学的"）。

例如，当把毕加索的《格尔尼卡》作为一个整体来看时，它似乎是由一些不相关图像构成的一个抽象集合。然而，当观看者放大镜头时，就可以看到一头公牛、一匹马和许多张因痛苦而扭曲的面孔。当他们了解到公牛和马是西班牙文化中的重要形象，而格尔尼卡是西班牙内战期间被轰炸而致许多平民伤亡的地方时，他们就开始赋予这幅画从前所不曾有的意义。通过放大、缩小、联结以往不曾关联的要素，这些知识要素便结合在一起，进而人们形成了对作品更深层次的理解和欣赏。瑞格卢斯将此总结如下：

使用广角时，人们可以看到图景的主要部分以及这些部分之间的主要关系（例如，图景的构图或平衡），但看不到任何细节。

就图景的某一部分进行某种程度的放大，可以让人们看到其主要的子部分。

在研究了这些子部分及其关系之后，人们就可以把镜头缩小到广角视图，以回顾整个画面的其他部分，以及该部分在整个画面中的场景。

继续采用该模式，即进行一定水平的放大，以看到某部分的子部分，然后缩小，以查看背景并进行回顾，直到在细化的初级水平上看到整个画面。

在细化的第二、三级等各水平上，人们遵循相同的放大/缩小模式，直到达到所需的细化级别。

> 精细化理论的七个主要策略成分

作者概述的精细化理论具有**7个主要的策略成分**：（1）一个精细化的序列，（2）学习—先决序列，（3）总结，（4）综合，（5）类比，（6）认知策略，以及（7）学习者控制。其中，最重要的是在起始阶段，该阶段的重点应放在介绍整个主题或课程，目的是从教学设计中的简单组成部分过渡到复杂组成部分。在这个阶段，应该将关键的概念、过程或原理加以**典型化**，而后续则可以适当地添加不同复杂程度的有关内容。根据瑞格卢斯的说法，这样一个典型范例是一个待学习的材料的"完美例子"，而且因它只强调一种内容，故又称其为"单一定向"。简单而言，一个典型范例是有关某概念

> 典型范例：典型的例子

的最简单和最基本的例子，即典型的例子。典型化就是在具体层面上引入概念的一个小元素，并提供适用的示例，从而使学习者能够在这些基础上构建

知识，并将它们与随后的概念、程序或原理联系起来，故典型化与总结某主题是不同的。

总结是一种策略性成分，它通过典型的易于记忆的示例和学习者要进行的诊断测试，对所学内容进行简要说明。**综合**将已经学到的知识与更大的情

综合：用于帮助学习者整合新内容的呈现手段

景结合起来，希望通过在新知识和学习者先前的知识之间构建更多的连接来增强学生的动机和能动性。建议使用类比将新的或困难的知识与熟悉的知识联系起来。例如，当教授诗歌中的抑扬格五音步时，教师或许会使用学习者可能熟悉的现代歌曲中的韵律作为类比。**认知策略**是策略性成分，它通过使用诸如图表、记忆术或释义等不太具有领域特定性的要素，来主动地利用大脑的认知结构。然而，这一策略成分在某种程度上与存有争议的通用技能的概念非常接近，最近的研究证据很少证明通用技能的作用。**学习者控制**成分指的是学习者因已获得的知识而对整个知识领域拥有更多动能的过程，故该成分最适合采用元认知策略来决定将注意力集中于何处，如关注那些他们希望复习

学习者控制支持着学习者的动能

的内容，或密切留意如何填补可能存在的任何差距。最后一个成分中的一个关键要素是，按照从简单到复杂的顺序呈现材料，并清晰地标记各种概念，以便学习者可以选择在何处挑选和回顾相关内容。

他们还指出，有两种基本的排序策略类型：主题排序，即教授某主题或任务，使之达到某个理解水平或能力水平，进而为进入下一个水平提供必要条件；螺旋排序，即学习者在多轮中都学习某材料，每轮都比前一轮学得更深或更广。在这两种排序策略中，可以选择从简单到复杂，从一般到详细，或从具体到抽象。

根据精细化模型设计教学，涉及两个主要阶段。**第一个阶段**是构建主要内容。这主要通过以下六个步骤完

阶段 1：构建主要内容

成（见图16.1）。

1. 基于拟实现的教学目标，选择将要如何组织教学内容。它应该是概

念性的、程序性的，还是理论性的呢？

2. 在学生需要学习的最为详细/复杂的内容版本中，形成一个组织结构（即详细的内容分析或任务描述）。

3. 分析组织结构，以确定哪些内容应该以典型范例的形式呈现，以及哪些内容应该在每级精细化的水平上呈现。这就是"骨架"。

4. 通过添加其他两种类型的内容并配有详略程度最为适宜的事实，将血肉置于骨架上。例如，如果你在第一步中选择了概念性组织，则添加必要的程序性内容和理论性内容。

5. 确定每节课的范围和深度，而每节课都要涵盖每一个精细化水平。你的学生需要学得多广、多深呢？

6. 规划每节课的内部结构。确定哪些内容是其他内容的先决条件，若要理解整体的话则需要什么，将要使用什么样的类比、综合和总结策略。最后，具体说明每一个扩展的典型范例的内容。

图16.1 在涉及认知主题的任何课程中组织教学的六步设计流程

完成上述任务后，我们可以着手**第二阶段**，即设计实际的教学。首先，我们呈现典型范例。然后，我们呈现精细化水平-1的内容，它提供了典型范例的细化内容，这对于理解整个结构极为重要，贡献最大。接下来是配有一个扩展的典型范例的总结，然后是另一个配有总结和扩展的典型范例的精细化水平-1，直到典型范例中的所有内容都在该水平上进行了精细化。

之后，呈现更深层次的精细化水平-2，以此类推，直至

> 阶段2：设计教学

在内容的各个方面达到目标所规定的具体化/复杂性水平（见图16.2）。

瑞格卢斯和斯坦将总结定义为精细化理论的一个额外的教学策略成分，它提供：（1）对所教的每个概念、观点或事实的简要说明；（2）一个参考例

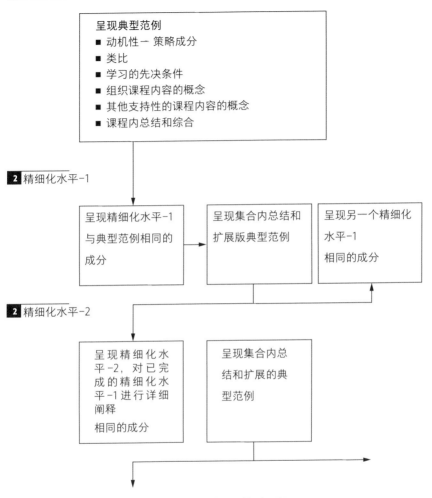

图16.2 教学精细化模型图解

子或一个相对容易记住的参考例子；（3）对每一个观点进行某种形式的自我测试。此外，存在两种类型的总结：一种是**内部总结**，出现在每节课的末尾，且仅回顾该节课所涉及的内容；另一种是**集合内总结**，涵盖至今为止所教授的"课程集"内的所有材料。"课程集"指的是任何一堂单节课和对该课进行详细阐释的课程及其配套课程。例如，在学习《了不起的盖茨比》之类的小说时，教师可能会使用能够彰显美国梦内涵的某种形式的先行组织者（参见第6章"你所知道的决定了你所学的"）以及一个简单易懂的例子，然后安排一个关于事件发生顺序的测验，这些事件顺序与课程中第4章的美国梦相关。对于家庭作业，教师可能会针对第1~4章中遇到的所有新词汇布置一个测验。

限于篇幅，我们无法讨论这个理论的各个不同方面。不过，我们强烈建议大家查阅原始资料，因为这些原始资料呈现了很多不同领域（政府、STEM、语言等）中使用精细化理论的典型范例、序列和结构等内容。

研究结论/对教育实践的启示

瑞格卢斯和斯坦强调，精细化理论主要用于宏观层面，在审视"大局"时最为有帮助。就其本质而言，它是在规划课程顺序和课程组织时需要考虑的一系列策略性成分，其观点也借鉴了当时新兴的认知心理学。

精细化理论的核心思想看似简单：在设计一系列的课程单元时，内容应该先以简单的方式呈现，然后逐步增加其复杂性。但至关重要的是，学生必须对其所要加工和同化新知识、新技能、新概念的广泛领域具有良好的背景性知识。这一点很重要，尤其是在课程设计方面；事实上，瑞格卢斯指出，他的工作大量借鉴了螺旋式课程的理念。该理念主张，如果内容能以恰当的方式来呈现，那么对学生而言，任何内容都不会太"难"。布鲁纳写道："我们首先提出一个假设，即任何学科都能以某种智力上坦诚的方式有效地教给处于任何发展阶段的任何儿童。"

如何在教学中使用该研究成果

如前所述，精细化教学最重要的要素不仅仅涉及从简单到渐进复杂的教学内容的序列化编排，而且还涉及在引入新内容时要与先前理解的知识、技能和概念等相联系。瑞格卢斯和斯坦提供了如何在课程开始时提供典型范例的大量例证。例如，在介绍经济学课程时，可以通过选择供需概念或该概念的"典型范例"来开始教学，然后，如果必要，可辅之以放大和缩小的手段。

经济学入门课程中理论性内容的典型范例

组织内容（原则）——供需法则

（a）价格上涨导致供应量增加及需求量减少。

（b）价格下跌导致供应量减少及需求量增加。

支持性内容——价格、供给、需求、增加、减少等概念。

> 示例：在经济学教学中使用典型范例

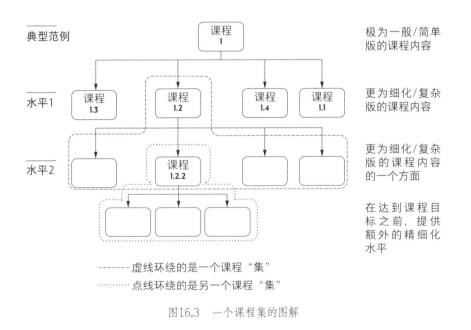

图16.3 一个课程集的图解

人们最近转而开始仔细考虑课程设计，特别是在英国，政府检查机构正在检查学校选择、编排以及设计课程内容的方式。由此所带来的一个积极方面是，它促使我们不再把学习看作一个孤立的单元（一节课），教师必须在该单元内展示学生的进步。通过考虑如何将一个特定的课程"集"和以往课程联系起来并"精细化"以往课程，我们就可以看到学生在许多不同的阶段是如何进行学习的，以及这种学习为何就其本质而言是累积性的。图16.3给出了一个很好的模型，展示了教师在教学中如何运用精细化理论，尤其是当考虑内容排序和使用总结时。

要点

■以某关键概念或观念的"典型范例"来开始某课程，然后利用它进行放大或缩小，以便在学习者的知识库中构建关联。

■在一节课的末尾使用总结策略，以巩固知识并通过小测验与"更大的图景"相关联。

■使用类比，来关联新知识与熟悉的概念或观念。

■按照从简单到复杂、从一般到详细或从具体到抽象的顺序来安排一节课/课程。

■一旦学习者对某领域知识有了扎实的理解，那么就允许他们就自己需要在哪些领域进行放大以巩固知识方面拥有更多的控制权。

第17章　发现式学习

最低限度指导教学

文
章

《为什么最低限度指导在教学中不起作用：对建构主义、发现、基于问题、体验以及基于探究的教学失败的分析》"Why Minimal Guidance During Instruction Does Not Work: An Analysis of the Failure of Constructivist, Discovery, Problem-Based, Experiential, and Inquiry-Based Teaching" [①]

引
文

"简单地说，学习意味着一个人的长时记忆发生了变化。"

为什么你应该阅读这篇文章

本文提出了一个基本问题，即学习对我们而言意味着什么？大脑究竟是如何工作的，数十年的证据表明，关于这一问题的答案是相对简单的：简言之，学习意味着一个人的长时记忆发生了变化。那么，由此产生的问题是，如何通过教学来最优化地影响这些变化。这篇具有开创性的文章声称，如果教师使用的方法是鼓励学生自己去发现，但只给予极少的指导，那么教师就忽视了人类认知结构的基本加工过程。这篇文章很重要，因为它是率先利用认知心理学进展来挑战主流正统教学的文章之一。主流正统教学认为，直接教学或教师主导的学习不如让学习者自己发现知识有效。这一观点源于卢梭的学习模式，即儿童应该自己发现事物，当你试图教他们时，他们那"闪耀的、光彩夺目的大脑像镜子一样反射着你向他们展示的东西，但没有任何东西能进入其中"。[②]通过审视认知心理学的近期研究，特别是关于认知负荷理论以及工作记忆局限性的观点，这篇文章被证明是为那些一心只想教学的教师和只想学习的学生而进行的**呐喊**。

> 学习：长时记忆中的一种变化

---

① Kirschner, P. A., Sweller, J., & Clark, R. E.（2006）. Why Minimal Guidance During Instruction Does Not Work: An Analysis of The Failure of Constructivist, Discovrey, Problem-Based, Experiential, and Inquiry-Based Teaching. *Educational Psychologist*, 46（2）, 75–86.

② Rousseau, J.-J.（1979）. *Emile, or On Education*. Trans. Allan Bloom. NEW YORK, NY: Basic Books.

文章摘要

本文基于我们对人类认知结构、专家—新手差异和认知负荷的了解，阐释了指导性教学的优越性的证据。虽然无指导或最低限度指导的教学方法是非常流行的，并且听上去也很吸引人，但需要指出的是，这些方法忽视了构成人类认知结构的体系及过去半个世纪源自实证研究的证据。这些证据表明，最低限度指导的教学效果和教学效率都不如强调对学生学习过程进行指导的教学方法。只有当学习者具备足够多的先前知识来提供"内在的"指导时，指导教学的优势才开始减弱。本文还就近年来支持教学指导的教学研究和教学设计模型的进展进行了简要描述。

文章

在这篇概念性文章中，保罗·基尔施纳、约翰·斯威勒和理查德·克拉克（Richard Clark）直面**最低限度指导教学**的概念（即建构主义教学、发现式

> 最低限度指导教学：学习者自己发现应该学习什么

教学、基于问题的教学、体验式教学以及基于探究的教学）。他们就使用最低限度指导教学的两个主要假设提出了质疑。这两个假设分别是：（1）让学习者针对"真实"问题构建自己的解决方案，或在信息丰富的环境中获得复杂的知识，这将会带来最为有效的学习体验；（2）知识获得的最佳途径是体验学科发展的历程（即把学生通过学习活动而掌握教学内容的过程视为与专家在其所研究学科内获取知识的方式、方法和过程相同）。在这些设定下，最低限度的指导是以过程相关信息或任务相关信息的形式提供的；如果学习者选择使用这些信息，则可获取。这种方法的拥护者表示，在教学中提供或嵌入学习策略的教学指导会干扰学习者的自然过程，在这一过程中学习者利用自己独特的先前经验和偏好的学习方式来构建新的、情境化的知识来实现目标。他们将最低限度指导法与他们所称的**显性教学指导**（也称为直接教学指导）进行了对比；后者提供对学生需要学习的概念和程序进行充分解释的有关信息，以及与人类认知结构相契合的学习策略支持。

> 显性或直接教学

最低限度指导教学是指教师提供部分或最低限度的指导，以期学习者独自发现他们应该学习的部分或全部概念和技能。这种方法有多种名称，包括发现式学习、基于问题的学习、探究学习、体验式学习和建构主义学习。

显性教学指导是指教师充分解释学生要学习的概念和技能。所提供的指导可以通过多种媒介实现，例如讲座、示范、视频、基于计算机的演示和实际演示。它还可以包括课堂讨论和活动——如果教师确定要采用讨论或活动的形式，则会明确提供相关的信息，并让学生进行练习。

> 教学的不同类型

他们的论点所依据的前提是，忽视构成人类认知结构体系的教学程序不可能是有效的或高效的。人类认知结构关注这种结构的组织方式，将阿特金森和希夫林的感觉记忆、工作记忆和长时记忆模型作为其基础。由于感觉记忆与此部分内容不相关，他们只考虑工作记忆和长时记忆之间的关系以及与支持学习的认知过程的协同配合。**长时记忆**被视为人类认知结构中的核心和主导成分，因此，学习被定义为"长时记忆的变化"。

> 长时记忆：信息得以无限期保存于图式中的地方

工作记忆——即有意识加工发生的地方——具备两个众所周知的特征：当加工新异信息时，其持续时间和容量均非常有限。几乎所有存储于长时记忆且没有被复述的信息都会在30秒内丢失，同时工作记忆受限于极小的容量，其容量范围在7和4 ± 1之间。

> 工作记忆：新信息得以加工之处

这些记忆结构及其之间的关系会对教学设计产生直接的影响。基于探究的教学和基于问题的教学需要学习者搜寻问题空间，获取与问题相关的信息，而这对工作记忆有很高的要求。这种工作记忆负荷无助于长时记忆中知识的积累，因为当工作记忆被用来搜寻解决方案时，它就分身无术，无法用于学习。

这篇文章总结到，提倡最低限度指导教学已有50年（截至2020年已有60年），但并没有真正的系列研究来支持这种方法。就对照研究的证据而言，它们几乎一致地证明，在针对新手到中级学习者的教学过程中，直接的、大量的教学指导比基于建构主义的最低限度指导更具有积极作用。即使对那些具备相当多先前知识的学生来说，学习中的大量指导也通常被发现与无指导法同样有效。**无指导教学**不仅通常效果较差，而且有证据表明，当学生获得错误观念或不完整和/或杂乱无章的知识时，它可能会产生负面结果。

> 无指导教学会导致错误观念

研究结论/对教育实践的启示

基于这篇文章，我们可以得出一些关于教学和学习的结论和启示。

首先，在设计课程时，我们需要注意人类认知结构的可能性和局限性，特别是工作记忆、长时记忆以及它们之间的相互作用。工作记忆（短时记忆）的容量和持续时间都极为有限。长时记忆几乎可以永久地存储几乎无限的知识和技能，包含了将多个信息元素合并为单一元素的认知图式。

与此有关的是**认知负荷理论**，该理论认为只有当教学与人类认知结构相一致时，才能产生最佳学习。它关注降低工作记忆负荷的技术，以促进与图式获取相关的长时记忆的变化。这些技术的作用是减少学习

> 认知负荷理论：执行某任务所需的心智努力量

任务的**外在负荷**（即材料的呈现方式或学习者所需的活动），以实现对学习任务**内在负荷**的最佳加工（即任务的复杂性取决于新学习元素的数量、这些元素之间的相互作用以及学习者的专业知识）。同样重要的是，要注意教学方法应该减少外在认知负荷——也就是说，选择一种最能支持和引导学习的教学方法——以便学生将其可用的有限认知资源用于开展有效和高效的学习。所提供的支持和指导可使外在负荷最小化，这样学习者就能将其资源集中于学习的内在要求上。

> 内在负荷 VS. 外在负荷

建构主义教学、发现式教学、基于问题的教学、

体验式教学和基于探究的教学因其固有的性质，会影响工作记忆，进而会妨碍学习的有效性和高效性。

最后，教学的目标并不是让学习者搜索和发现信息，而是给予他们具体的支持，指导他们如何以与学习目标一致的方式对信息进行认知操作，并将结果储存于长时记忆中。

实现这一目标的方法有：有解释和无解释的示范、**有解样例**渐变为部分有解并最终变为没有支持的常规任务以及过程工作单等。

如何在教学中使用该研究成果

先从展示某任务的有解样例（即有完整答案）开始，然后学生必须将其应用于新的任务。换句话说，他们遵循样例中的步骤顺序。然后，再转到填空作业——也就是所谓的部分有解例题——即这些例题的部分答案已给出，学生必须自己完成余下"空白"的步骤。随后，一个接一个地移除所呈现的样例步骤，直到学习者最终要在没有任何支持的情况下去解决问题。换句话说，从一个模型（即一个完整的样例）开始，逐渐移除那些样例中已经给出的解题步骤，而这些步骤是学习者必须独自完成的，最终只留下待解决的问题或任务。这种方法充当了某种形式的支架。下面（图17.1）是一个简单的可视化的有解样例。

确定三角形中一个角的大小

例1：点O是圆心，AB与圆相切。
在△OAB中，∠AOB = 58°。请确定∠OBA的大小。

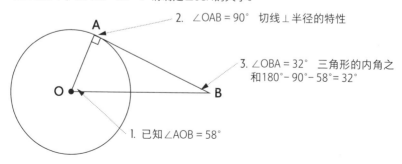

图 17.1　演示切线⊥半径特性的几何样例

通过示范例题或以过程为导向的有解样例，为学习者提供了最大程度的指导，因为它们让学习者直面如何执行任务的情境，同时又解释了为什么要以这种方式执行任务。因此，教师示范的例题类似于学习者自己钻研和评价的有解样例，但前者也明确地关注达成一个可接受的解决方案所需的具体过程。

分解课程内容，按一定顺序授课，以便先分别教授子任务，然后再作为一个整体进行解释。这样做的目的是，在引入新任务之前，不过早地让学生不知所措。举个例子，如果你想教别人打壁球，那么不要让他们同时考虑自己的站位、握拍的方式、击球等。让学生先专注于站位，一旦掌握了这一点，再将注意力转移到握拍上，依此类推。这被称为**强调操纵**；学习者从头到尾完成整个任务，但随着学习进程的不断推进会强调不同的部分。

过程工作单为学习者完成某学习任务提供了阶段划分导引，进而启发性地指导他们完成整个过程。学习者将过程工作单用作执行任务的指南。在每个阶段，均提供关于如何成功完成该阶段任务的经验法则。这些经验法则可以是陈述句的形式（例如，在做A时，考虑X、Y和/或Z）或引导性问题（例如，做A时，应该考虑X、Y和/或Z的哪些方面，为什么？）。后一种形式（也被称为认识论问题）的优势在于能激发学习者思考他们需要做什么，而非仅机械地执行指令。过程工作单的一个例子展示了学生厨师在做一顿饭时需要经历的一系列步骤（即阶段和子阶段）以及要遵循的经验法则，例如，腌制和烹调肉类食物所需的时间是基于表面积而不是重量。

简单并不等于容易，复杂并不等于困难

精心设计的指导性教学会确保学习者不被任务的复杂性压垮。这意味着，任务从简单到复杂依次进行，并在需要时提供必要的

支持和指导。在此，需重点注意的是，简单不等于容易，复杂不等于困难。任务的简单性/复杂性与其内在负荷有关，即任务中包含的新信息元素的数量以及这些元素之间的交互关系。例如，

简单 ≠ 容易
复杂 ≠ 困难

在学习电学时的一个简单任务涉及少量的元素（一个灯泡，或具有串联或并联的单一电源的两个灯泡），而复杂任务可以有多个元素，且这些元素以多种方式组合。

要点

■学习是长时记忆的变化。

■工作记忆即意识加工发生的地方。它的持续时间和容量都极为有限。

■长时记忆容量实际上是无限的。它包含了大量的以图式方式组织起来的有关领域的信息。

■任何忽视人类认知结构的建构规律的教学程序都不可能是有效的。

■最低限度指导教学会给工作记忆带来挑战，从而抑制/阻碍有效和高效学习。

■显性（有指导的）教学考虑到了人类的认知结构，故支持/促进有效和高效学习。

■有大量研究支持显性指导教学，而对最低限度指导教学的半个多世纪的推广却没有大量研究来支持其使用。

第18章　直接教学

两种直接教学

文章 《教学原则：所有教师都应该了解的基于研究的策略》"Principles of Instruction. Research-based Strategies that All Teachers Should know" [①]

引文 "最成功的教师花更多的时间在指导练习，更多的时间进行提问，更多的时间来检查学生的理解程度，以及更多的时间来纠正错误。"

为什么你应该阅读这篇文章

美国托马斯·福特汉姆研究所（Thomas B. Fordham Institute）的高级研究员兼对外事务副总裁罗伯特·庞迪西奥（Robert Pondiscio）发表了一篇博客，将直接教学称作罗德尼·丹格菲尔德（Rodney Dangerfield）课程。罗德尼·丹格菲尔德是一位美国喜剧演员，他经常抱怨自己无论做什么都得不到尊重。可怜的罗德尼。

直接教学似乎也是如此。但是在讨论巴拉克·罗森希恩的文章之前，我们需要说明一下，这里有"Direct Instruction"和"direct instruction"两种直接教学。是的，不是一种，而是两种！第一种是"Direct Instruction"

恩格尔曼的直接教学模式（DI）

（大写为DI）。这种教学模式强调精心开发、精心设计的课程，关注那些有明确定义和规定的学习任务中的小学习步骤。该模式由美国人塞格弗里德·恩格尔曼（Siegfried Engelmann）确立。他的理论观点是，清晰的教学应该消除错误观念并将能够产生更加有效和高效的学习。与DI一起使用的教育/教学技术主要有：工作组、参与实验室、讨论、讲座、研讨会、工作坊、观察、主动学习、练习性作业和实习等。

第二种类型"direct instruction"（小写为di）是由巴拉克·罗森希恩在1976/1979年引入的。他使用"direct instruction"一词来描述与最佳学习显著相关的变量合集。

---

① Rosenshine, B. V. (2012, Spring). Principles of Instruction. Research-Based Strategies that All Teachers Should Know. *American Educator*, 36 (1), 12–19.

文章摘要

本文介绍了10条基于研究的教学原理并对课堂实践提出建议。这些原理来源于三个方面：（a）认知科学研究，（b）优秀教师研究，（c）认知支持研究。本文将对每个方面进行简要解释。尽管这是三类非常不同的研究，但各自得出的教学建议"毫无冲突"。换句话说，这三个来源相辅相成。三个不同来源的教学理念相辅相成这一事实，使得教师坚信这些研究结果的有效性。

文章

布洛菲（Brophy）将罗森希恩的"di"中的教师特点总结如下：（1）强调学业目标，（2）确保学习者投入学习中，（3）选定学习目标并监控学习者的进度，

罗森希恩的直接教学模式（di）

（4）组织学习活动并给予学业方面的即时反馈，以及（5）创建以任务为导向但"放松"的学习环境。实质上，**直接教学**（direct instruction）：

- 通过引入和回顾所学内容来为学习奠定基础。
- 对要做什么给出清晰的解释。
- 示范过程/展示如何做某事。
- 指导练习，监控练习过程。
- 鼓励独立练习，但这仅在教师确信学生会成功后才实施。
- 评估学生进步及学习体验效果（即回顾课程内容）。

2012年，作为伊利诺伊大学教育心理学名誉教授的罗森希恩在《美国教育家》（*American Educator*）杂志上发表了一篇关于教学原理的文章，这些原理的价值已被反复证明。本文是他2010年为联合国教科文组织（UNESCO）撰写的报告的改编版。在那篇文章中，他从认知科学研究、优秀教师研究和学习的认知支持研究中提炼出一些原理。虽然这是三类非常不同的研究，但这种综合的主要优势在于它们所提供的指导性建议不存在任何冲突。以下是他提出的十条黄金教学原理。

原理1：开始学习前，先简短回顾先前所学

通过将我们的已知信息和即将学习的新信息建立联系，来回顾所学知识，进而加强学习和保持。将简短回顾作为课程的开头，我们可以刷新记忆并激活**先前知识**（参见第6章"你所知道的决定了你所学的"）。对于那些需要经常使用的知识而言，日常回顾尤其重要，因为重复有助于自动检索这些信息。它可以让我们毫不费力地从记忆中检索出我们解决问题、执行任务和理解新的学科内容所需的单词、概念、过程等。

> 先备知识：构建关联

原理2：小步子呈现新的学习材料，并帮助学生进行练习

我们的工作记忆容量非常小：它在同一时刻只能保存4到7个组块的新信息。这些组块经过加工处理，作为图式存储在我们的长时记忆中。太多信息会让工作记忆应接不暇，导致工作记忆索性不再进行加工。总是提供少量的信息，然后帮助学生进行练习；同时，只有掌握了前面的内容，才进入下一步。

> 小步子：以渐进性的方式提供新信息

原理3：提出大量问题以促进新材料和先前学习间建立联系

回答问题有助于学生练习刚刚呈现的内容（即新信息），然后在新信息和已学内容之间建立联系。尤其是对"如何和为何"的问题（即所谓的认识论问题）而言，更是如此。最成功的教师似乎将一半以上的上课时间用于教学、演示和提问。此外，询问教师也可以确定学生学得如何，他们自己是否进行了恰当的教学，以及是否需要进一步的或其他不同的指导。最后，让学生们解释他们是如何得出答案的也很有用。

> 检索练习：问很多问题

原理4：提供示范和样例，这有助于学习者更快、更好地解决问题

如果可能，最好成为榜样。学生需要罗森希恩所言的**"认知"支持**来学习如何执行任务和解决问题。教师通过扮演榜样角色，并告诉学生自己在思考什么、在做什么、在采取哪些工作步骤以及为什么这样做，就可以向他们展示如何正确地去做。

> 认知支持：有解样例和范本

原理5：指导学生练习新的学习内容

仅提供新材料还是不够的。除回顾和重复（原理1）外，还需要丰富多样的练习和测验。如果教师想让学生们将新材料全部储存于长时记忆中，那么他们必须花时间重新组织、扩展和总结新材料。这会提高信息的检索度。我们可以这样来看待该问题：把东西放在抽屉里很容易，但要准确记住你把它放在了哪里却很困难。练习可以帮助我们记住它在哪里！作为一名教师，你可以通过向学生提问来帮助他们完成复述过程，因为好的问题需要他们对以往所学进行加工和回顾。

> 提问：有助于学生理解和记忆内容

原理6：检查学生是否真正理解了所教授的内容

高效的教师会经常检查学生是否真的在学习新的学科内容。他们不仅检查最终的结果，还检查学习的过程。这样，他们不仅可以促进学生对材料的加工，还可以检查学生是否很好地进行了学习、是否真正地理解了材料。顺便说一下，这也有助于教师了解学生是否存在错误观念。

> 理解：经常检查理解情况

原理7：达到高成功率

学生取得成功（原则2也有助于实现这一目标）很重要，因为成功会孕育自我效能感、成就感，并最终激发继续学下去的动机。此外，学习者掌握后续学习所需的先决知识也很重要。有效的教师会经常检查他们的学生是否成功。这不是为了评分（对学习进行评估），而是作为一种学习策略（为学习而进行评估）。这会在第19章"为学习评估，而非对学习评估"和第21章"真正有效的学习技巧"中进行讨论。最后一种就是所谓的检索练习。尽管熟能生巧，但其前提是学生或学习者不去练习错误的东西。如果练习不能带来成功，那么学生很可能是在练习错误的东西。根深蒂固的错误——以及错误观念——都是很难根除的。

确保成功：成功孕育自信

原理8：为困难任务提供支架

除了解释和讲解外（见原理4），教师还可以给学生提供临时性的支持，以帮助他们完成任务。随着学生能力的增强，这些所谓的支架会逐渐撤出。有很多类型的支架，最为熟知的就是提供样例，其中解决问题的各个步骤被逐步地移除，直到学习者在没有支持或没有过程工作单（即一步步的流程被规划好，同时也会被逐渐减少）的情况下解决问题或执行任务。通过这种方式，教师可以为学生提供暂时的认知支持。教师一点一点地拆解支架，消减越来越多的步骤，逐渐引导学生独立执行任务。

使用支架：当学生越发独立时，撤去支持

原理9：要求并监控独立练习

教师不能总是牵着学生的手；他们最终必须能够独自完成学习任务。让他们独立练习，检查他们是否真的能做到或者是否需要更多和/或不同（有指导或无指导）的练习。罗森希恩写道："当材料被过度学习时，它可以被自动回忆出来，且不会占用我们工作记忆中的任何空间。当学生在某领域的记忆变得自动化时，他们就可以把更多注意资源放到理解和应用上。"

移除指导：为独立练习留出空间

原理10：让学生进行周复习和月复习

学生需要进行广泛的练习，以形成关联良好的、自动化的知识。换句话说，教师需要经常性地激活学生所学的内容。这里需要注意的是，这种复习应该是多样化的（即交错的），并且在时间上是分散开的（即分布的），以便帮助他们形成稳健而又丰富的图式。通过经常回顾已学内容——但中间要间隔必要的时间，以便他们能够在新的、不同的情境下获得新的知识——图式中的联结得到加强，并且它们变得更为丰富和广泛。

> 经常复习：以交叉与分散的方式指导学生的练习

现在的问题是，直接教学（涉及大写和小写两种版本）有效吗？关于直接教学有效性的第一个真实证据是一项被称作**项目追踪**（Project Follow Through）的研究。这个项目由美国政府资助，旨在确定教授自幼儿园到三年级"高危儿童"的最佳方式。从1968年到1977年，超过20万名儿童参加了该项目。

> 项目追踪：有史以来最大的教育实验项目

该项目比较了从开放教育到建构主义/发现学习再到DI的22种不同的教学模式。结果非常清楚。塞格弗里德·恩格尔曼的DI法具有最佳的效益。凯茜·沃特金斯（Cathy Watkins）在其论著中写道：

这一项目追踪实验旨在回答当教育处境不利儿童时"是什么在起作用"这一问题。如果教育被定义为获得学业技能，那么项目追踪实验的结果将为这个问题提供明确答案。由项目追踪实验提供的证据清楚地表明，直接教学（Direct Instruction）和行为分析模型所采用的教学方法在教授基本读写和数学能力所需的技能方面最为有效。

接受DI的学生不仅学业成绩显著优于接受其他教学方案的学生，他们的自尊水平更高，也更加自信。有趣的是，后续研究发现，DI儿童持续优于同龄人，他们更有可能完成高中学业，也更有可能继续接受高等教育。

斯托卡德（Stockard）及其同事对有关直接教学的研究进行了元分析，其中包括1966年至2016年间开展的400多项研究。这些研究涉及语言、阅读、数学和拼写等科目，也涉及那些关注学习结果、情感结果（如学习者

直接教学：总体积极影响

的态度、自信、自尊和行为）、教师对过程有效性的知觉以及家长意见的科目。除了针对情感结果的效应外（正向但不显著），所有的直接教学效应都是正向且显著的。换言之，直接教学（1）对学习有积极影响，（2）教师和家长对其持积极态度，以及（3）它并不会损害学习者的态度、自信、自尊和行为。我们可以说，这听起来是很有希望的。

富尔塔克（Furtak）及其同事也开展了元分析研究，涉及关于发现学习的实验和准实验研究。他们调查了于1996年至2006年间完成的37项研究。作者将这一时期描绘为明确关注发现学习的课程改革（尤其是物理学）十年。他们发现了总体的积极影响；然而，教师—驱动活动的效应（效应值为0.40）要比学习者—驱动活动大得多。这很可能是事实，因为随时间推移，发现学习开始显示出与高质量的直接教学的许多相似之处。换句话说，当（且仅当）教师在发现的过程中提供明确的指导时，发现学习才有效！

最后但同样重要的是，安德森等人考察了以学习者为中心的教育对不平等的可能影响（副作用）。在这种情况下，以学习者为中心的教育指的是具有如下特征的一种教育方法：（1）学习者设定自己的目标；（2）为不同的个体学习者量身定制有针对性的活动；（3）学习者负责（自我）管理个人学习并主动向教师寻求帮助；（4）学习者积极寻求知识；（5）教育方法侧重个人学习和协作；（6）教师扮演辅导者和促进者的角色。在一项针对825所丹麦学校的56 000多名学生的研究中，作者分析了以学习者为中心的教育对具有不同社会经济背景（根据父母的最高教育程度而定，这是一种常用的社会经济地位的测量方式）的学生的学业成绩的影响。他们发现，总体而言，以学习者为中心的教育对学习者的学业成绩有负面影响；然而（且令人担忧），对那些父母有较低社会经济地位的学习者而言，这种消极效应更大。因此，令人遗憾的结论是，以学习者为中心的教育似乎会加剧教育的不平等性。

研究结论/对教育实践的启示

关于直接教学是什么和不是什么，人们有很多种看法。这里参见一个简单、便利的表格（表18.1）来帮助大家理解这一点。

表18.1　直接教学是什么和不是什么

直接教学是	直接教学不是
基于学生主动参与的技能	操练
整体的，完整任务的示范	仅限于学习孤立的事实和程序
将较小的学习单元整合为有意义的整体	以脱离有意义的环境的方式教授基本技能
具有发展适宜性；适于学生的学习与所关注的需求	一刀切的方法
以理解为目标而不断监控学生的进步情况	以机械学习事实和程序为目的
适用于不同的情境和领域	仅适用于基本技能
让学生有机会监控和指导自身学习	完全教师导向的

如何在教学中使用该研究成果

这篇文章可能会为课堂提供最直接的可实施的指导。要解释如何使用罗森希恩的原理，最简便的方法就是遵循这些原理。

要点

没有什么比用罗森希恩本人的说法更合适的了：

- 以简短回顾先前学习作为一堂课的开端。
- 小步子呈现新材料，并在每步后让学生进行练习。
- 限制学生一次接收到的材料数量。
- 给予清晰、具体的指导和解释。
- 询问大量的问题，并检查学生的理解情况。

- 为所有学生提供高水平的主动练习。

- 当学生开始练习时，给予指导。

- 教师讲述思考的过程并示范步骤。

- 提供有解样例的示范。

- 要求学生就其所学知识进行解释。

- 检查所有学生的反应。

- 提供系统的反馈与纠正。

- 用更多时间来进行解释。

- 提供许多例子。

- 必要时，重新教授材料。

- 让学生为独立练习做好准备。

- 当学生开始独立练习时，进行监控。

第19章　为学习评估，而非对学习评估

为学习评估

文
章
《评估与课堂学习》"Assessment and classroom learning"[1]

引
文
"接收者应比提供者更多地钻研反馈。"[2]

为什么你应该阅读这篇文章

在思考教育研究及其与课堂的关联时，要考虑的一个有用术语是"最佳匹配"。不言自明的是，因为教师和学生的时间是如此宝贵并且学习的发生又难以捉摸，故我们应该根据现有的最佳证据来关注那些更有可能产生

形成性评估：使教师可以响应学习者的需求

最佳学习增益的方面。据我们所知，可能最为给力的"赌注"是高质量的反馈；同时，在过去的20年中，形成性评估或其后来为人所知的"为学习评估"成为最具影响力的课堂实践方法之一。

在这篇具有开创性的文章中，保罗·布莱克（Paul Black）和迪伦·威廉（Dylan Wiliam）提出了一个极具说服力的案例，说明形成性评估的使用不仅可以缩小学业成绩达标学生与学业成绩不良学生之间的差距，还可以提高学生的整体成绩。反馈经常被认为是最有效的干预手段，能让你"物超所值"，但令人惊讶的是，并不是所有的反馈都是好的。阿夫拉姆·克鲁格（Avraham Kluger）和安吉洛·丹尼斯（Angelo DeNisi）的一项综述研究

反馈：影响并不总是积极的

发现，虽然反馈的总体效应量很强（0.4），但效应间存在巨大差异，约五分之二的反馈显示为负效应。换句话说，如果一些学生从未收到过任何反馈，他们可能会更成功。这并不是由所给的反馈本身造成的，而有可能是反馈类型以及相应的反馈方式。因此，问题是：什么类型的反馈是有效的，以及教师

---

[1] Black, P., & Wiliam, D.（1998）. Assessment and Classroom Learning. *Assessment in Education: Principles, Policy & Practice*, 5（1）, 7–74.

[2] Wiliam, D.（2011）. *Embedded Formative Assessment*. Bloomington, IN: Solution Tree Press.

如何使用它们？

在20世纪90年代，威廉和布莱克回顾了1988年至1998年期间完成的大量关于评估的研究（涉及681份出版物）。他们发现，**为学习评估**（assessment for learning）而非**对学习评估**（assessment of learning）能显著改善学生的学业结果。这一区分表明了评估方法本质上应是形成性的，也就是说，它们更关注于以告知学生和教师下一步需要做什么的方式来对某作品作出回应，并且将反馈视为教师和学生之间的互动（for learning，为了学习）要比简单地给出分数和评论的总结性反馈（of learning，对于学习）有效得多。

> 为学习评估 vs.
> 对学习评估

文章摘要

本文是关于课堂形成性评估的文献综述。几项研究显示了确凿的证据，即旨在强化学生所接收到的关于其学习的频繁反馈的创新之举，产生了巨大的学习增益。在对教师使用的评估策略以及掌握学习等系统化的方法中所包含的形成性评估策略进行分析的同时，还要考虑学生的感知及其在自我评估中的作用。之后对反馈的性质进行了更详细的理论分析，进而为讨论形成性评估的理论模型的发展以及实践改进的前景提供了基础。

文章

在这篇文章中，作者回顾了1988年至1998年期间发表的共681篇出版物。研究对象范围为从小学生到大学生。研究表明，形成性评估方法是非常有效的，形成性评估干预的典型效应量在0.4到0.7之间，这种增益是很大的。为了更好地理解这一点，作者指出："在最近的国际数学比较研究中，一个0.7的效应增益会将处于41个国家的中间水平的某个国家（如美国）的得分提升至前五名。"这些发现不仅对课堂教师，对地方、国家甚至国际层面的政策制定者都有重大的启示意义。

> 效应量：对干
> 预效果的衡量

这种效应有多大

关于形成性测验对学习的作用程度，最常提及的是0.4到0.7之间的改善。当使用百分比（所谓的优势率）来表示这些数字时，它们的确切含义就变得清晰了。这些百分比用于表示形成性评估组中被随机选出的学生比对照组学生（无形成性评估）表现更好的可能性。对于0.4的效应量而言，百分比为61%；对于0.7的效应量而言，百分比为69%。尼尔·金斯顿（Neal Kingston）和布鲁克·纳什（Brooke Nash）在2011年的一项元分析研究中表示，这一效应量被高估了。形成性测验的真实效应量更可能是0.25，百分比为57%。

"形成性评估"一词在教育领域有着悠久的历史，通常被认为是斯克里文（Scriven）提出的，但正如布莱克和威廉所言，形成性评估"没有一个严格的、被广泛接受的定义"。这就指出了进行研究时所涉及的一个核心问题，即它通常像是水晶球，任何人都可以通过它看到自己想要的任何东西。他们将形成性评估定义为"包括由教师和/或其学生开展的所有活动，这些

形成性评估：调整
教学和学习活动

活动提供用作反馈的信息，以修正他们参与的教学和学习活动"。在他们看来，形成性评估涉及两个动作序列：（1）学习者对其目标与现有知识、理解和/或技能间的差距的认知，以及（2）学习者如何缩小这种差距、实现预期目标。

作者在对教师的评估活动的有关文献进行回顾时，发现了三大主题：首先，形成性评估尚未被大多数教师很好地理解，且在实践中表现不佳；其次，地方和国家层面问责的外部压力对其效果产生了强烈的影响；最后，要恰当地运用它则需要教师对自身角色的认知及其课堂实践发生实质性的改变。

另一个关键点是，学生想要的和我们想让他们得到的常常是两件完全不同的事。许多学生"并不渴望尽可能多地去学习，而是满足于'过得去'，以在没有大灾大难的情况下度过某个时期、某一天或某一年，并腾出时间来参与学业外的其他活动"。作者随后阐述了形成性评估的挑战：我们的目的并不只是让学生学习材料，然后在未来的某些时候了解它；我们还希望他们知道自己不知道的是什么，然后能够并有动力去做点什么、去采取行动，从而缩小预期目标和结果之间的差距。这里顺带说明一下：这使学生为自己的未来做好准备，而不需要那些炒作的21世纪技能。

另一个问题是，学生经常将反馈视为对自己能力的总体判断，而不是将其视为迈向成功的第一步。珀迪（Purdie）和哈蒂（Hattie）对日本和澳大利亚学生的研究表明，学生对反馈的看法存在文化差异：有些学生将反馈看作获得成功的一种手段，而有些则根本不想要它。这里的一个关键点是，仅仅提供反馈是不够的——学生必须想要获得反馈。如果反馈是不被渴望的，那么它会消失在空气中（或者沉没于书包或背包的底部）。此外，与持有表现目标取向的学生相比，持有掌握目标取向的学生更有可能寻求、接受反馈，并最

> 不被需要的反馈会适得其反

终根据反馈采取行动（可参见第8章"有关智力的信念影响智力"，以及第11章"我们朝向何方以及如何抵达那里"）。因此，作者热衷于强调自我概念在形成性评估中的重要性。

本文提出的另一个关键点是，形成性评估实践对成绩不佳的学生尤为有效，故可缩小学生间的成就差距、提高学生的整体学业成就水平。这具有非常重要的意义，因为这类学生往往缺乏学习动机、干扰其他学生学习，进而可能继续发展为"与社会格格不入，成为严重社会问题的祸源和受害者"。

总之，作者指出形成性评估实践具有非常强大的作用，其相关的实践活动并不是在教师实际工作中做出微小的调整，而是需要教师提供额外的支持和指导。此外，形成性评估所带来的那些显著增益取决于许多因素，这些因素往往超出了课堂教师的控制范围，例如，管理层对总结性数据或

研究结论/对教育实践的启示

这篇文章的核心要点是，为了对学生的学习产生影响，对其进步的评估不能仅限于总结性功能，评估必须告知教师和学生下一步该做什么。然而，"评估"一词的一个问题是，它隐含着某种贬义。事实上，威廉后来在《泰晤士报教育增刊》的一次采访中说，"保罗和我犯的最大错误是把这些东西叫作'评估'……因为当你使用'评估'一词时，人们会想到测验与考试"。事实上，他后来表示，他真希望当时能将它称作"响应式教学"，

> 形成性评估用于提供信息，而非评判

而非现在用的"为学习评估"这种说法。如前所述，同样重要的是：**对学习评估**和**为学习评估**存在非常重要的区别，它们是两件完全不同的事。布莱克等人将"为学习评估"定义为：

在设计及其实践中将服务于促进学生学习这一目的置于首要位置的评估。如果评估活动所提供的信息可用作教师和学生在评估自己及其彼此时的反馈，以修正所从事的教学与学习活动，那么，这种评估活动就会有助于学习。

这篇文章不仅对课堂教师如何看待评估功能有相当大的影响，对学校领导也是如此。例如，许多学校都有一个"评估周"，在这一周里，各年级参加测试，并被评分，而这些分数也随之被集中记录并用于成绩单报告中。但有多少学校有"反馈周"呢？在此周内，不仅教师和学生会就考试进行更为深入的对话，而且也提供了一段专用时间，让学生进行改进和提高，

> 反馈周不同于评估周

让教师回顾和调整接下来的教学内容。唯有如此，评估才真正具有响应性。

本质上，这篇文章认为，旨在为下一步活动提供信息的评估是我们所知道的、用于提高学生成绩的最有效的方法之一（的确，在有史以来报告的教育干预中，因使用这种方法而得到的增益是最大的）。然而，他们颇费苦心地指出，为了发挥这种效应，需要满足一系列的关键条件，而这比人

们想象的要困难得多。确实，值得注意的是，近期的一些讨论提出了这样一个问题：在过去的20年中，为学习评估的后续使用可以被视为一种成功，还是失败？

如何在教学中使用该研究成果

在这篇文章之后，威廉和布莱克于1999年与多所学校进行合作，将为学习评估的原理应用于课堂实践。他们为学校讲解了这项研究，并就如何将研究发现应用于教学实践进行了合作。他们确定的策略包括：

> 实践中的为学习评估

■批改和反馈：将没有分数、只有评语的作业返还给学生。其理念是，更多地关注如何改进，而不是他们做得有多好或做错了多少。

■提问：教师应该留出更多的思考时间来加深理解，而不是就那些事实性回忆的问题进行提问，或让学生猜测教师头脑中的想法。

■测验时间表：在整个单元的三分之二时进行测试，而不是在单元末，以便学生有时间去关注理解错误的地方。

■同伴评估和自我评估：允许学生查看考试委员会的评估标准，然后使用该标准对自己和同伴的学业进行评估。

根据研究人员所言，该项研究结果是激动人心的。到本学年结束时，采用形成性评估方法的教师所教的学生在外部测试中的成绩要显著高于未采用形成性评估方法的同校学生。

或许这些方法最激进的一点就是对于各项活动结果给予反馈性评估，而没有相应的分数等级。这是需要在学校

> 无等级反馈

内针对评估目的进行认真讨论的地方。要问的一个关键问题是：是评估为学习服务，还是学习为评估服务呢？如果是后者，那么学生将不可能真正掌握某领域的知识，并且很有可能他们被教的内容就是如何通过考试。与只是查看某个分数等级相比，认真思考自己做过的工作、哪里做错了以及如何改进，这也许更令人不舒服，但这无疑是更为有效的。正如威廉指出的，"接收者应比提供者更多地钻研反馈"。教育工作者面临的关键挑战是

创建一种拥抱挑战、视真正的学习为核心诉求的氛围。

要点

- 明确区分对学习评估和为学习评估。
- 形成性评估对成绩不佳的学生尤为有效。
- 归还学生作业时，不要总是给出分数，试着仅给出评语。
- 使用提问不仅可以检查学生的理解程度，还可以告知接下来要教什么。
- 为学生提供评价规则、成功标准以及作业范例，并让他们对彼此的作业进行同伴评估。
- 学生有责任对批改的作业作出回应。

第20章　上馈、反馈、前馈

反馈

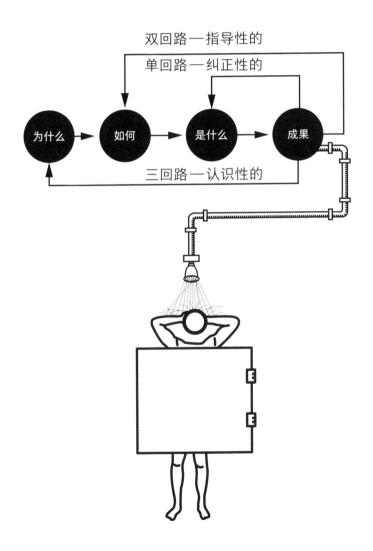

文章 | 《反馈的力量》"The power of feedback" [1]

引文 | "有效反馈必须回答教师（和/或学生）提出的三个主要问题："我要去哪里（目标是什么）？我要怎么去（在朝向目标的过程中，取得了什么进展）？以及下一步该往哪里走（需要开展哪些活动才能取得更大的进展）？""

为什么你应该阅读这篇文章

还记得你第一次学习骑自行车吗？对于我们中的许多人而言，在最终学会之前，可能有父母在旁，并且经历了多次磕碰。现在，如果你的父母在你摔倒时对你说，"哦，你在那里摔倒了，好吧，现在再试一次，但这次尽量不要再摔倒了"。从技术上来说，父母的这种输入是一种最广义的反馈形式，但几乎毫无用处，而且有可能给孩子带来更多的压力。而父母若将"骑自行车"的整体技能分解为各个子成分，并就如何起步、适时踩脚踏板、平衡车架和掌控把手给予具体的指导。这种形式的反馈更有可能会带来成功，因为它有一个明确的目标，并提供了如何实现这一目标的明确步骤。

克鲁格和丹尼斯将反馈定义为"外部代理为提供关于任务表现方面的

反馈：一种定义

有关信息而采取的行动"。然而，令人惊讶的是，反馈并不总是能带来积极结果，事实上，它常常会阻碍学习。"反馈"这个词意味着教师承担的一种责任，这当然是正确的。但这

教师和学生
的共同责任

篇文章清楚地表明，当学生对反馈负责时，他们是最成功的。正如威廉所观察到的，"接收者应比提供者更多地钻研反馈"。

在本文中，作者哈蒂（Hattie）和廷珀利（Timperley）基于大量证据，

---

[1] Hattie, J., & Timperley, H. (2007) The Power of Feedback. *Review of Educational Research*, 77, 81–112.

得出了关于反馈目的和类型的几个重要结论。他们希望我们将该过程视为教学和反馈的连续体，并给出了提供反馈时应提的三个核心问题，以及一个将反馈力量概念化的四部分模型。

文章摘要

反馈是影响学习和成就的最强有力的因素之一，但这种影响既可以是积极的，也可以是消极的。其效用经常在有关学习和教学的文章中被提及，但令人惊讶的是，近期很少有研究系统地考察它的意义。本文对反馈进行了概念分析，并回顾了反馈影响学习和成就的相关证据。证据表明，尽管反馈是主要的影响因素之一，但反馈的类型与给予的方式会导致反馈效果不同。随后，研究提出了一个反馈模型，该模型确定了使反馈有效的特定属性和环境，讨论了一些典型的棘手问题，包括反馈的时间以及积极反馈和消极反馈的影响。最后，基于这些分析，就如何在课堂上使用反馈以提高其有效性给出了建议。

文章

作者首先对"反馈"这一术语的内涵进行了概念上的分析，这个词可能比人们认为的要更为复杂。他们给出的最佳定义，即被作者描述为"一个极好的总结"，或许是来自温内（Winne）和巴特勒（Butler）的界定："反馈是学习者用来对记忆中的信息进行确认、添加、改写、调整或重组的信息，而不管这种信息是领域知识、元认知知识、关于自我和任务的信念，还是认知技巧和策略。"反馈和学生代理具有共生联系，这种关于学习的连续体或轨迹的概念是本文的一个重要主题。

> 元认知：对自身学习的意识及掌控

作者提出的关键点是，反馈和教学并不是一回事。如果学生在某一特定领域的知识十分有限，那么给予更多的教学指导将比给予反馈更好。如果你正在学习开车但不知道如何使用离合器，那么教练告诉你要在油门上"找到半结合点"是没有

> 反馈和教学不是一回事

207

用的。正如库尔哈韦（Kulhavy）指出的，"如果学习材料是不熟悉或令人费解的，那么提供反馈对标准表现应该不会产生什么影响，因为无法将新信息与已知信息联系起来"。

正如在本书第19章所讨论的，就反馈而言，令人惊讶的是有些反馈根本没有任何帮助。在哈蒂的元分析中，他也发现反馈的质量和影响存在很大差异。只是简单地提供更多反馈并不总是有用的。作者引用了克鲁格和丹尼斯1996年的文章，该文章发现反馈的平均效应量为0.38，但32%的效应为负值。由此，作者得出结论，当反馈是基于先前尝试带来的变化时，以及当目标明确、具有挑战性且任务复杂度较低时，反馈会更为有效。值得注意的是，他们认为对活动任务的表现进行表扬似乎是无效的，"这不足为奇，因为它包含了太少的与学习相关的信息"。

> 表扬：对很多事物都有益处，但对学习没有

本文的中心主题是，反馈需要针对学生学习的适当水平（再次将他们的反馈模型视作教学和反馈间的连续体，记住这一点很重要）。考虑到这一点，作者基于三个核心问题，使用了三部分策略：

> 反馈：要问的三个问题

1. 我要去哪里?（我的目标是什么？我试图实现什么？）

2. 我要怎么去?（相对于目标而言，我当下的表现水平如何？）

3. 下一步该往哪儿走?（我需要采取哪些具体的行动以缩小差距？）

哈蒂和廷珀利也将这三个步骤称为**"上馈、反馈、前馈"**。在回答第一个问题时，作者指出，为学生提供明确且可实现的目标是至关重要的，这将试图缩小当前理解水平与目标之间的差距："如果目标不明确，反馈将不能缩小这种差距，因为当前学习和预期学习间的差距对学生而言可能不够清晰，进而他们看不到缩小两者差距的需要。"关于"我要怎么去？"，除了主张测验可能不是评估当下表现的理想方式外，作者并未给出太多指导。最后一个问题即"下一步该往哪儿走？"是至关重要的，它可能包括"不断提升的挑战性，对学习过程的更多的自我调节，更高的熟练度和自动化水平，在完成任务时使用更

> 上馈、反馈、前馈

多的策略和有效的加工过程，更为深入的理解，以及关于哪些是已理解、哪些是尚未理解的更多信息"。

由此，作者提出了一个四部分模型（图20.1）。该模型包括：

1. 如果对任务的反馈（FT）强调了对关键概念或术语的错误解读，而非仅仅指出缺少信息，那么这种反馈可能会更为有力。

2. 对过程的反馈（FP）旨在概述用于产生成果或执行任何操作的流程的各个方面。

3. 对学生自我调节水平的反馈（FR）旨在指导学生如何更好地评定自己能否对自身学习进行元认知反思，以及评定自己需要做什么、如何取得进步。

4. 最后，对自我的反馈（FS）涉及学生的个人方面，例如说"好女

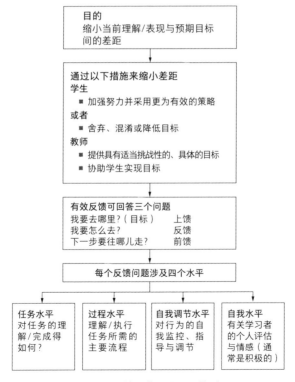

图20.1 增强学习的反馈模型

孩，做得好，你是优等生"。

在该模型中，尤为重要的一个部分是自我调节水平。一些学生的自我调节水平低、整体的自我概念差，因为他们意识到"反馈"（正如他们所理解的那样）就是某种评价。在这种情况下，反馈并不总是学生想要的或成为其行动的基础。当反馈告诉学生他们在哪些地方做得不错以及如何进一步扩展时，就会显得尤为有力。但正如我们在第10章"你对成就的看法比成就本身更重要"所看到的，如果给予学生过度的表扬或不应有的成功，

> 不一致对学习很重要

那么这种反馈的影响可能是消极的，因为学生不会将个人表现归因于努力，而是归因于外部因素。此外，当反馈证明学生自认为已经知道的东西不成立时，会很有效："当学习者预期某反应是正确的，但结果却证明是错误的时，反馈的作用最大。"

另一个问题是，一些学生将反馈的整个过程视作教师的责任。他们希望由他人来告知自己需要实现什么、目前做得如何以及随后如何抵达那里。在最初的阶段，教师当然有责任提供这些信息，但那些获得真正成功的学生会在这个过程中发挥更多的主人翁精神。

研究结论/对教育实践的启示

本质上，教师希望那些收到反馈的学生能根据教师提供给他们的信息采取行动，而要做到这一点，他们就要对自己需要去哪里有一个清晰的认识。让学生"承担"这一责任是很关键的。如果教师的努力程度是学生的

> 当学习者有学习的主人翁精神时，反馈的效果更佳

两倍，那么这就有问题了。提供明确的成功标准、样例和范例是尤为有用的。毕竟，如果不知道优秀是什么样子，就不可能变得优秀。由此，学生需要获得关于自己当下表现的准确信息以及如何缩小现状和期望结果间的差距的明确步骤。

> 反馈应阐明并告知

此外，反馈需要在一定的背景下呈现。如果教师不明确指出反馈的具体背景是什么，只是说"你需要使用更复杂的词汇和术语"，那么这将是没有效果的。实际上，太多的

"反馈"只是关于学生作业有什么问题的信息。例如，针对学生关于莎士比亚的作文而提供反馈时，教师经常使用考试委员会的评分描述，如"应广泛使用大量词汇"；然而，对于--开始词汇量并不丰富的学生而言，这条信息是没有用的。指导学生使用诸如"独白"和"五步抑扬格"等术语，并给他们指明可以拓展这些术语的一个领域，可能会引发更多的学习。

此外，给学生设定的目标应该是具体的。如果反馈与目标无关，那么它就不太可能缩小学生当前表现水平与预期目标之间的差距。例如，如果某学生写作的目标是"在故事中营造一种氛围"，那么如果他们只是在拼写和展示方式上得到了反馈，则不太可能改善在故事中营造氛围的能力，因为这种氛围主要通过运用语气和形象描述来体现，故只有关注语气和形象描述的使用，才能更好地完成任务。

如何在教学中使用该研究成果

本文作者试图鼓励教师将反馈视作一个进行富有成效的对话的连续体。其目的是使学生思考所得到的反馈信息并据此采取行动。基尔施纳于2017年在MBO语言学院（职业高中语言学院）的一次题为《有效、高效和愉悦的反馈：可能吗？怎样实现？》的演讲中提供了一个有用的模型，区分了三种形式的反馈（图20.2）。借助**纠错反馈**，你查看某事物，说出它是对的还是错的以及应该是什么样子的。但学生从这类反馈中并不会学到太多。这被称为**单回路反馈**：它与动作、行为和可见的效果或结果（好的/理想的或错误的/不理想的）相关联。再稍微好一点的是**指导性反馈**，即教师告知学生什么是错的以及该如何纠正它。这被称作**双回路循环**，是关于如何执行任务的，在这一过程中，学生会被告知如何能够或应该怎样才能做得更好。最佳类型的反馈是知识发展或**认识论反馈**，这被称作**三回路反馈**。作为教师，借助这种类型的反馈，你可以鼓励学生思考什么人、是什么、为什么、何时以及如何完成任务。例如，教师可以这样问："你为什么选择这个公式呢？如果任务是X，你会怎么做呢？你会采取不同的做法吗？"

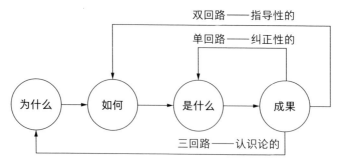

图20.2 单回路、双回路和三回路反馈

反馈是最为有力的教育干预形式之一，但也是最容易被误解的形式之一。现在对教师的评估主要依据学生的进步情况以及修改学生作业的多寡来进行，而这会导致这样一种情形，**即反馈更多的是展示了教师自身的工作，而不是其学生的学习**。要想真正发挥反馈的效力，培育这样一种环境是至关重要的：学生清楚地知道他们要去哪儿、与目标相比他们目前的状况是怎样的，以及要做什么才能缩小现状与目标间的差距。

要点

■如果学生对某个主题了解不多，那么他们不需要反馈，他们需要更多的教学。

■反馈需要针对具体情境，而非泛泛而谈。如果学生不知道特定领域的词汇是什么，那么说"使用更好的词汇"对他们而言是没有帮助的。

■如果教师在反馈过程中投入的精力比学生多，那么这可能会有损学生的进步。

■学生需要将反馈过程视作他们自主掌控学习的过程。

■反馈不应威胁到学生的自我概念。

■那些偏离任务本身而指向自我的表扬不可能是有益的，因为它包含的关于如何改进的信息太少了。

■对任务的反馈（FT）在设法解决错误概念而不是完全的误解时最为有力。

第21章　真正有效的学习技巧

学习技巧

文章

《借助有效的学习技巧来改善学生学习：源自认知与教育心理学的前沿进展》"Improving students' learning with effective learning techniques: Promising directions from cognitive and educational psychology" ①

引文

"如果教师和学生可以使用简单的技巧来改进学生的学习与成绩，那么若教师没有被告知这些技巧、若许多学生并没有在使用它们，你会感到惊讶吗？"

为什么你应该阅读这篇文章

假定你需要阅读一些文本并从中学习。进行这项活动的最佳方式是什么呢？你用不同颜色的记号笔来重点标出文本吗？用下画线吗？重读文本吗？这些全部都是"常规"的学习方法，但还不只于此。关于如何最有效地学习，学习者经常有着令人惊讶的点子。回想我们自己的学校生涯，我们会做这样一些事情，例如在枕头下放一本书或在录音机上反复循环播放一首诗等，以便这些内容可以在我们睡觉时进入大脑。我们也听说，有些学习者认为用某种笔做笔记可以确保这些内容也会出现在考试中。把它想象为你自己拥有的神奇记忆笔。现在来看，这三个点子都是极为不寻常的，当然我们也知道它们不会真的奏效（尤其是第一个和最后一个），但学生这样做的原因在本质上是好的。最起码，他们想要在考试中获得一个好成绩，而最好的情况则是他们真的想学习和掌握内容（见关于信念如何影响学习的第8章，以及第11章"我们朝向何方以及如何抵达那里"）。

作为一名"精明的学生"（这里没有贬低的意思），如果某些学习策略或方法比其他的更为有效，那么使用最有效的方法当然是明智之举。在此，唯一的问题是大多数学生

> 学生对最为有效的学习方法缺乏了解

---

① Dunlosky, J., Rawson, K. A., Marsh, E. J., Nathan, M. J., & Willingham, D. T. (2013). Improving Students' Learning with Effective Learning Techniques: Promising Directions from Cognitive and Educational Psychology. *Psychological Science in the Public Interest*, 14, 4–58.

和许多（甚至大多数）教师并没有对其学习方法的有效性有一个准确的认识。我们甚至敢说，许多人对不同的有效策略毫不知晓。在对学习和记忆进行了一百多年的研究后，我们对于有效的和不太有效的方法有了些许了解。自21世纪初以来，人们一直在试图搞清楚如何尽可能多地记忆、如何确保尽可能少地遗忘，以及如何在尽可能短的时间内做到这一点。我们之所以对教师持怀疑态度，是因为这些研究发现尚未被收录到教师用的教科书中（无论是在美国还是在荷兰）。这是约翰·邓洛斯基（John Dunlosky）及其同事开展了一项关于已知的有效和高效学习方法的综述研究的原因之一。有了这些知识，教师可以更好地在不同的方法之间进行选择，将最佳方法应用到教学中，并教他们的学生也这样做。

文章摘要

许多学生正在被教育系统抛在后面，而该系统被一些人认为危机四伏。改善教育成效需要在许多方面做出努力，但本专题文章的一个核心前提是，解决方案中的一个组成部分就是借助有效学习技巧的使用来帮助学生更好地调节自身学习。幸运的是，认知和教育心理学家们一直在开发和评估易于使用的学习技巧，这些学习技巧可帮助学生实现他们的学习目标。在这篇专题文章中，我们将详细讨论10个学习技巧，并就其相对效用提供建议。我们挑选了一些相对简便易用，因而也有可能被许多学生采用的技术。此外，因为学生报告非常依赖一些技巧（如突出显示和重读），所以我们也将它们挑选了出来，这就使得检验这些技巧的效果变得尤为重要。这些技巧包括精细化的自问自查、自我解释、总结、突出显示（或下画线）、关键词记忆法、文本学习中的图像使用、重读、练习测验、分散练习和交错练习。

> 易于使用的学习技巧

为就这些技巧的相对效用大小来给出建议，我们通过以下四个变量类别对其良效的普适性进行了评估：学习条件、学生特征、材料和标准任务。学习条件包括使用技巧时所处的学习环境的方方面面，例如，一个学生是独自学习还是与团队一起学习。学生特征包括诸如年龄、能力和先前知识水平等变量。材料各异，从简单的概念到数学问题，再到复杂的科学文本。标准任务包括与学生成就有关的各种不同的结果测量，例如考察记忆、问题解决与理解程度。

其中5种技巧的效用评估较低：总结、突出显示、关键词记忆、文本学习时的图像使用以及重读。这些技巧被评定为低效用是有多个原因的。调查发现，总结和文本学习时的图像使用技巧对某些学生完成某些标准任务有帮助，然而这些技巧产生增益的条件是有限的，并且仍需要大量研究来充分探讨它们的总体有效性。关键词记忆技巧在某些情境下很难使用，并且它似乎只在记忆数量有限的材料以及只需保留较短时间的情况下，才显示出对学生学习的促进作用。大多数学生报告使用了重读和突出显示的技巧，但它们并不总能一贯地提高学生的成绩，因此应该使用其他技巧取而代之（例如使用练习测验而非重读）。

文章

约翰·邓洛斯基（John Dunlosky）及其同事凯瑟琳·罗森（Katherine Rawson）、伊丽莎白·马什（Elizabeth Marsh）、米切·内森（Mitch Nathan）以及丹·威林厄姆（Dan Willingham）撰写了这篇文章，以期通过审视认知心理学和教育科学关于不同学习方法（他们称为学习技巧）的有效性的研究结论，来帮助学生和教师。他们从文献中得知，研究者对有效学习技巧的了解甚多，但这些信息却往往不能从教师用书中获得，无论是对职前教师还是在职教师而言，都是如此。

邓洛斯基等人列举并讨论了10种学习技巧，即精细化的自问自查、自我解释、总结、突出显示/下画线、关键词记忆法、文本表象化、重读、练习测验、分散练习和交错练习（见表21.1）。他们之所以挑选这10种技巧，是因为它们都是容易被独立使用，由此也便于被许多学生使用的。他们也

突出显示和重读不起作用

提到，许多技巧（例如突出显示和重读）经常被学生使用，所以了解它们是否真的起作用就很重要。为此，他们搜索了研究不同技巧有效性的科学文献。除了查看这

些学习技巧是否真的导致了更佳的信息保持，他们还考虑了这些策略是否可被不同的学生（例如具有不同的年龄、先前知识、语言能力和自我效能）使用，是否适用于不同类型的学习材料（例如词汇、讲座内容、记叙文和说明文、地图、图表）、不同的学习条件（例如练习量、读与听、有意学习与伴随学习、个体学习与群体学习）以及不同的标准任务（例如线索回忆、自由回忆、再认、问题解决与论文写作）。研究者正在寻找那些可以被尽可能多的学生使用的技巧（即可推广的）。以下是关于10种技巧的简单描述。在接下来的部分，我们将看看哪些是最佳技巧。

表21.1　邓洛斯基等人考察的10种学习技巧

技巧	描述
精细化的自查自问	解释为什么某个明确陈述的事实或概念是正确的
自我解释	解释新信息是如何与已知的信息关联的，或解释问题解决过程中所采取的步骤
总结	撰写要学习的文本的摘要（不同长度）
突出显示/下画线	阅读时，标记学习材料中潜在的重要部分
关键词记忆法	使用关键词和心理图像来关联语言材料
表象使用	在读或听时，试图形成文本材料的心理表象
重读	初步阅读后，再重新学习文本材料
练习测验	对要学习的材料进行自我测试或参与练习测验
分散练习	采用将学习活动分散在不同时间段进行的练习计划
交错练习	在单个学习时段中采用混合多种问题的练习计划或混合多种材料的学习计划

　　邓洛斯基及其同事为不同的技巧制作了一种报告卡，其中包括通用性要求。表21.2列出了评估结果。显然，排在前面的两个分别是练习测验和分散练习。它们也因此被评定为优质的技巧（即拥有高效用）。无论学习者、材料、标准任务、学习环境和执行中的问题如何，练习测验和分散练习都

会奏效。

表21.2　学习技巧的效用与推广性评估

技巧	效用	学习者	材料	标准任务	环境	实施问题
精细化的自问自查	中等	P-I	P	I	I	P
自我解释	中等	P-I	P	P-I	I	Q
总结	低	Q	P-I	Q	I	Q
突出显示/下画线	低	Q	Q	N	N	P
关键词记忆法	低	Q	Q	Q-I	Q-I	Q
表象使用	低	Q	Q	Q-I	I	P
重读	低	I	P	Q-I	I	P
练习测验	高	P-I	P	P	P	P
分散练习	高	P-I	P	P-I	P-I	P
交错练习	中等	I	Q	P-I	P-I	P

注：积极(P)的评级表示现有证据表明某学习技巧在给定变量或问题上的有效性。消极(N)评级表示某技巧对于某给定变量而言基本上是无效的。合格评级(Q)表示某技巧在某些条件下(或在某些人群中)产生了积极影响，而在其他情况下则没有。不充分(I)评级表示现有证据不足以做出最终评估来表明某个或某些技巧对给定变量或问题的影响状况。

　　精细化的自问自查、自我解释和交错练习被认为具有中等但足够的效用。关于总结、突出显示/下画线、关键词记忆法、表象使用和重读等技巧，则效果并不令人满意。虽然这些技巧经常被推荐给学生，也经常被学生使用，但它们的效用都很低，并不能够真正地有助于学生的学习。对其中一个技巧——总结而言，这可能听上去有些奇怪，因为总结实际上是某种形式的自我测试。对此，原因很简单：为了使总结发挥作用，你必须能够做出好的总结。然而，大多数学生并

> 精细化的自问自查：学习者通过问"如何？"和"为什么？"来对关键事实进行解释

不能！同样的道理也适用于突出显示/下画线。如果你不能区分良莠，那么就会对过多的内容或者错误的内容进行突出显示或画下画线。

研究者得出的结论是，若想有所突破，还需要更多的研究。首先，研究应该充分探讨某些技巧的增益在多大程度上可泛化到研究的变量（学习者、材料等）上，包括可能会限制或放人某种技巧益处的变量间的相互作用。其次，对大多数技巧的益处的研究需要在具有代表性的教育环境中进行。

研究结论/对教育实践的启示

对我们而言，可能最好仅限于讨论两种最佳的技巧：练习测验和分散练习。

分散练习（间隔练习）是这样一种技巧：将学习和/或练习的时间分散开来，而非集中在一个时间段内进行（即所谓的模块化练习或集中练习）。

> 间隔与分散练习：高度有效的学习方法

与考试前一晚死记硬背两个小时相比，间隔一天或两天的短时间学习（如学习4次，每次30分钟）的效果要更好。这被称作间隔效应。在此，还需提醒大家的是：对于即时记忆，临时抱佛脚的学习有时会带来同等甚至稍佳的学习效果；但对于长期保持而言，间隔学习具有明显优势。

> 临时抱佛脚：短期内有用，长远来看是有害的

■对教师而言：经常布置涉及新材料与已学材料的小型（家庭）作业、进行累积性测验、在每节课开始前安排简短的复习单元、实施螺旋式课程等。

■对学生而言：以分散的学习时间段的方式来制定考试复习时间表；重复练习基础技能，但中间穿插较短的间隔等。

练习测验（提取练习）意味着你需要从长时记忆中提取出已学过的或已习得的信息。这种对信息的主动回忆/提取会确保你能更好、更长久地记忆它们。这种效应被称作**测试效应**。

> 测试效应

■对教师而言：使用任何可促使学生记忆信息的教学技巧，例如小测

验、练习测验以及复习题等。

■对学生而言：使用不同形式的自我测验，例如抽认卡、诊断性练习、小测验。所谓的康奈尔笔记法就是一种很好的方法。

间隔效应

间隔效应是基于所谓的遗忘曲线提出的（见图21.1），该曲线由赫尔曼·艾宾浩斯（Hermann Ebbinghaus）于1885年首次论述。从本质上而言，这意味着我们会很快遗忘已读或已习得的内容，且遗忘率很高（即曲线是陡峭的）。通过在学习过程中穿插提取活动，我们可以将已知的内容记忆更新至100%的程度，同时也使遗忘曲线更加平缓。

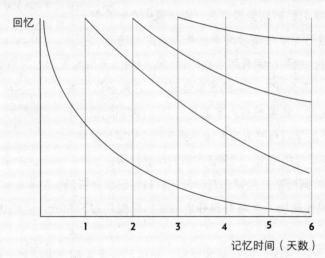

图21.1 一个典型的遗忘曲线

如何在教学中使用该研究成果

当使用那些已被证明具有高效用的学习技巧时，教师需要记住以下几点。首先，教师必须以身作则。教给学生这些技巧并告知他们要加以使用

是不够的，教师自己也要使用它们。教师给学生布置的作业应该让他们以分散练习的方式来完成。教师需

要以这种方式来安排考试，即让孩子们有充足时间进行分散练习。这里棘手的一点是：教师需要与同事协调合作（如果你是中学老师的话），因为如果不同学科的一系列考试被安排得很密集的话，学生就无法将其学习时间段分散开来。假如周二还有其他考试，那么没有学生会为了周五的考试而在周一晚上学习。

此外，教师需要在教学中利用提取练习。每堂课开始前，教师可以借助一个问题、小测验或其他形式来回顾前一天学过的或讨论过的知识。这样，学生就被要求对已学过的知识进行提取。罗森希恩进一步指出，每个周末，或下周的周一，教师应该以测验的形式回顾上一周教授过的最重要的内容，每个月也是如此。没有大型测试，只有简短的小型测验，以便对已学过的知识进行提取。最

后，这种方式也适用于启动一个新单元：对于新单元，上一单元中的重要内容是什么呢？

所有这些都意味着教师需要教授学生如何恰当地使用这些技巧。如前所述，某些技巧如突出显示/下画线和总结是有潜力发挥其增益作用的，但因为大多数学生从未真正学会如何写一个好的总结或学会如何辨别一段文字的要点，故它们并不能发挥出这种潜在的功效。如果学生认为所有内容都是同等重要的，那么实际上便没有任何内容是重要的。同时，不要认为这只是语文老师的工作。学习和使用这些技巧需要被整合到所有学科中！

要点

■大多数学生未能真正了解最佳的学习方法是什么。作为一名教师，你需要教给他们。

■大多数教师也不了解最佳的学习技巧是什么，并且经常使用那些不起作用或效果不佳的技巧。

■教给学生的应是已被证明有效的技巧，并且要解释为什么它们有效；

劝阻学生使用效果不佳的技巧，且解释它们为什么不奏效。

- 教学生如何使用总结、突出显示等技巧，以便这些技巧有机会发挥作用。

- 重复/复习前一天（或前几天）的材料，并检查学生是否仍知道这些内容，以及哪些内容是他们已理解的、哪些是他们尚未理解的。

- 使用不同类型的练习测验，例如小测验、抽认卡片以及开放性问题、认识论任务、复习题等等。

- 最好给学生布置一些可分散在多个时间段完成的小型（家庭）作业，而不是一个大作业。

第五部分
情境中的学习

　　学习经常被视为是认知性的，这点毋庸置疑。我们学到了什么取决于我们如何加工所接触到的信息，并且这些加工过程发生于我们的大脑中。为了进行学习，我们的大脑必须加工新信息，并将其纳入已有知识图式或创建新知识图式。然而，这并不是全部。

　　学习同样是一种社会事件，因此社会环境——就像几乎所有的活动一样，也会对我们的学习产生很多影响。这种环境可以极大地激发或扼杀学习。没有参加小组项目的同学可能会制约学习，而参与建设性合作的专家型教师或同学会促进自身学习。

　　在第五部分，我们论及了社会学习环境的有关内容。该部分重点关注针对学习的不同社会影响，例如情境认知、认知学徒和学习者共同体。

第22章　为什么情境就是一切

情境

阿姆斯特丹

文
章
《社会学习理论：认知功能的情境主义解释》"Social learning theory:
A contextualist account of cognitive functioning" ①

引
文
"学习不只是知道做什么，它还包括如何去做。"

为什么你应该阅读这篇文章

如果你漫步在阿姆斯特丹的街道上，就会听到多种不同的语言。当然，你听到的大多是由荷兰人、游客抑或落地移民所说的标准语言；但是你也会听到一种主要由荷兰青年所说的语言，它似乎与多种语言相似，但又不能归结于任何一种标准语言的语言，即街头语言。由于阿姆斯特丹有大量的来自荷兰本土的居民、来自前殖民地（*例如阿鲁巴、博奈尔、库拉索、苏里南*）的第一代和第二代居民，以及主要来自土耳其或摩洛哥的、已定居在荷兰的前经济"客籍工人"的子女，因此，你听到的是一种丰富的街头语言，它是所有这些语言的奇特混合物。在家里不说这种语言，而在学校也不教授这种语言。不过，这就是社会学习的一个例子。这种语言要么是通过行动而习得的，要么是通过观察伙伴而习得的；而且这种习得并不仅仅是一种"认知性"的学习。在习得态度、行为、价值观，甚至是身体技能方面，社会学习都发挥着作用。当一个孩子看到另一个孩子受到了某种优待时，例如，因行为礼貌而得到奖励或因发脾气而得到安抚，那么儿童有可能学会模仿，以期得到同样的优待。当一名青少年看到一位同伴抽

> 社会情境与个体行为

烟或者饮酒，那他/她可能也想去做同样的事，尤其当这些行为会让他们获得更多的社会接纳时，更是如此。

这一章通过特定任务和行为的示范和效仿来说明学习是社会性的，但

---

① Zimmerman B. J.（1983）. Social Learning Theory: A Contextualist Account of Cognitive Functioning. IN: C. J. Brainerd（Series ED.）*Springer Series in Cognitive Development, Recent Advances in Cognitive-Developmental Theory: Progress in Cognitive Development Research*（PP. 1–50）. New York, NY: Springer.

更为重要的是，该章提出学习在本质上是情境性的（另参见第23章"情境认知与学习的文化"），且在很大程度上依赖于学习者的先前知识以及任务的示范方式。简言之，社会学习理论认为人们通过观察他人来学习。虽然阿尔伯特·班杜拉发表社会学习理论的时间要早于巴里·齐默尔曼，但我们还是选择了后者撰写的章节，因为我们感觉它与教育的关联更为密切。难分伯仲，但齐默尔曼赢了。

> 社会学习理论：
> 我们通过观察他人来进行学习

文章摘要

班杜拉和沃尔特斯在试图解释儿童是如何通过在自然场景中观察人们而获得信息和习得行为时，提出了社会学习理论。最初，他们考察了儿童对榜样的常见行为（例如攻击性）的简单模仿。这项研究的结果令人信服，由此也促进了对更复杂的社会学习类别的研究，例如情绪反应（吸引和回避）、认知与语言规则、自我调节反应、个人标准、期望以及自我效能判断的形成与发展等。这种发展的社会互动取向揭示了儿童知识的独特但又被普遍低估的一个特征：在知识的各种复杂层级上，都仍然高度依赖于其产生的社会环境背景。当其他理论家着手研究自然主义背景下的认知功能时，思维的这种特性也变得更为凸显。其中的一些理论家已经依据"情境主义"的一般认识论来对所做研究的意义进行讨论。

> 社会互动取向

> 情境主义：
> 在现实世界中观察认知过程

文章

齐默尔曼在这一章的开头指出，社会学习理论源于"班杜拉和沃尔特斯试图解释儿童是如何通过在自然场景中观察人们而获得信息与行为"。该理论经常被视为行为主义与涉及注意、记忆和动机的认知学习理论之间的一座桥梁。它可以被看作对关于学习的两个流行的、经典的论点的回应：一是行为主义模型，将行为视作受**经典条件作用**和**操作性条件作用**影响的内部机制；二是认知主义理论，将学习视作发生于大脑内的产物。两者都认为学习与其周围环境无关，是独立于情境因素的。社会学习理论也形成了一种自实验室中研究认知到自然环境中研究认知的转变，后者被笼统地归到"情境主义"的范畴。情境主义的核心主张是：

1. 人—境相互作用。主体通过与更广泛的环境的相互作用和关联来生成意义。这里的"环境"不仅指物理世界，也包含他人的思想和行为（见图22.1）。

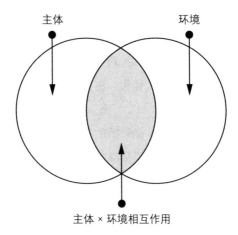

图22.1　主体与环境在事件因果关系中作用的交互论

2. 事件作为整体现象。世间的各种事件不是被个体体验为离散的片段，而是"认知上的统一现象"。一个事件被分解为元素，称为**线条**，这些线条之间的关系被称为**纹理**。这方面的一个例子是句子理解，一个句子中的各个单词可以被理解为线条，它们之间的关系即纹理。如果一个人问另一人："它将何时到？"这个问句的含义取决于诸如语调、面部表情、这个人的性格特征、个体所处的地理位置等因素。在这个例子中，我们谈论的是一个公交车站，一位约会迟到、焦虑不安的行人（语调、面部表情）提到了"它"（指公交车，因为他正站在公交车站旁）。

3. 情境主义是综合、动态的。 威廉·詹姆斯（William James）观察到，用元素式的方法分析认知加工过程几乎是不可能的，因为人类心智一直在对其所处环境作出反应。他建议，"人类心智应该作为一个适应变化的环境背景的人来'动态地'进行研究"。对于情境主义者而言，像早期的认知主义者那样将心理事件简化为一组基本的联系（如计算机程序或逻辑）的观点应该被摒弃。

4. 发展是持续和多样化的。 情境主义者对阶段—理论家及其关于认知发展的普遍性的主张（即人类发展是普遍、有序、分等级的）提出质疑。他们认为，与年龄或某一发展阶段相比，诸如入学或家庭生活变动等社会性发展会更为准确地预测个体的表现变化。

> 阶段—理论：认为认知发展是分阶段的，且其发展的阶段性可被观察到

5. 研究方法和目标必须加以修正。 情境主义者对传统研究方法提出质疑，因为它们"甚少关注历史和社会情境变量对年龄的混淆效应"。许多研究者对实验室研究和现场研究进行对比，这就提出了生态效度问题或"在一项科学调查中，被试所体验到的环境在多大程度上具备研究者推测或假定的属性"。

根据齐默尔曼的观点，情境主义者"假设现实是动态的、不断流动的，而知识是个体与近端和远端环境相互作用所得的不断变化的累积产物"。这种情境主义的世界观常常与所谓的现实主义世界观相悖，后者常常被贬损为机械论、还原论，甚至是认知主义世界观。表22.1总结了两者的不同之处。我们（作者们）在此必须指出的是，第三种世界观（相对主义世界观）经常被提及，但这不在本章探讨的范围之内。

根据情境主义的观点，社会学习理论始于班杜拉的社会学习模式。班杜拉认为社会模仿和经验对儿童发展起决定性作用。班杜拉的理论主张人类学习存在四个子过程：两个是认知的（注意和保持），两个是非认知的（动机和运动）。正如齐默尔曼所指出的，"儿童若要向榜样学习，便需感知

并注意到这些榜样"。"认知规则学习"是指这样的事实：个体通过观察他人执行任务来形成一个规则层级体系。社会学习理论家已注意到的一点是，学习可以在没有社会榜样的情况下发生，但往往效率低下，因为学习依赖于先前规则的学习与自然情境下的强化。

表22.1　两种认识论世界观中的三种信念间的比较

信念	现实主义世界观	情境主义世界观
本体论的： 现实的本质及判断真理的标准	现实是客观的：真理与外在现实和普遍标准相一致	不存在客观现实：真理是基于协商性标准而达成的共识
认识论的： 知识与认识的本质	知识和认识是： ■ 客观、普遍的 ■ 独立于认识者 ■ 相对不变的	知识和认识是： ■ 情境性的 ■ 被认识者加以改编，以适应环境要求 ■ 共识性的变化
教学法的： 教与学的本质	教与学是： ■ 传递性的 ■ 以教师为中心的 ■ 专家向被动但能自我调节的接收者传递，而同伴几乎不起作用	教与学是： ■ 相互作用的 ■ 以学生和小组为中心 ■ 支持性的合作者与共同参与者，涉及自我调节的学生与合作性的同伴

就认知功能而言，社会学习理论家认为某儿童具备的特定任务知识而非其年龄是一个关键因素；并且，这种知识是基于他们先前与家庭成员、伙伴互动的经验而形成的。身体成熟被认为会影响发展，但作用较小，因为经验取决于儿童在特定年龄的身体能力。换言之，与其说是年龄不如说是他们所处的社会条件决定了儿童的认知发展。关键是，因其特定年龄而形成的期望影响着成年人与他们相处的方式。例如，你不会期望两岁幼儿读一本现代主义的小说，但你会期望他们"读"一本图画书。齐默尔曼提

> 认知功能：特定知识比年龄更重要

到，迈尔斯（Myers）和珀尔马特（Perlmutter）曾对2岁和4岁的儿童开展过一项关于单词回忆的研究，结果发现，"与年龄有关的回忆改善与诸如复述、精

细化或组织等一般性策略的使用并不相关"。他们得出的结论是，"回忆中表现出的年龄差异是因为年长儿童具备更优的内容知识"。

齐默尔曼提出的假设是，经验与个人年龄无关，经验这一变量是学习的一个强有力的预测者。"经验"可被具体定义为"对某任务或对象的熟悉程度"。米基·齐（Micki Chi）的一项研究曾对此进行了探讨。这项研究对成年人和10岁儿童在国际象棋任务中的预测技能进行了测试，但"反转"的是10岁儿童是国际象棋专家，而成年人是新手。要求两组被试在10秒内检查棋子的排列并在随后进行回忆，同时也要求他们预测自己需要多少轮才能达到准确回忆。儿童不仅在回忆棋子方面表现更佳，他们也能更好地预测自己需要尝试多少次才能回忆准确。结论是"在解释回忆的年龄差异时，与特定任务相关的知识要比其他所有因素（包括信息加工能力）更为重要"。

> 经验：熟悉程度

在语言习得中，一些社会因素如父母面部线索和强化等被认为是高度凸显的因素，这表明理解和模仿高度依赖于观察他人所得的"特定动态经验"。齐默尔曼提到的最后一个关键点是，随着"儿童知识的情境依赖性的证据不断增多"，人们对学习的普遍理论的不满越来越多。

> 学习的普遍理论：当考虑情境时出现的问题

研究结论/对教育实践的启示

这项工作的核心观点是，人们通过观察他人进行学习，故对教育工作者而言，准确考虑学生将会观察什么是至关重要的。学习者不仅需要看到任务被执行，还要（尤其是新手）看到这些任务的执行过程被分解为组成部分，在这一点上，教师需要考虑如何排列和示范课程内容（另参见第24章"使思维可见"）。这一章也阐述了本书的一个共同主题，即若脱离情境，则大多数学习无从产生，而且通用技能的学习方法通常也是无效的。尤为重要的是，在尝试完成大多数任务之前，应先习得必要的特定情境知识。

特定情境知识的重要性

在1988年，唐娜·雷希特（Donna Recht）和劳伦·莱斯利（Lauren Leslie）开展了一项研究，要求七、八年级学生阅读一段关于棒球的描述。他们采用四个群组：一组由擅长阅读（前30%）且很了解棒球的孩子构成，一组由存在阅读困难（后30%）但了解棒球的孩子构成，一组由擅长阅读但对棒球知之甚少的孩子构成，还有一组由存在阅读困难且对棒球知之甚少的孩子构成。

> 例证：先前知识的重要性

阅读完关于棒球的段落，当询问孩子们一系列理解性问题时，雷希特和莱斯利发现了完全出乎他们意料的结果。具备丰富棒球知识的擅长阅读者表现最佳，但是紧随其后的是了解棒球的阅读困难者。这些读者甚至比擅长阅读的同伴表现还要优异！图22.2显示了特定情境知识是多么重要。

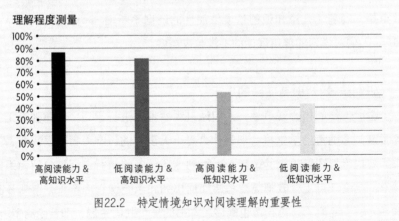

图22.2　特定情境知识对阅读理解的重要性

社会学习这个术语是指儿童以建构主义者所提倡的一种社会方式进行学习；虽然这其中的一点是正确的，但经常被忽视的重要因素是儿童的先前知识以及示范样例的完整性。社会学习并不总是积极的；例如，儿童对某游戏进行低水平的讨论或者对原子各部分的直觉性的错误解读，这些非结构化的经验是毫无用处的。从这个意义上而言，教师考虑学生的先前知识以及在课堂上呈现的示范类型是至关重要的；需要明确的是，学生是否产生了真正的学习，还是只是瞎忙而已。因此，此处的启示很清晰：首先，孩子们需要关于如何成功的明确示例；其次，他们需要具备特定的先决知识，以便从特定任务中"解锁"技能。

> 社会学习并不像听起来那么简单

如何在教学中使用该研究成果

示范不仅仅是指教师指导学生。利用社会学习理论的基本原理的其他有效方法还包括同伴教学，即一个学生在自己特别精通的领域去指导另一位同学。确立一个师友帮扶计划，即让某些学生与他人结对，这会对学习产生强有力的影响，因为儿童最有可能模仿同伴的行为，尤其是在行为结果被认为是有利的情况下。开展社会学习最直接和最有效的一种方式可能是要求学生阅读一篇文章，该文章是关于如何解决问题或表达观点的范例。如果这成为课堂评估方面的一个常规部分，那么收获将是巨大的，因为同伴能够以教师有时无法做到的方式来展示通向成功的步骤。

> 学生更为关注同伴而非成人

该章提出的一个颇为敏锐的观点是示范应相对完整，以便更为有效，并让儿童学习某给定任务或目标的"规则"。例如，齐默尔曼指导学龄前儿童学习一种新的图片归类方法，这与儿童自发使用的方法不同。年长儿童能够在两种方法之间进行切换，但三四岁的儿童不能，除非给他们示范这样一种方法，即灵活地同时使用两种方法。换言之，这些儿童不仅需要对这两种方法的明确示范，也需要交换使用两种方法的明确示范，这样他们才能成功习得。有趣的是，这样做以后，儿童之间的个体差异就消失了。这里重要的一点是，当示范某项活动时，例如，如何解答一个方程或撰写一篇文章的引言，其关键在于示范的**完整性**。如果示范存在缺口，

> 为很好地发挥作用，示范应是一个完整的模式

即不完整，那么在此领域具有更多先前知识的学生将更为成功。因此，当教授某知识时（尤其是对新手），应尽可能地明确，否则教师只是在扩大有知识的学生和无知识的学生之间的差距。

关于这一点，一个很好的例子就是教学生如何写出好作品。如果语文教师示范一些学生能通过替代性的方式学会的方法，那么会特别有效。为实现这一点，教师可采用以下两种方式：第一，通过在全班学生面前"现场"写一篇完整的作文或有创意的作品，来对全班同学进行真实、外显的示范。在此过程中，通过使用可视化工具或只是在屏幕上打字，教师可一步步地精确展示自己做了哪些选择以及这么做的原因。第二，如前所述，教师可以让一名学生向同伴示范如何构思一篇特别好的文章，并让该学生给其他同学一步步地分解示范，借此促进同伴教学。

要点

■社会学习在本质上是高度情境性的，而这一点经常被忽视。

■认知功能的普适性解释是有问题的。

■与其说是儿童的年龄决定了他们的表现，不如说是基于社会经验而形成的先前知识决定的。

■当为完成某任务而学习规则时，对新手而言最关键的因素是示范的完整性。

■对任务进行精心的排序和明确的示范要比非结构化的、顺其自然的示范经验更为有效。

■诸如同伴教学、模仿、角色扮演等技术都是促进社会学习的良好例证。

第23章　情境认知与学习的文化

学习的文化

文章	《情境认知与学习的文化》"Situated cognition and the culture of learning"[①]

引文	"学与用之间的脱节——正如民间分类中的'知道是什么'和'知道如何做'——很可能是我们教育体系的结构与实践的产物。"

为什么你应该阅读这篇文章

正如我们在讨论戴维·吉尔里的生物学的初级和次级学习的那一章节中所看到的,有些东西不需要任何真正的明确指导就可以几乎"独自"学会,而其他则需要个体付出很多努力,并且习得的最佳方式是借助恰当的指导。母语学习和交流属于前一个类别。先通过简单的声音和手势,后借助母语互动(即在其亲历的环境中进行听和说),儿童们学习如何交流。根据米勒和吉尔德的研究,在儿童早期,他们通过听、说和后来的读,每年可平均习得5000个单词(每天差不多是13个新单词)。这个过程似乎是毫不费力且快速的,尤其是当儿童生长于丰富的语言环境中时。对于第二语言,也是如此;虽然在使用多种语言的家庭中,该程度相对较低。但当这些孩子开始上学并尝试学习一门外语的新单词(或者,只是从词汇表中学习他们自己语言的新单词)时,会发生什么呢?虽然在此我们没有确切的数字,但我们认为,其学到的单词数目相对较低,且学习这些单词需要付出相当多的努力。米勒和吉尔德估计这一数字在100到200个单词之间。为何会发生这种情况呢?人们会认为在日常生活中学习单词与在学校中学习单词并没有很大的不同。但是,两者确实存在差异。正如在前面章节中所讨论的,其中一个原因是,在我们所亲历的环境中(让我们称其为"文化")学习如何同他人交流是进化的必然。在他们的文章中,约翰·希利·布朗(John Seely Brown)、艾伦·柯林斯(Allan Collins)和保罗·杜奎德(Paul Duguid)在此基础上增加了第二个维度,即学习环境会产生影响,甚

---

① Brown, J. S., Collins, A., & Duguid, P. (1989). Situated Cognition and The Culture of Learning. *Education Researcher,* 18(1), 32–42.

至可能决定着学什么。

文章摘要

许多教学实践隐含的假设是，概念知识可从学习和使用它的情境中摘取出来。本文认为这种假设不可避免地限制了这类实践的有效性。基于近期关于日常活动中展现出来的认知的研究，作者认为**知识是情境性的**，在某种程度上是活动、情境和文化的产物，其形成和使用依托于活动、情境和文化。柯林斯、布朗、纽曼讨论了这种知识观如何影响我们对学习的理解，指出传统学校教育往往忽视了学校文化对在学校中学到什么的影响。他们提出了注重知识的情境性属性的认知学徒制，以作为传统实践的一种替代方案。他们考察了两个数学教学例子，来展现这一教法的某些关键特征。

> 知识是情境性的

文章

布朗及其同事区分了学生在校如何学习和人们在工作与日常生活中如何学习。前者侧重于与情境无关的规则、算法、定义明确的任务和答案；后者则侧重于情境化的体验，这些体验涉及不同的情境（即情境学习）和真实的、有多个解决方案的定义模糊问题。

在上述两种情况下，学习者对环境中的事物作出回应。在学校中表现为在书本中或黑板、绿板、白板或交互式白板上计算总和；而在现实生活（如厨房）中，则是将一份4人菜谱扩大到7人。在每一种情况下，进行计算的个体都必须解决相应环境中的问题。学生在笔记本或电子设备上记下数字和符号，然后执行解题算法或脚本；而厨师则对食材进行称重，判断鸡蛋或西蓝花的个头大小，选择合适的炊具和烹饪时间。在布朗等人看来，学生如何解决问题在很大程度上取决于他们所处的情境或环境。例如，学生通常不被允许自由估计数值大小，而厨师并没有现成的算法来计算某个食谱所需的温度及烹饪时间以及选择何种炊具来为人数增加75%的客人烹制晚餐。两者的共同之处在于，他们都了解作者所言的"**文化规则**"，这些不同的文化规则适用于各自的情境。他们知道可供支配的素材是什么以及外界的期望是什么。他们学到的是：在学校中计算总和与在厨房中调整食谱是不同的。

在当代教育中，情境学习的理念已不像当初这篇文章刚发表时那么令人震撼，在学校、研究、教科书甚至标准化测验中均对情境学习给予了高度关注。越来越多的时候，待学习的内容以学生在日常生活中也可能会遇到的真实场景的形式呈现。然而，这也导致过犹不及。现实主义的数学学习、发现学习和探究学习以及所谓的21世纪技能等都过度关注情境和"现实主义"，以至于一些教育者、学校乃至课程几乎禁止教授和学习诸如事实、概念、算法、启发式等类似内容。

根据作者的观点，学习是情境性的，是一种**文化适应**的过程。个体在这个过程中将特定环境的规则和文化变为自己的。

学习不仅是情境敏感性的，实际上也是情境依赖性的。在作者看来，"由于忽视了认知的情境性，教育无法实现其提供有用、稳健的知识这一目标"，学生无法将其所学知识应用于真实生活实践。作为一名新厨师，你学习如何处理不同的食材，哪些你能做、哪些不能做，以及如何以"正确方式"加工食材。作为一名学生，你学习如何使用算法或脚本来完成教师布置的或课本上的任务以及怎样执行它们。从这个角度来看，学校学习可能看上去与日常情境中的学习类似，但问题在于：我们在学校中试图教给学习者可以用于校外的东西，但实际上并非总是如此。根据布朗及其同事的观点，这是因为学校和生活已经成为具备不同规则的两种文化，这意味着学生不能简单地将其在一种文化中所习得的经验应用于另一种文化。例如，一个学生可以在地理考试中取得非常优异的成绩，但当父母驾车出游时，坐在车内随行的她可能并不清楚城市的交界处以及连接城市间的山脉！作者们认为：

我们应该抛弃那种认为[概念]是抽象的、独立的实体的任何观念。相反，将概念性知识在某种程度上视作一套工具可能会更加有用……获得一种工具却不会使用它是非常有可能的。

在布朗及其同事看来，问题在于学校学习已经与其要应用的实践相脱离。学生学习使用符号和标准化策略来获得抽象知识，因为他们认为后续可以在其他情境中使用它。在他们看来，这似乎是千真万确的。但事实上，因为学校中的文化规则与日常情境中的存在很大差异，**迁移**就变得困难了。

> 迁移：将某情境中习得的经验用于另一情境中的能力

为解决这一难题，他们认为学校学习应该更像日常学习。他们将此称为**情境学习**。对他们而言，"知"和"行"是不能分开的，因为所有知识都融于与社会、文化和物理环境相联系的活动中（即所有的认知都是情境性的）。为

> 情境学习：学习应置于真实世界中

了在学校中促进这种学习，他们提供了算数和词汇教学的例子。来自兰伯特（Lampert）的一个例子涉及一节关于乘法的数学课，学生在课上使用硬币。在掌握简单问题后，教师要求学生思考更多的涉及乘法的数学货币问题。因为学生思考并完成了多个乘法问题，所以他们会发现在许多情境下都会涉及乘法。最后，教师教给他们乘法运算中的重要规则、概念和算法，这些要更为抽象。通过这种方式，他们也习得了独立于情境的"乘法本质"，并且他们还可以在新的、未知情境中使用这种计算能力。首先，这里需要提醒一句，**情境认知**不是发现学习。教学在此起重要作用。

> 教学是情境认知的重要组成部分

通过这种方法，学生们形成了对四种不同的数学知识的综合理解：（a）**直觉知识**，即人们在真实情境中做乘法题时生成的捷径；（b）**计算知识**，即通常被教授的基本算法；（c）**具体知识**，即与学生产生的故事相关联的算法的具体模型；（d）**原理知识**，例如构成数字运算操作基础的结合律和交换律。

布朗、柯林斯和杜奎德强调要利用真实活动，并将真实活动定义为文化的日常实践。这些活动以其相应的文化方式来表达，具有意义性、连贯性和目的性。各部分被嵌入整个活动中，故各部分的关系是显而易见的。

因此，这与范·梅里恩布尔和基尔施纳为复杂学习进行设计时所谈到的观点非常相似。

四成分教学设计和复杂学习

范·梅里恩布尔和基尔施纳基于四个相互关联的成分，描绘了一个教学/培训蓝图（见图23.1）。这四个成分是：

1. 学习任务：基于现实生活任务和情境的真实而完整的任务体验，旨在整合知识、技能和态度。

2. 支持性信息：这些信息有助于学习和执行学习任务中的问题解决、推理和决策，有助于解释某领域是如何组织的以及该领域中的问题是（或应该）如何解决的。

3. 程序性信息：这些信息是学习和执行学习任务常规方面的先决条件。程序性信息准确地指明如何执行任务的常规方面（即入门指导），并在学习者需要时，恰逢其时地予以呈现。

4. 部分—任务练习：为帮助学习者在某任务的一些常规方面达到非常高的自动化水平而提供的练习条目。

这种方法解决了三个问题，即：

■ 分割性：将知识、技能和态度分开教授，这会阻碍复杂学习和能力培养；

■ 碎片化：将一个复杂的学习领域分割成与特定的学习目标相对应的小碎块，然后一块块地教授，而不注意学习领域中各个小块间的关系；

■ 迁移悖论：使用那些对实现特定学习目标高度有效的教学方法（如区块练习），但这对实现学习迁移无效。

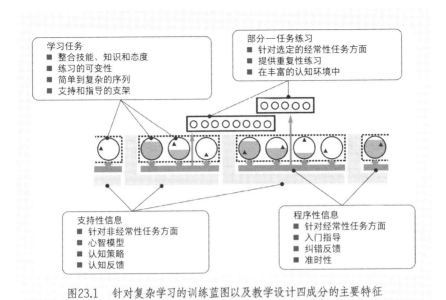

图23.1 针对复杂学习的训练蓝图以及教学设计四成分的主要特征

研究结论/对教育实践的启示

为使情境认知和学习成为可能，学习活动不要太抽象，而是更多地嵌入真实任务和环境中。要实现这一点，教师需要这样来搭建课程，即先从真实的、具体情境的实践开始，然后再到更高的抽象水平，这正如前面数学课的例子。在这种背景下，作者谈到了认知学徒制（参见第24章"使思维可见"）。在认知学徒制中，教师是学以致用的（角色）榜样，他们能够借助真实的学习活动来教授和引导学生。如果学生信心有所提升并对材料有所熟悉，教师就可以让他们在有挑战性的不同情境下运用已具备的知识和技能。这通常在小组或全班对话中进行，进而使学生创建一种与知识、技能、态度有关的共同语言，并将其提升到一个更抽象的概念化水平上。为此，合作很重要。当合作时，学生必须清晰地表达个人想法，同时意义建构变得社会化。毕竟，当学生们在合作时，必须一起寻找一个解决方案，并且要就解决特定情境下的特定问题需要什么而达成一致。这与人们如何在日常情境中解决问题和获取知识非常相似，故可促进学校知识迁移到日常情境中。

如何在教学中使用该研究成果

教学，尤其是直接教学，几乎成了让人反感的字眼，但这并不是布朗、柯林斯和杜奎德的观点。它也导致了像数学科目中的标准化测验，而测验阅读和文本解读对来自不同文化和（或）使用其他第一语言而非主流语言的学生而言是不利的。

面向未来的学习

当下对21世纪技能存在着激烈的争论，很多人最终意识到21世纪技能不过是皇帝的新衣。首先，21世纪技能并不是21世纪的；自大约公元前60世纪美索不达米亚"文明诞生"以来，我们就已有合作、解决问题、创造性等。它们是作为通用技能（像沟通和问题解决）呈现的，但通用技能并不存在，因为所有技能都是特定领域的。我们最多只能习得领域通用的程序（如何组织报告或文章、分析问题的步骤，等等），但了解做某事的程序并不等同于拥有做某事的技能。最后，许多所谓的21世纪技能实际上是人格特征，而非技能（如灵活性、领导力、毅力），人格特征的发展可以被激发或被抑制，但并不能被传授。尽管如此，政治家、商人以及那些最卑劣的混迹于教育领域的江湖骗子们都固守这一迷思来构建课程。基尔施纳和斯托亚诺夫（Stoyanov）提出了帮助学生和工作者以面向未来的方式进行学习的方法，进而使他们获得必要的技能和态度，以便在这个快速变化的世界中以一种稳定、持久的方式继续学习。

让教学更具情境性，这是一种确保学生能在日常生活中运用课堂所学的好方法。例如，在词汇教育中，不要提供单个单词，而是在某个句子的上下文中或单词经常使用的情境中进行教学。然后，让学生通过生成句子和上下文本身来练习新单词。对于地理课，可要求学生对已了解的地域绘制其路线图，不只是在传统地图上，也可以在地形可见的地图上进行标注（如果山中没有隧道，行程时间会增加）。诸如此类的例子还有很多。

> 在情境中教学

最后，充分利用真实的整体性任务，但不要忘记为学生呈现必要的支持性和程序性信息以及执行这些任务所需的知识。不要让学生自己去发现，因为这是行不通的（参见第2章"减轻我的负荷"，以及第17章"发现式学习"）。只有这样，教师才能引导学生获得实质性的理解。

要点

■ 典型的学校学习往往脱离情境（以及相应的文化），在这种情况下，习得的知识对学生而言是抽象的，很难迁移到日常情境中去。

■ 情境化的真实学习环境有助于学生将其学校所学迁移到现实生活中。

■ 真实的整体性任务允许这样的情境化，从而也就有助于避免学习的分割性与碎片化。

■ 讨论、合作以及广泛的实践练习可以促进情境认知与学习。

■ 许多所谓的"21世纪技能"实际上是无法教授的。

第24章　使思维可见

认知学徒制

文章 | 《认知学徒制：使思维可见》"Cognitive apprenticeship: Making thinking visible"[①]

引文 | "认知学徒制并不是与教学各个方面都相关的模式……（而是）当教师需要向学生教授一种相当复杂的任务时的一种有用的教学范式。"

为什么你应该阅读这篇文章

自中世纪晚期到20世纪初，孩子们通过在工作场所当学徒来接受教育或职业培训，这是再正常不过的事了。这是所谓的**行会制度**的一部分，在

> 行会制度：行家监督其同行或工艺

行会制度中，经验丰富且经过认证的领域专家或手工艺专家（即工匠大师）雇佣新员工，这些员工作为学徒开始接受教育或培训，以换取食物、住宿，当然还有工作。学徒首先观察如织布工、铁匠、印刷工等工匠大师的工作，并在他/她的（几乎都是男性）指导下学会观察和练习。经过一段时间的专家督导下的训练，学徒发展到熟手水平，能力得到认可，并被授权在该领域工作。这位熟手可以为行会内的其他工匠大师工作，也可以和他们一起工作。在某一时间点，他/她可以给行会提交一份作品用于评估，以证明其

> 学徒，熟手，能手

作为能手的资格。这种训练大部分都是实际操作，所学内容的有用性是显而易见的，并且这里有明确定义的最终产品，例如一块布或壁毯，一把刀，或一本书。同样，学习环境是社会性的。

今天，大多数儿童都在学校中学习，教师取代了工匠大师——虽然一些学校和专业仍然部分利用了这种方法。比如职业高中或医学院的学生每周会花费部分时间在工作场所或者花费更长的时间在那里实习。此外，现在的学习材料和任务的抽象水平更高，独立于它们最终被运用的环境。由此导致的结果是，除非教师运用诸如示范之类的教学方法，否则学生可能

---

① Collins, A., Brown, J. S., & Holum, A.（1991）. Cognitive Apprenticeship: Making Thinking Visible. *American Educator*, 15（3）, 6–11, 38–46.

不清楚如何完成他们的作业，因为他们并不能复制专家的工作和思考模式。艾伦·柯林斯（Allan Collins）、约翰·希利·布朗（John Seely Brown）和安·霍勒姆（Ann Holum）在其文章中，提出了一种与前述的师傅—学徒相类似的教学形式。他们将这种教学方法称作**认知学徒制**。

> 认知学徒制：师傅—学徒关系的一种回归

文章摘要

在古代，教学和学习是通过学徒制来实现的：我们通过给儿童示范如何做以及帮助他们做事，来教会他们如何说话、如何种植作物、如何制作储藏柜或如何缝制衣物。学徒制是一种手段，用于传授不同领域的专业实践所需的知识，例如从绘画和雕刻到医学和法律等领域。这是一种自然的学习方式。在现代，除了儿童的语言学习、研究生教育的某些方面以及在职培训外，学徒制在很大程度上已被正式的学校教育所取代。我们提出了一种可在典型的美国课堂框架内使用的替代性教学模式。这种教学模式可追溯到学徒制，但又纳入了学校教育的元素。我们称其为"认知学徒制"。

虽然学校教育和学徒式方法存在许多不同之处，但我们将重点关注其中的一个差异。在学徒制中，学生可以看到工作过程：他们先是看父母如何播种、种植和收获庄稼，待有能力时又会提供帮助；当手艺人制作柜子时，他们从旁协助；在经验较丰富的裁缝指导下，他们缝制成衣。学徒制涉及学习一种有形的身体活动。但在学校教学中，问题解决、阅读理解和写作的"实践"一点也不明显——学生不一定能观察到。在学徒制中，活动的过程是可见的。而在学校教育中，思考的过程往往是看不见的，无论是对学生还是教师而言，都是如此。认知学徒制是一种使思维可见的教学模式。

文章

对学习者学习知识而言，教师有必要外显地演示完成任务所需的推理和策略。否则，学习者会学习解决这些具体任务，但他们会将其作为一种要记牢才能习得的技巧。结果，他们无法掌握必要的思考过程，也很难在不同情境下运用其所习得的知识，包括内容和策略。克服这一问题的关键就是柯林斯及其同事所说的**使思维可见**。

然而，教师怎样才能使思维可见呢？首先，柯林斯、布朗和霍勒姆认为，我们需要知道学习者完成某任务时需要什么以及我们如何将此传递给学习者。认知策略对于技能和知识的整合是至关重要的，而对于诸如阅读、写作和算术等抽象知识领域来说，也是同样重要的。在他们看来，传递这些策略的最佳方式是当代的学徒教育：学习者应该先从专家（教师或水平较高的同学）那里看到以及听到他们是如何解决问题的，专家使用了何种策略以及为什么使用这些策略。然后，学习者可以在督导之下进行练习。

作为学徒进行学习

柯林斯等人认为，"在传统的认知学徒制中，专家向学徒展示如何完成一项任务、观看学徒练习部分任务，再将越来越多的责任移交给学徒，直至学徒熟练到足以独立完成任务"。作者认为传统学徒制有四个重要方面，即**示范**、**搭建支架**、**渐隐**、**辅导**，这同样也适于认知学徒制。在**示范**阶段，专家演示将要被习得的行为的不同部分。在认知学徒制中，这个阶段伴随着专家对自己正在想什么以及为什么自己在执行任务时会这样做的外显性的解释（即大声思考）。正如我们在第12章所看到的，**搭建支架**是指教师在学生实施行为时提供的支持和指导。随着学生的进步，这些支持和指导逐

渐地被移除——即**渐隐**——直到学生能够独自完成任务。这会增强学生的独立性和责任性。最后，**辅导**贯穿整个学徒活动过程；专家就学生遇到的问题进行诊断，提供反馈，并通常对学生的学习进行监督。

这四个方面的相互作用有助于学生形成自我监控和纠正技能，有助于他们整合技能与概念性知识，进而批判性地审视个人进步情况并进一步学习。在所有这一切中，观察是至关重要的。通过观看专家执行真实的整体

性任务，学生得以构建任务的概念模型：他们在开始之前，看到了整个任务，并追踪其所有组成部分的进展，直到任务完成。因此，他们不必在未看到更完整的任务图景前无休止地练习孤立的技能。这样来看，四成分的教学设计模型可以被视为一种基于认知学徒制理念的学习。

因为教与学是在学校中而非在有真实任务的现实世界中发生的，故传统的学徒制模式需要转变为认知学徒制，这主要基于以下三个原因。首先，在传统学徒制中，执行某学习任务的过程通常是很容易被观察到的。而在认知学徒制中，我们需要有意识地将完成较抽象的学校任务中所涉及的思维变得可见。"通过将这些内隐的过程外显化，学生可以在教师或其他同学的帮助下观察、实施和练习这些过程。"其次，在传统学徒制中，任务的提出方式与真实世界中的一样；而在学校中，教师讲授的课程"与学生和大多数成年人在生活中所做的事情相脱节。因此，认知学徒制面临的挑战是将学校课程中抽象的任务置于学生可理解的情境中"。最后，在传统学徒制中，要学习的技能是指向于特定任务本身的。木匠学习制作桌腿，但不需要学习制作纽扣孔或装订。但在学校则不然，学生需要能将其所学迁移到其他任务和领域中。在认知学徒制中，教师需要"呈现从系统化到多样化的一系列任务，并鼓励学生反思和阐述这些任务的共同要素"。为此，柯林斯等人指出，对于认知学徒制而言，教师需要：

> 学校中的学习往往不是领域特定的

1. 识别任务完成的过程，使其对学生可见；
2. 将抽象任务置于真实情境中，以便学生能理解其与现实的关联性；
3. 呈现多样化的情境并阐述共同成分，以便学生能够将其所学进行迁移。

如果眼睛会说话

使思维可见的一种方式是利用眼动追踪技术（有时也称作注

视追踪）。哈尔茨卡·加罗兹卡（Halszka Jarodzka）在柯林斯、布朗和霍勒姆工作的基础上开展了研究，主要侧重于识别任务过程并使该过程可见。她使用眼动追踪仪记录了专家在屏幕上执行任务时的眼动情况。然后，她要求这些专家解释他们正在做什么、正在看什么以及为什么如此。随后，她制作了教学视频，展示了一个解释和执行某任务的模型，而该模型的注意焦点以专家眼动的形式显示出来，并作为课程内容呈现给学生。借助这些眼动模型示例，学生可以深入了解专家的行动和思维。显然，这是比传统学徒制更为现代的一种方法。

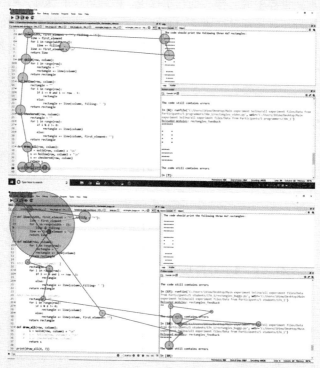

图24.1　解决相同编码问题的新手（顶部）与专家（底端）的眼动情况。圆圈是注视点；圆圈大小代表其持续时间。圆圈间的线条是扫视（即眼睛的跳跃）

社会环境（即班级）是认知学徒制的一个重要方面。班级为学生提供了不断接触各种不同知识经验水平的其他人的例子，进而他们可以模仿他人行为并寻求建议。通过这种学习方式，他们认识到往往有可能存在多种不同的答案。毕竟，每个专家都会以自己的方式执行任务。此外，他们会看到自己的同伴具有不同的知识经验水平，这会"鼓励他们将学习视作循序渐进的过程，同时为他们自己的学习过程提供具体的基准"。

角色转换/同伴教学与学习

作者在教授阅读、写作和数学等方面给出了大量的认知学徒的例子。在阅读领域，他们使用帕林萨（Palincsar）和布朗提出的互惠式阅读教学。这意味着班级内的学生轮流承担教师角色。流程如下：教师和学生默读一个段落；然后，扮演教师角色的学生总结段落大意，必要时澄清文本，提出关于此段文本的问题，并预测下一段可能会讲什么内容。当真正的教师演示完上述四种策略、与学生一起进行练习并提供大量指导后，学生才开始按上述流程执行。最终，真正的教师的角色将不再那么明显，而学生自己则会越来越多地承担教师的角色。之后，作者又呈现了一个学习写作的例子，该例子是基于玛琳·斯卡达米莉亚（Marlene Scardamelia）、卡尔·贝雷特（Carl Bereiter）和罗珊·斯坦巴赫（Rosanne Steinbach）的研究，即利用新手和专家写作策略的对比模型来提供外显的程序性支持，以提示的形式帮助学生采用更为复杂的写作策略。最后，作者还给出了一个学习解决数学问题的例子。该例子是基于艾伦·舍菲尔德（Alan Schoenfeld）教授数学问题解决的方法形成的。

研究结论/对教育实践的启示

柯林斯、布朗和霍勒姆提出了一个用于设计**认知学徒式**学习环境的框架。这个框架（表24.1）包含四个维度：内容、方法、序列化和社会性。

> 认知学徒式框架：
> 内容、方法、序列化、社会性

内容应该让学习者在事实、概念和程序方面打下坚实的基础。有了这

表24.1　设计认知学徒式环境的原则

内容	形成专长所需的知识类型
领域知识	学科领域的具体概念、事实和程序
启发式策略	用于完成任务的通用技术
控制策略	指导解决过程的通用方法
学习策略	关于如何学习新概念、事实和程序的知识
方法	促进专长发展的方法
示范	教师演示某任务，以便学生能够进行观察
指导	教师观察并帮助学生执行任务
支架	教师提供支持以帮助学生完成任务
阐释	教师鼓励学生将其知识与思考表达出来
反思	教师使学生将自身表现与他人进行比较
探索	教师要求学生提出并解决自己的问题
序列化	组织学习活动的关键要点
整体先于部分技能	在执行任务的各部分之前，关注对整个任务的概念化
增加复杂性	逐渐增加有意义的任务的难度
增加多样性	在多个不同情境中练习，以加强其广泛应用
社会性	学习环境的社会特征
情境学习	学生在解决实际任务的情境中学习
实践共同体	就完成有意义任务的不同方法进行交流
内在动机	学生设定个人目标以获得技能与解决方案
合作	学生通力合作以实现其目标

一点，他们可以学习应用启发式（"经验法则"）来利用习得的控制性（即元认知）策略。最后，学生需要习得学习策略以学习新的概念、事实和程序。认知学徒式教学方法"目的是给予学生在情境中观察、参与、创造或发现专家策略的机会"。**序列化**应该系统安排学习活动但保留学习者所做活动的意义。他们关于序列化的理念与瑞格卢斯的精细化理论非常相似（参见第16章"教学精细化理论"）。最后，认知学徒制发生于社会环境中，置于有意义的任务中，是与他人协作的。这些方法会在学生与教师或与其他同学合作的课堂上发挥作用。通过反复阐述他们所看到的，他们的思维过程不仅对自己，而且对教师都是清晰可见的。这样，教师可以了解学生能

做什么以及他们在哪些方面还需要指导。

最后，作者也提到这个模式在课堂中的某些特定时刻可以是一个有用的工具，但它肯定不适合所有形式的教学和学习。阅读一本书或观看一部纪录片也可以是非常有用的学习方式，尤其是当它们涉及学习事实性知识时。

如何在教学中使用该研究成果

在认知学徒制中，重要的是教师的思考步骤要让学生清晰可见，且教师提供的指导与支持从一开始的很多逐步降低到很少，甚至完全没有。关于这一点的重要经验法则如下：

■列出重要的思考过程和程序并使其透明化，例如，当事情发生时，系统地大声思考。

■通过将学习活动置于一个真实的情境下来表明其是有用的，例如，将学习任务与学生的日常环境联系起来，并让他们清楚地了解何时应该应用这项学习内容。

要点

■在不同的情境下应用所学习的内容，例如，通过展示某种策略可以应用于多种情境，进而使学生发现其基本的核心要素是什么。

■认知学徒制是一种使思维可见的教学模式，教师有必要外显地演示一个完整的任务，给予指导，然后越来越多地让学生独自完成，以便学生看到整个任务并亲自进行安全的尝试。

■学习者应该先观察专家（教师或水平较高的同学）是如何解决问题的，专家使用了何种策略以及为什么使用这些策略。

■认知学徒式教学方法的目的是给予学生在情境中观察、参与、创造或发现专家策略的机会。

第25章　实践共同体

用共同体来节省1亿美元

文章 | 《实践共同体与社会学习系统》"Communities of Practice and Social Learning Systems" [①]

引文 | "有史以来，人类便已经形成共同体，以分享那些体现着集体学习的文化实践经验：从围绕在洞穴篝火旁的部落，到中世纪的行会，到病房中的护士群体，到街头帮派，到对刹车设计感兴趣的工程师团体。参与这些'实践共同体'对我们的学习至关重要。共同体是使我们人类能够产生有意义认识的核心所在。"

为什么你应该阅读这篇文章

施乐（Xerox）公司曾用一种相当正规的方式培训员工。他们为修理机器的技师提供操作手册和培训，以使他们能够满足客户需求。任何人在使用该公司的打印机或复印机的过程中遇到问题，都可以给客户服务代表打电话。客户服务代表会派出一名"受训过的"技术人员。这位技术人员随后会在错误代码的帮助下解决问题。这听上去很简单，但实际情况却并非如此。

这些机器具有高度的不可预测性，通常所发生的故障并不像操作手册中所预设的那样（任何熟读过计算机操作手册"故障排除"部分的人对此都不陌生）。通常会有大量的交叠问题是操作手册或培训并未涉及的。迈克尔·波兰尼（Michal Polanyi）提到的"隐性知识"可以代表解决这些问题所需的知识。隐性知识是指我们知道但很难甚至不能言述的知识。换言之，

> 隐性知识：难以解释的内隐知识

操作手册或培训并没有涵盖修理机器的方法；这些方法通常包含于有关机器的集体智慧中，而这些集体智慧又源自修理机器的直接经验。

那么，他们是如何解决各种故障的呢？研究者朱利安·奥尔（Julian Orr）通过花时间与员工们待在一起，注意到许多人会因早餐而聚到一起，

---

① Wenger, E.（2000）. Communities of Practice and Social Learning Systems. *Organization*, 7, 225–246.

并在开工前喝咖啡时讨论遇到的各种问题。他们会分享自己研究过的特定机器的专业知识、各种故障的发生方式，以及他们用于解决故障的各种方法。奥尔发现，员工经常以一种非正式的方式分享各自的故事并相互学习，而这些是操作手册和培训未曾涉及的。

施乐公司随后创建了关于这种隐性知识的知识管理系统，并称其为Eureka（"我找到了"），最初在法国推行，随后流行于全球。工作人员可以将问题和解决方案输入该系统的数据库，其他人随后可访问并从中学习。正如一位工作人员所言：

Eureka与其说是完结，不如说是开始。有人会通过无线电呼叫故障代码，例如，"我有12-142s"，我可以在Eureka中进行查找并滚动查看常见原因。在Eureka中找到原因要比进入并启动维修程序的文档光盘更快。

Eureka于1994年首次亮相，在随后12年的实践中，它为施乐节省了超过1亿美元的服务成本。他们所创造的是一个独特的社会学习系统，同时也是体现实践共同体力量的一个极佳例子。

文章摘要

本文认为，组织的成功依赖于其将自身设计成社会学习系统，并参与诸如行业、地区或联盟等其他更广泛的社会学习系统的能力。本文就这些社会学习系统的结构进行了探讨，提出了学习的社会性定义，并区分了我们参与社会学习系统的三种"归属模式"。接着，采用这一框架考察了这些系统的三个构成要素：实践共同体、这些共同体间的边界过程以及通过参与这些系统而形成的身份。

文章

吉恩·莱夫（Jean Lave）和艾蒂安·温格（Etienne Wenger）于1991年出版了一本影响力巨大的书，宣称学习不是一项孤军奋战的事业，而是通过个体所处的文化和历史背景而形成的。要成为他们所说

> 实践共同体：分享某职业或技艺的一个集体

的实践共同体，需要具备三个要素：**领域、共同体及实践。**

在2000年的这篇文章中，温格提出了这一观点，并首先论述了学习本质上是"社会能力和个人经验间的一种相互作用"。也就是说，存在某些被社会认可的能力或技能，例如成为一名合格的水管工，那么在那个社会结构中就存在着水管工们的个人化经验。温格认为，只要社会能力与个人经验二者之间存在紧张关系且一方开始对抗另一方，学习就会发生。

"归属"一个共同体意味着什么呢？作者提供了三种归属模型：（1）**参与**（engagement），我们一起做事，如开展对话或制作工艺品；（2）**想象**（imagination），我们如何建构自己的形象，例如，设想

三种归属模式

我们自己是一个国家或设想地球是圆的，这都是想象行为；（3）**协同**（alignment），即我们的活动与科学方法或遵守法律之类的更广泛的程序协调一致或同步。这些不同的模型有助于辨别共同体是什么以及它是如何运作的，因为想象的共同体（例如国家）和参与的共同体（例如一个电工团队）是非常不同的。

实践共同体是集体性的，它拥有一套共享的联合事业，具有相互参与的特点，将会生产一套可共享的资源，例如语言、人工制品、叙事等，并随时可以访问这些资源。实践共同体以中世纪行会的形式存在了几个世纪，现在以在线共同体的形式流行起来。虽然这些共同体都关注学习，但它们并不总是积极的实体。例如，19世纪的女巫审判是一个"学会了不学习"的实践共同体，并且更像是一个由教条和恐惧推动的封闭环路，而非由证据和对话构成的繁荣发展的网络。今天，我们在互联网上看到了与此类似的

实践共同体并
不总是积极的

现象：恶毒的教条共同体攻击和威胁那些与他们看待世界的方式不同，并敢于表达出来的人。

在实践共同体中，边界是一个重要的概念，因为它们预示着**阈限空间**，即社会能力和个体经验的交汇之处，在此区域，知识

阈限空间：
边界或界限

可得到扩展。例如，一群关注教育哲学方面的教育工作者可能会与认知科学家群体接触，学习与大脑结构有关的更多知识，而这可能会影响甚至挑战他们的先前观念，从而

拓展其知识基础。这一过程甚至也可能以另一种方式进行，即认知科学家借助各种哲学问题的视角重新审视其知识基础和实践。这样，一个更为跨学科的方法就可以在组织和机构中得以实施，不同的群体可以在这些组织和机构中会面、分享和交流观点，边界被视为富有成效的创造场所，而非需要保护的壁垒森严的防御性边界。

社会学习系统的另一个关键因素是个体身份。温格认为，"我们通过自己不是什么和是什么、不归属于什么共同体以及归属于什么共同体来定义自身"。例如，去工作时，我们并没有停止履行家长这一角色；不教授科学课时，我们也没有停止履行科学教师这一角色。当我们跨越边界，从一个共同体到另一个共同体时，我们拥有多重身份，并在这一过程中构建桥梁。一个身份有三个要素：**连通性**（connectedness）、**扩展性**（expansiveness）和**有效性**（effectiveness）。连通性指的是持久的社会关系，通过这种关系，身份获得了深度。通过共享历史、经验以及相互承诺，一种稳健的身份得以与他人建立深度联系。扩展性是指这样一种事实，即一个身份最初会在本区域层面上被定义，但它将跨越多重边界并寻求一系列活动体验以及对一系列的其他共同体的直接参与。有效性是指一个身份是否能够促成行动和投入，并代表了一种社会参与的工具。健康的身份是赋权，而不是边缘化。在社会学习系统中，驾驭这些不同要素间的紧张关系是形成健康身份的一个关键方面。

> 身份要素：连通性、扩展性和有效性

实践共同体和合法性边缘参与

就实践共同体而言，它需要在核心过程和边界过程之间保持一种平衡，从而使得实践既是相互连接网络中的一个强大节点，即特定领域中的深度学习的促成者，同时，又与系统的其他部分高度关联——知识的生产、交换和转化这一全系统进程中的参与者。

在此，重要的一个概念是**合法性边缘参与**（legitimate peripheral participation）。该概念描述了实践共同体中的新成员如何成为有经验的成员，并最终成为这个共同体中的前辈。它把学习看作一种发生在环境中的、通过参与一个共同体来实现的社会现象。因此，我们可以将它看作一种

> 合法性边缘参与：新成员和老成员间的有意义互动

情境学习（见第23章"情境认知与学习的文化"）。新成员通过参与简单且通常是低风险的任务来成为共同体的成员，这些任务既富有成效又有必要，且有助于推进共同体的目标。通过边缘性活动，新成员会逐渐熟知共同体实践者的任务、词汇和组织原则。最终，随着新成员成为前辈并达到公认的掌握水平，他们的参与形式对于共同体的运作越发重要。合法性边缘参与的规则表明，新成员在个体和社会层面参与的形式决定着他们是否拥有成为实践共同体成员的资格。

研究结论/对教育实践的启示

虽然本书所提及的其他文章主要涉及学习和教学，但这篇文章在我们看来可能更适合于教师和学校的实践共同体。

关于如何运用文章中所列举的观念，温格建议实践共同体应该关注以下几个方面，例如，事件、领导力、连通性、成员资格、项目和人工制品（见表25.1）。活动事件将共同体成员聚集在一起，但同时必须决定这些活动事件的节奏；活动太多，成员就不再参加；而活动太少，共同体的势头减弱，动力不足。共同体也需要内部领导和多种形式的活跃成员，例如网络工作者、思想领袖和行政工作者。对于共同体的成员而言，通过多种形式的媒介（例如面对面、社交媒体、以计算机为基础的环境）与彼此建立

联系，以及通过共同完成一系列的项目（例如文献综述、实证研究、社区项目等）来加深共同承诺，也都是很重要的。最后，共同体应该产生一组人工制品，

> 技术为共同体提供了更多的机会

例如文档、故事、工具、网站等。随着共同体的发展和演变，这些产品将继续发挥其实际作用。

表25.1 共同体维度

事业：学习能量	互惠：社会资本	知识库：自我意识
参与		
可商议联合调查和重要问题的机会是什么？成员是否发现了自身在知识上的差距并共同努力缩小差距呢？	哪些事件和互动构建了共同体并形成了信任呢？这是否会形成一种能力，即在讨论中提出令人不安、具有挑战性的议题？	随时间的推移，共享的经验、语言、人工制品、历史和方法等可累积到何种程度？产生进一步的相互作用和新意义的可能性有多大？
想象		
指导着思想领袖、激发参与、定义学习议程的共同体潜在愿景是什么？什么样的世界图景可以作为这些愿景的背景？	人们对彼此了解多少？对参与共同体对其生活的更广泛的意义又了解多少？	是否存在可让共同体以新的方式看待自身的自我表征？是否存在一种以反思的方式谈论共同体的语言？
协同		
成员是否明确共同的目标？他们在多大程度上认同这一目标？他们觉得自身对此负有多大责任？以及领导权是如何行使的？	将共同体联系在一起的角色、规范、行为准则、共同的原则以及协商而成的承诺和期望的定义是什么？	什么样的传统、方法、标准、惯例和框架等界定了实践？谁对它们进行维护？它们在多大程度上被编纂成典？如何将它们传递给下一代？

在这方面，一个很好的实际例子是，某些教育工作者选择以期刊阅读群组的形式参与那些与其自身实践有关的更广泛的研究。教师会每周或每月进行会面，讨论他们读过的研究论文以及如何将其运用于自己当前的工作情境中。由此这些团体在研究和实践之间充当了一种"中间人"的角色，

并创建了一个更为注重证据的共同体。

如何在教学中使用该研究成果

在许多情况下，实践共同体通常被用作特定学科协会的样板。在这些协会中，英语或数学教师群组将创建一个网络，以分享关于教授特定考试单元的特定领域知识，或应对考试委员会不断变化的要求和政府的政策变动。当教师以这种方式聚集在一起并分享想法和经验时，其结果往往对共同体成员极为有用，并且比考试委员会给出的"官方"建议更为实用。诸如怎样在特定的背景下向某年龄层的群体教授莎士比亚之类的精细化的知识经验可为教师的专业化发展提供强有力的例证，这不仅给教师，也给学生带来巨大益处。

行动中的实践共同体

传统的知识管理方法试图在数据库之类的正式系统中抓取已有知识。然而，若要系统地解决那些导致实践差异的动态"认识"，则需要个体参与，即个体全力参与创建、提炼、沟通和使用知识的过程。为此，作为读者，你可以考虑将本书作为所在学校或部门中的知识和实践共同体的一个基点。每一章都可以作为对内容、理论及其在学校和课堂中的使用等进行思考和讨论的基础。以下是关于如何做到这一点的建议：每一周或每两周，共同体中的一名成员花时间来努力地深入阅读某个章节（包括一些参考资料）；这时，她/他就是专家，而其他教师"只是"浏览了这一章。然后，在简短的会议中（假定为一个小时），专家先呈现研究内容，然后紧接着讨论该研究及其适用性，以及（可能是最重要的）学校或部门如何最有效地付诸实施、在哪里实施。最后，所有这些都被放入一个共享文档、维基或其他任何形式的存储中，这样就有了如下的一些资料记录：（1）新教师可以自此开始成为共同体的一员；（2）新的想法、信息和用途可以被添加进来，进而扩充数据库。这有点像施乐公司所使用的Eureka！

> 利用此书，形成一个实践共同体

在教育领域，我们目前正在看到一些围绕教育研究的、影响极为深远的实践共同体，其形式包括大型网络，例如教育研究（researchED）。但随着研究期刊团体的出现，也涌现出了更多的校内网络，即学校的教师们在自己的闲暇时间里聚集在一起，阅读一篇特定的文章、文献综述或一本书，然后讨论该研究对其所处环境具有什么样的重要意义。

> researchED：在研究者和实践者间分享教育研究的国际共同体

对实践共同体这一概念，各级教育机构尤其能产生共鸣，例如学校领导层。校长经常创建一些网络来分享和解决某些特定问题，而这些问题通常只有靠其他学校的领导才能够帮助解答。

形成实践共同体并使之合作、使其跨越自身边界而蓬勃发展，借由这些方式，教育机构就可以利用这种极其强大且古老的知识创造形式，同时也可以对其成员赋能。与施乐公司不同的是，它们可能不会节省1亿美元（在教育领域的影响更难量化），但其所创造的知识对教师和学生都具有极大的研究益处。

要点

■ 实践共同体是参与者在共享人类努力成果的过程中聚集在一起而形成的学习系统。

■ 实践共同体能够创建和分享领域具体化的知识，而较为正式的系统则做不到这一点。

■ 这类系统的边界不应是封闭的、防护的，而应寻求与其他共同体间的连接，以深化拓展知识。

- 实践共同体需要三个要素：领域、共同体和实践。

- 归属于某实践共同体意味着参与、想象和协同。

- 实践共同体允许合法性边缘参与，即所有成员（新手和老手）都能进行有意义的参与。

第六部分

引以为戒的教育迷思与谬误

我们以四个警世故事来作为这本书的结尾，正如一句荷兰谚语所说，预先受到警示的人会更加引以为戒。我们将讨论以下话题：学习者是否真的了解对他们而言什么是最好的，在什么情况下教学会扼杀学习，使用多媒体的十个令人质疑的理由是什么，以及教育的十宗罪是什么。

第26章　你听说过动觉型学习者吗

教育中的都市传说

文
章
《学习者真的最了解这些情况吗？教育中的都市传说》"Do learners really know best? Urban legends in education" [①]

引
文
"在面对数据资料不支持甚至相悖的情况下，一个人持有的信念依然存在。"

为什么你应该阅读这篇文章

你听说过一个小老太太在雨中遛完贵宾犬后想快点把它弄干的故事吗？她把小狗放入了微波炉中——她曾把这个微波炉当作干衣机来用——然后因为错误操作烹制了它。或者你听说过一个关于一对祖父母从佛罗里达旅行回来，给孙子带回了一条可爱的小短吻鳄的故事吗？随着鳄鱼长大，妈妈开始感到不安，就将它用马桶冲走了。数年后，纽约的一名下水道工人被一只生长在温暖而食物丰富的下水管道中的5米长的短吻鳄咬死并吃掉。这些故事被称为**都市传说**或神话，也就是那些广为流传、经常被叙述者和听众看作真实的、人们愿意相信但又缺乏真凭实据的故事或描述（通

> 都市传说：流传
> 甚广的可疑故事

常是杜撰的）。关于都市传说的书有很多。我个人最喜欢的是扬·哈罗德·布鲁范德（Jan Harold Brunvand）的《消失的搭车客：美国都市传说及其意义》。当这本

书在1981年第一次出版时，我就先睹为快，并被它吸引住了。

你可能会认为这类传说并无害处，但事实并不总是如此。教育领域中充斥着损害我们孩子学习的各种传说。因为在教育领域有着太多的传说，所以基尔施纳连同佩德罗·德·布吕克瑞（Pedro De Bruyckere）和卡斯珀·霍尔肖夫（Casper Hulshof）利用这些素材撰写了两本书。许多传说被认为是无关紧要的或是离奇的（例如，听莫扎特的音乐会让你或你的宝宝更聪明），但也有相当多是有害的。以下述观点为例：不同世代人的大脑是不一样的，由此教育应该适应这一点。如今这代人常被称为**Z世代**

---

① Kirschner, P. A., & Van Merriënboer, J. J. G.（2013）. Do Learners Really Know Best? Urban Legends in Education. *Educational Psychologist*, 48（3）, 169–183.

（Generation Z）、**数字原生代**（digital natives）、**智人**（homo zappiëns）等，因为他们在一个被互联网、智能手机、平板电脑之类所包围的数字环境中成长。滑稽的是，据说他们可以不费吹灰之力就获得独立

> 数字原生代：认为如今的孩子不同于以往的错误断言

发现和学习的能力，他们是知识的建设者和分享者。如此种种，不一而足。另外，因为他们可以通过互联网与世界上的所有知识相连接，所以他们被认为不需要获得事实性和程序性知识或领域特定技能。基尔施纳和范·梅里恩布尔针对所谓的非凡一代的这些迷思进行了简要的剖析。

文章摘要

这篇文章批判性地审视了教育中关于学习者、学习和教学本质的三个流传甚广的都市传说，并阐述了教育和心理学研究对这些传说的看法。这三个传说可以被看作一个中心主题的不同变式，该主题即为，学习者是最为了解自身情况的，也因此应该是自身学习的控制性力量。第一个传说是关于作为**数字原生代**的学习者的，他们是天生就知道如何从新媒体中学习的一代学生群体；对他们而言，用于教学/学习的"旧"媒体和"旧"方法不再有效。第二个传说是一个普遍的信念，即认为学习者具有**特定的学习风格**，并且教育应该被个性化，以使教法/学法与学习者的偏好风格相匹配。最后一个传说是，学习者应该被视为**自我教育者**，他们应该被给予最大限度的决定自身学习内容和学习路径的控制权。为什么这些传说根深蒂固、如此普遍又如此难以根除？文章最后对这些现象产生的可能原因进行了总结。

> 学习风格：被证明是错误的一种观点，即认为学习者以某种特定风格能学得最好

文章

如果你看到孩子们拿着平板电脑，你可能会认为他们真的知道自己在做什么。他们搜索视频，能毫不费力地使用所有类型的社交媒体，似乎比我们能更好地记住账号密码。人们将他们称为**数字原生代**，将我们（父母

和教师）则称为数字移民。根据这一术语的创造者马克·普伦斯基（Marc Prensky）的观点，这些数字原生代无法从我们当下的教育系统中习得知识和技能，他们应该接受不同方式的教育，因为他们与前辈们在思考和加工信息的方式上存在根本性的差异，而这是"无处不在的（数字化）环境以及他们与这种环境大量互动的结果"。普伦斯基并没有试图就此开展实际研究，但他得出以下结论：他们（1）真正了解自己正在做什么；（2）可以有效且高效地使用他们的电子设备；以及（3）需要设计一种新型教育来适应这种情况。韦恩（Veen）和弗拉金（Vrakking）则在此基础上更进一步，提出了**智人**这一说法，即新一代的学习者，其学习方式与他们的前辈存在极大不同，他们在没有指导的情况下自主形成了元认知能力，并将这种能力用于探究性学习、发现学习、网络学习、体验式学习、合作学习、主动学习、自我管理和自我调控、问题解决以及将自己的隐性（即内隐）知识和显性知识外化给他人。

对此，基尔施纳和范·梅里恩布尔提出了质疑。玩平板电脑并不等同于通过平板电脑学习，在社交平台互相分享照片也不等于是通过交流与合作来学习。因此，他们怀疑这些孩子是否真的了解如何使用技术来学习。同时，他们还讨论了关于这一代人的另外两件事，即儿童需要适合其特定学习风格的教学，以及他们应该完全掌控自己的学习。

的确，孩子们几乎可以在网络上搜索到任何东西，但网上也有很多错误信息、虚假信息甚至是纯粹的无稽之谈。因此，他们也必须能够首先确

> "搜索一下"：不知道该相信什么，这才是真正的问题

立一个恰当的搜索问题；当结果呈现时，他们需要评估搜索到的信息的有用性、可靠性、真实性等。孩子们花费在新技术上的时间并不足以让他们获得这些必要的技能（也被称为媒体素养或信息问题解决能力；图26.1）。

基尔施纳和范·梅里恩布尔也指出了使用这类技术的另一类风险，即许多研究者发现，儿童对于他们找到的信息的使用是很被动的；通常只是剪切和粘贴，通过超链接从一条"有趣的"信息跳到下一条，却不理解这

些内容的内在结构。这与琳达·斯通（Linda Stone）描述的所谓**持续性局部注意**非常相似，即我们试图同时关注大量来源不同的传入信息。当我们试图这样做时，结果就是粗浅、表层地关注与此相关的所有结果。他们可能记住了一些"有趣"的事实，但并没有真的学到什么。加夫里

> 持续性局部注意：因注意力反复分散而导致的表层关注

尔·所罗门（Gavriel Salomon）将这种现象称为**蝴蝶缺陷**。在此，需格外注意的是，只是通过剪切与粘贴——甚至都没有用纸和笔或者键盘将所读内容写下来——学习者并没有加工信息，因此，也不能从中学习！

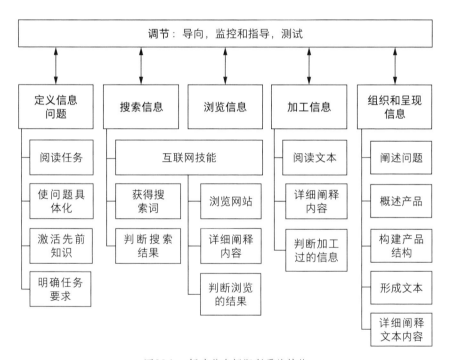

图26.1 解决信息问题所需的技能

作者告诫我们的第二件事是基于不同学习风格的差异化。这种差异化的理念是，为了教好学生，教师只需要确定每位学生的学习风格，然后根据相应的风格进行教学。这就是人们所言的契合假说。这意味着，教师首先需要确定每位学习者具有的学习风格是什么。在过去的半个世纪里，人

们想出了许多不同的学习风格。例如，我们可以使用VARK将人们划分为四种学习风格：视觉型（V）、听觉型（A）、读写型（R）以及动觉型（K）。也可以使用科尔布（Kolb）提出的四种模式，即将学习者划分为发散型、同化型、推理型以及顺应型。或者，你也可以将学生划分为整体型

或分析型学习者，冲动型或反思型学习者，分析型、实践型或创造型学习者，等等。弗兰克·科菲尔德（Frank Coffield）及其同事就文献中存在过多少种学习风格进行了调查，结果发现了不少于72种的不同学习风格！

> 契合假说：主张教学应与学习风格相匹配

每个孩子都有一种学习风格吗

假定你想依据学习风格在课堂中进行差异化教学。那该怎么做呢？第一，你要测试玛丽是否是一名发散型、同化型、推理型或者顺应型学习者（根据科尔布的理论）。从测试结果来看，她似乎是一名发散型学习者。这是个好的开端，但遗憾的是你并不知道她是否是视觉的、听觉的、读写的或者动觉的发散型学习者。你现在对她就此进行测试，结果发现，她是一名视觉发散型学习者，是现有16种可能类型中的一种（科尔布的4种乘以VARK的4种）。但是她是一名整体型还是分析型的视觉发散型学习者呢？你再次对她进行测试，现在我们就有32种不同的学习风格了，结果显示她是一名分析型的视觉发散型学习者。你最终确定了玛丽的学习风格了吗？没有！你还不知道她是否是一名冲动型或是反思型的分析型视觉散发型学习者。这样我们已经有64种不同的学习风格了，但不幸的是你还可以继续下去（记住：你只检测了72种中的4种）。因此判定一个孩子的学习风格不仅不可能，也毫无意义可言。

然后是更为严重的第二个问题。从学习风格影响学习的实证研究的综

述来看，将课程学习内容与学习风格匹配，实际上并不能带来更好的学习效果。如果想要更好的学习效果，那像是学习风格为听觉型的学生，就会在听讲的时候有更好的学习效果；而在必须通过阅读学习内容时，学习效果会较差，甚至根本学不会。对视觉型学习风格的学生而言，则完全相反（我们在此有意忽视了读写型和动觉型）。预设的学习风格和学习内容之间存在的这种交互作用如图26.2所示。为证实这种交互作用，研究者竭尽全力对已有文献进行搜索，但遗憾的是并未找到任何证据。

支持学习风格的证据并不存在

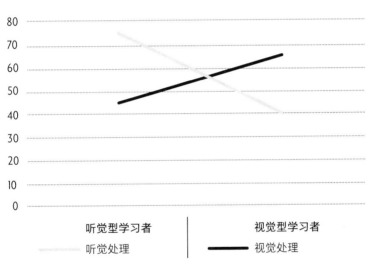

	听觉型学习者	视觉型学习者
	听觉处理	视觉处理

图26.2　根据帕施勒等人的观点，上述交互效应是支持契合假说的唯一可接受的证据

第三个关于学习风格的问题是，用于确定学习风格的大部分工具（实际上大多都是自陈问卷）并不可靠。某一周，一个人被划分为同化型学习者；而下周，这个人又被划分为推理型学习者。与这个问题相关的一点是，用于确定一个人对某种学习方式的偏好的问题是否有效（即它们是否测量了应该要测量的）。但是一个人在学习方式上的偏好并不能说明其在使用偏好的呈现方式下就一定能学得更好。学生真的知道对他们来说什么是好的吗？当问及人们最喜欢的食物是什么时，大多数人告诉你的会是高脂肪

的、咸的以及（或者）甜的东西。这种饮食偏好（饮食风格）也是最健康的吗？

关于学习风格的最后一个问题可通过下面所提的问题而变得清晰起来：你如何用听觉的方式向学生解释深红色和砖红色看起来是什么样的？或者，

内容应该是教学设计中的决定因素

如何从动觉角度解释画眉鸟是如何唱歌的？换句话说，实际上应该是学习内容和学习目标来决定教师如何进行教学，而不是某种偏好或者不存在的学习风格。

那么，为什么学习风格如此受欢迎呢？首先，有部分心理上的原因：每一位教师都希望有一种区分学生的方式。其次，是炒作学习风格带来了丰厚回报。想想那些提供测试、材料、书籍、工作坊、会议、建议等的所有供应商们。最后，它可以成为儿童或家长欢迎的、用于解释为什么学习不顺利的借口，并由此告诉教师或学校：他们的教学是错误的。

基尔施纳和范·梅里恩布尔讨论了一个经常被提及的观点——尤其是被理查德·瑞安（Richard Ryan）和爱德华·德西（Edward Deci，2000年有关自我决定理论的论述）的支持者们提及——即为了让学生实现最佳学习，他们需要对自己的学习过程进行自我控制。按照这种方式思考，学生可以就想学什么内容、想什么时候学，以及如何进行学习做出自己的选择。通过给予他们关于自身学习过程的控制权（或自主权），他们会变得更有动力，在随后的学习中有更好的表现。这里的一个问题是，学生发现很难准确评估个人表现；他们经常认为自己比实际表现得要好（参见第7章"为什么独立学习不是一种成为独立学习者的好方法"）。此外，我们看到，如果给予学生自主选择的机会，那么他们会经常选择自己觉得容易的事。例如，他们会选择那些自己已经知道能够完成的任务。这样，他们就不会挑战自我，而迎接挑战正是教师希望他们做的。他们需要教师的帮助。教师必须

学习者对自身学习的判断不佳

支持和引导他们做出正确的选择，并逐渐减少这种支持和指导，以便学生能够最终独自做出正确的选择（即教师必须提供恰当的支架来帮助学生进行学习选择；参见

第12章"为什么支架并不像看起来的那么容易")。

研究结论/对教育实践的启示

本文的见解有助于教师反思数字技术在教育、差异化教学和独立学习中的作用。教师不能忽视周围环境中的各种技术，但是能够教导学生积极主动、负责任地处理数字信息，使他们精通媒体。批判性地审视何时以及如何使用智能手机、平板电脑或笔记本电脑，这样做是有益处的。认识到它们在什么情况下对学习是有效、高效的，什么时候不是。研究将帮助我们决定技术何时以及如何为我们的教学带来附加值（参见第28章"媒介不是信息"）。

正如基尔施纳和范·梅里恩布尔所清晰阐述的那样，学习风格并不存在。因此，它们并不是开展差异化教学的一种有意义的依据。事实上，它们甚至会适得其反，因为我们的记忆受益于不止一种模式呈现出来的教学，而且这适用于所有的学生（参见第5章"一幅图与一千字"，和第28章"媒介不是信息"）。因此，教师不需要花时间来确定每个学生的学习风格并相应地调整他们的教学方式。

独立的自主学习和自我导向学习并不是学生能够自发进行的。他们在进行决策时需要他人的支持和引导，而教师无疑是最佳人选。教师不能过早帮助儿童做出适宜的选择，请记住：过早这样做是没有意义的。

> 必须学会自主学习和自我导向学习

如何在教学中使用该研究成果

在你的课堂上或所在的学校中是怎样的情况呢？你和你的同事相信学习风格这种说法吗？或者甚至将它应用到教学当中吗？确实，拒绝一个听起来合乎逻辑甚至很招人喜欢的观点真的很难；毕竟，所有的人不都是与众不同、独一无二的吗？同样，也许当你将你的个人偏好提升至你如何实现最佳学习这一"真理"时，也很难"拒绝"这种个人偏好。但是学习风格这种说法毫无科学依据，甚至可能带来反作用。与那些推崇学习风格的

通过证据来挑战既定信念

同事谈一谈吧。这类谈话可能很困难，但这恰恰是因为人们在其使用的方法上投入甚多，而最终每个教师都想做对学生最有利的事。

对学习而言，使用技术是非常有价值的，毕竟大多数孩子看起来都能熟练地使用它，但其实不然。这些孩子动手快，但知识贫乏。不要误以为他们具备有效使用互联网所必需的信息问题解决技能，他们需要学会恰当地使用互联网，教师需要教给他们或者帮助他们学会正确地使用。还应记住的一点是，在线学习会分散学生的注意力。当学生在网上做着与学习完全无关的事情时，他们就像蝴蝶一样，从一个网页飞到另一个网页。技术可以是一件好事，但也可以是潘多拉的魔盒。要明智地使用它。

从学前教育开始，你可以让儿童对他们的学习过程有一定的控制。首先让儿童选择他们想在房间的哪个角落学习或玩耍。确保他们不会只选择那些他们已经知道的和能完成的任务，让他们尝试那些可以挑战自我的新事物。当然，

有效的学习意味着接受挑战

学校的存在是为了帮助学生学会更好地完成那些他们已经能完成的，但学校的主要任务应该是教学生完成那些他们还不会的事情！在较高的年级，教师可以继续扩大学生进行自我决策的范围，但需要在监督之下进行。例如，就数学而言，首先教师要确定学生需要完成多少道数学附加题以及他们必须在怎样的程度上完成。之后，教师可以逐步地允许学生自己来做决定。教师要教导学生不要看自己喜欢或不喜欢什么，而要看自己需要做什么来学习和获得成功。让学生看到自己的选择对自身学习和成就的影响。

要点

■停止传播学习风格和**数字原生代**的神话。这两者都不存在，根据它们进行教学是浪费时间，而且往往对学生有害！

■谨慎对待自我决定，包括自主学习和自我导向学习。学生必须在教师的支持和指导下获得这些技能。

■当学生在网络上搜索信息时，教师要参与其中和他们一起搜索，教他

们如何对自己找到的信息的可靠性和有效性进行判断。

- 就自己如何"学得最好"而言，学习者往往是最糟糕的判断者。
- 学校应该考虑"研究引领"在对抗教育领域都市传说中的作用。

第27章　当教学扼杀学习

什么情况下教学不起作用

文章 《当教学扼杀学习：关于萌发死亡的研究》"When teaching kills learning: Research on mathemathantics" [1]

引文 "教育研究的一个核心目标是确定'萌发的'教学方法（即"孕育"学习的方法）。然而，教学研究中有越来越多的证据表明存在'萌发死亡'效应（即教学'扼杀'了学习）。"

不入虎穴，焉得虎子。试一试总没有坏处。那些没能杀死我的使我更强大。[2]你多久就会听到一次上述格言呢？但确实如此吗？就理查德·克拉克（Richard Clark）而言，若这个问题是针对教育的，那答案是否定的。研究表明，某种课堂干预——无论意图有多美好——有时也未能达到它的预期效果。在某种程度上，这类似于在政策和（或者）经济学中的**眼镜蛇效应**，即试图解决问题的方案使问题变得更糟。通常情况是，与对照组（通

> 眼镜蛇效应：
> 意外后果定律

常是"常规"的教学实践）相比，实验组没有产生任何效果。实验组可能会让教师或学习者付出更多的努力，或需要更多的资源，但实验组的孩子们和对照组的学习效果是一样的，所以在学习效果上倒也没有造成什么损害。假如我们了解了这一点，那么就不必将额外的时间、精力和（或者）金钱花费在不起作用的事情上。但有时，还会出现其他情况。接受新方法的学生有时实际上比对照组的学生表现得更差；并且（或者）他们在干预后的表现比干预前的表现要差。在教育研究中，我们发现鲜少有关于此类结果（即不起作用或效果更糟）的文献，因为许多人认为教育研究的目标只是去发现稳健的、有效的教学方法。这种所谓的发表偏倚（当只发表有积极结果的文章而不发表有消极结果的文章时所产生的一种歪曲）实际上是一种遗憾，因为我

---

[1] Clark, R. E. (1989) When Teaching Kills Learning: Research on Mathemathantics. In H. Mandl, E. De Corte, N. Bennett, & H. F. Friedrich (EDS.) , *Learning and Instruction. European Research in an International Context* (vol. II) . Oxford, UK: Pergamon.

[2] 出自德国哲学家弗里德里希·尼采（Friedrich Nietzsche）《偶像的黄昏》（1888）一书中的"格言与箭"部分，他写道："Was Mich Nicht Umbringt Macht Mich Stärker"（那些没能杀死我的使我更强大）。

们也可以从干预未起作用的文章中获益良多。在这篇文章中，克拉克提醒大家注意这样一个事实：那些不起作用的尝试也能告知我们一些关于学习和教学间关联的信息。他展示了某些学习活动是如何对学习产生反作用的。这些所谓的"萌发死亡活动"（mathemathantic activities）①（参见第15章"引发学习的活动"有关萌发的部分），是理查德·斯诺（Richard Snow）于1972年在美国教育研究协会的演讲中首次使用的一个术语，意指这样的教学方法，即

> 萌发死亡活动：
> 扼杀学习的活动

无意中通过提供的学习材料而导致学生学习欠佳，或者甚至丧失知识的情形。萌发死亡活动理论清晰地表明，为什么差异化对那些更有天赋的学生而言也是非常重要的；毕竟，这些学生有可以失去的东西，例如他们现有的知识。

文章摘要

本文回顾了以往的教学研究。在这些研究中，教学失败导致学生使用学习技能的水平偏低，或获得知识的机会比受教前偏少。文章假定存在三种常规类型的"萌发死亡"（即教学"扼杀"学习）效应，并就每种效应的理论阐释进行了检验，且描述了每个领域中的代表性研究。所描述的三种类型的效应是指：（1）教学用于替代学习进程（例如，假定新的学习策略会干扰一般能力较高的学习者的学习，而提供给一般能力较低的学习者的策略则不够充分）；（2）教学将不太可取的动机目标强加给学习者（例如，教学方法导致那些具有建设性动机的学习者认为回避失败已经取代了成就导向目标；反之，具有防御性动机的学生则认为成就导向目标已经取代了回避失败的机会）；（3）教学用学生对教学方法的控制代替系统对教学方法的控制（例如，允许一般能力高的、具有建设性动机的学生选择较低认知负荷的教学方法，或者允许一般能力低的、具有防御性动机的学生选择较高认知负荷的方法）。

---

① mathemathantic 一词由manthanein = learning（习得的东西）和thanatos = death（死亡）组成。

文章

教育研究领域的"圣杯"就是发明和（或者）确定具有**萌发**性意义的教学方法（参见第15章"引发学习的活动"）。如果观点、

萌发活动：孕育学习的活动

理论或假设未被证实，那么他们通常预期的是，学生的成绩或技能要么与实验前的水平保持一致，要么同未参与研究的其他学生一样。克拉克之所以撰写这篇文章，是因为"教学研究中的'萌发死亡'效应的证据越来越多"。

当某种干预具有以下四种不同的效应之一时，克拉克就从操作性层面上将其定义为萌发死亡效应。第一，当对照组——该组学生未接受干预——显著优于实验组时，我们会看到此种效应。也就是说，没有干预的教学要比有干预的教学产生更多的学习。第二，当实验组学生的前测成绩显著高于其后测成绩时。这种状况表明，干预导致了知识或技能的丧失。第三，当存在"学生的能力倾向与教学处理间的显著非次序性交互作用"时，即观察到一种**能力倾向—处理的交互作用**。简单来说，这是指一种干预使得某特定类型的学习者有更好的学习效果，却导致另一类型的学习者

能力倾向—处理的交互与学习风格类似

获得了较差的学习结果。图27.1对比了不同焦虑水平的学生在以学生为中心的（即非结构化的、发现性的）和以教师为中心的（即指导的、监控的）不同教学条件下的结果。以教师为中心的教学方法提供了更为结构化的教学，焦虑水平较高的学生因此而从中受益；焦虑水平较低的学生则更多地受益于以学生为中心的教学方法。第四，当某种教学方法使用的增加导致了与学习效果之间的显著的负相关关系时，我们会看到萌发死亡效应；这就是"过犹不及"。

根据克拉克的观点，对消极研究结果（即萌发死亡效应）的解释需要分析个体差异在通过教学进行学习的过程中所具有的作用。"在某个能力倾向水平上是萌发死亡的，也可能在另一水平上是萌发促生的。"这意味着，当提供教学时，我们必须仔细查看教学与个体学习者间的匹配或者可能的不匹配情况。克拉克重点关注了可能出现不匹配的两个方面——学习策略

和学习环境。不匹配的情况取决于学习者的先前知识与能力。

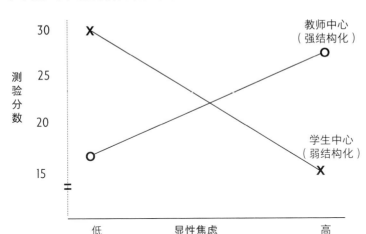

图27.1 结构化强弱不同的处理条件下的焦虑预测测验分数的非次序性交互

学习策略不匹配

当实施的某种教学处理使得学习者用一种新的且通常是其不熟悉的策略，来代替学习者已经使用的一种有效策略时，学习者的学习往往会受到抑制。这种**策略替代**可以有两种形式。第一种是用一种新策略取代现有策略，这主要影响能力倾向较高的学生，因为他们经常用一种不太熟悉的策略取代一种已经自动有效的策略。这些新策略会干扰这些学习者现有的技能储

> 策略替代：无效
> 方法取代有效方法

备。然而，对能力倾向较高的学习者是萌发死亡的那些策略，却经常对缺乏有效方法的能力倾向较低的学习者而言是有益的（见下文）。

第二种是引入不适当的策略，这给学习者带来了不成功的和（或者）不完整的学习程序。例如，发现学习可能适用于专家而非新手（参见第1章"新手不是小专家"）。这类策略会对能力倾向较低的学习者产生负面影响，因为它们往往太过抽象，且在一定程度上依赖于初学者所不具备的那些自动化知识。克拉克举了一个例子，数学老师不鼓励使用具体的"手指数数"，这是学习速度较慢的数学学习者在进行数学运算时使用的一种策

略，而教师鼓励使用的更为"抽象的"学习策略对能力倾向较低或年幼的学习者而言却是"萌发死亡的"。这些缺乏经验的学习者不仅掌握的知识少，而且他们的认知图式——即他们的知识、技能和策略是如何存储于大脑中的——也与有经验的学习者存在很大差异。由此，他们接收到的信息是不完整的，因而他们的学习进程也会受挫。

> 举例：引入无法胜任的策略

先前知识与专长逆转

如果教学对更专业的学习者而非初学者更有效，或者反之亦然，那我们称为"专长逆转效应"。该概念是由卡柳加、艾尔斯、钱德勒和斯威勒提出的。

因为先前知识是学习过程中最重要的因素（参见第6章"你所知道的决定了你所学的"），因此显而易见的是教学应该考虑到学习者的先前知识。对初学者而言至关重要的教学和（或者）指导（例如，样例中给出的内容），它们可能会阻碍经验较为丰富的学习者的学习，让这些有经验的学习者做一些与他们已经能有效完成的事情相反的其他事情，尤其是当这些学习者无法忽视或者回避这些冗余信息或指导的时候更是如此。同样，对有经验的学习者有效的方法也会妨碍那些需要明确支持与指导的初学者。为了优化每个学生的认知负荷（参见第2章"减轻我的负荷"），应给予初学者适宜的指导和支持，而当学生在某一特定领域获得较高水平的能力时，则应该移除不必要的指导与教学，或者学生应该记住所接受的指导与教学。

> 教学必须考虑学习者的先前知识

学习环境不匹配

学习策略替代只能部分解释某些教学形式中的萌发死亡效应。除学习策略外，第二个源头是影响学习者的动机变量。例如，学习环境可以是非常结构化和指导性的，这会限制学习者的选择；或者也可以是更开放、结构化程度更低的，能给予学习者更多选择的。研究显示，学习者持有不同的学习目标，例如，某些学习者为获得成功而尽最大努力，其他学习者则因害怕失败而尽最大努力（即回避失败）。害怕失败的学习者在结构化和有指导的环境中会学得更好，他们会体验到安全感并尽自己的最大努力。关注成功的学习者在结构化程度更低的环境中会学得更好，他们可以展现个人价值，并在随后将成功归因于自身。对于这两类学习者而言，如果他们不得不在一个与像是自身动机风格之类的不匹配的环境中来学习，那么他们将不会表现得很好。在这种情况下，学习环境会对学习产生反作用。

> 学习环境不匹配：相同的课堂可导致极为不同的结果

难道这意味着我们应该根据学习者对学习环境的偏好进行区分，以使每个学习者都可以选择适合自己的吗？不是的！学生并不能做出适宜的选择。那些具有较少的先前知识或体验到**表现焦虑**的学生，经常会选择一种非结构化的学习环境，这样他们能在获得较少支持的情况下做出很多选择。在这种环境中，他们能够失败得不露痕迹。此外，缺乏先前知识的学习者也倾向于高估自身水平。当要求学生评估自身学习状况时（学习判断），我们可以从中看到这一点。这与邓宁—克鲁格效应相似，该效应描述了这样一种心理现象，即在某一领域能力欠佳者对自己的评价过于积极。渴望体验成功的较优学习者经常会选择结构化的学习环境，因为他们期望由此取得好成绩。另外，为确保成功，他们有时会倾向于低估自身水平（这也是邓宁—克鲁格效应的一种表现）。两类人群的选择与他们真正需要的恰恰相反。因此，教师应该根据每个学习者的具体情况来适当调整教学和学习环境。

> 学习环境不匹配：邓宁—克鲁格效应，即认为个人能力优于实际水平的错误预测

研究结论/对教育实践的启示

在教学时，教师应该考虑到学生知识和技能的差异。这也包括留意他们学习策略的使用水平，以使有经验的（即更熟练的）学习者在执行某项学习任务时能够使用他们的现有策略，而给初学者（即新手）提供逐步的支持与指导。另外，教师必须以一种"处方式"的方式激励学生，从而使害怕失败的学生不会承受过多的压力，而追求高分的学习者则能够有挑战的机会。最后，教师还应在学习者选择作业时给予引导，对不想失败的好学生选择简单作业的倾向性予以抑制。表27.1显示了最为常见的萌发死亡效应。在这些情况下，教学会失败，甚至是有害的。

表27.1　当萌发死亡效应发生时……

当学习者处于以下情形中时，会产生萌发死亡效应	
学习策略	
……具备很少先前知识	但所给予的策略却假定学生具有（部分）可用的自动化的策略、知识和技能
……具备很多先前知识	但所给予的策略妨碍了可用的、自动化的策略、知识和技能
动机目标	
……害怕失败	但被安排或允许在结构化最低和几乎没有指导性的环境中学习
……渴望获得成功	但被安排或允许在高度结构化且有很多支持和指导的环境中学习
学习环境	
……需要很多支持和指导	但被迫在有很多要求的开放环境中学习
……需要很少支持和指导	但被迫在高度结构化和高度控制的环境中学习

如何在教学中使用该研究成果

本章阐明了你直觉上已经知道的内容：对一个学生有效的东西，对另一个学生可能产生反作用。克拉克给出了一些经验法则，以指导教师根据学生的需要来调整指导和教学活动。先前知识贫乏的学生可从小而具体的步骤中获益，而具备很多先前知识的学生则可在他们能够使用这些知识的环境中蓬勃成长，必须给予他们机会来让他们使用自己的策略以及已经自动化的知识的机会。另外，教师还应提供结构和支持来帮助那些害怕失败的学生。那些渴望且能够独立自主地展示学习的学生在开放的学习环境中会发展得更好。要记住的是，教师往往比学生自己更了解其需求，学生经常会低估或者高估自己。

> 知识更为丰富的学生受益于更多的学习自主性

了解什么是无效的（即萌发死亡的那些方法）与了解什么是有效的（即萌发性的方法）同样重要。这就是为什么我们在本章结束时概述了最为常见的萌发死亡效应，因为这就是教学失败或适得其反的原因所在。

要点

■对一个学习者有效的方法并不适用于另一个学习者，更有甚者，它可能会产生反作用并妨碍学习。

■初学者受益于大量的结构化教学与指导性教学，而经验丰富的学习者受益于更多的选择空间与独立学习。

■教师最了解学生需要什么——学生经常高估或低估自己；迎合学生偏好（这种偏好经常被视作学习风格）是行不通的，因为学生通常不知道什么是对自己最有效的。

■有些方法可以避免专长逆转效应，例如，随着学习者的进步，逐渐减少对其学习的支持（所谓的支架逐渐撤除）。

■当设计教学时，务必遵循"不造成伤害"这一医学道德准则。这意味着，有时不做某事，甚至什么都不做，总比做出弊大于利的事情要好。

第28章 媒介不是信息

教学方法比媒介更重要

文
章
《对媒体学习研究的再思考》"Reconsidering research on learning from media" [1]

引
文
"现有最佳证据是，媒体仅仅是传送教学的工具，并不会影响学生的学业成就，就像运送食品的卡车不会导致我们身体营养的改变一样。"

为什么你应该阅读这篇文章

每一种新"发明"的媒介似乎都被吹捧为革命性的教育变革者。包括留声机、无线电、胶卷、电影、电视、电脑或互联网在内的每一项发明，及其随后的通用性，都经历了这样的夸张宣传。例如，托马斯·阿尔瓦·爱迪生（Thomas Alva Edison）声称，留声机可以保存教师的讲解，这样学生可以随时查阅。他还说，课程可以放在留声机中，一方面方便记忆，

爱迪生：留声机和电影将彻底改变教育

另一方面也可作为儿童的初级"教师"。在1913年[2]他表示，"书籍将很快在公立学校中被淘汰。学者将通过眼睛接受指导。我们的学校体系将在10年内彻底改变"。另外，他在1922年[3]说道：

我相信电影注定会彻底变革我们的教育系统，并且几年后，它将在很大程度上（如果不是全部）取代教科书。我应该说，平均而言，我们从如今的纸质教科书中获得了大约2%的效率。在我看来，未来的教育将借助电影这一媒介来进行……这有可能获得100%的效率。

随着每一种新媒介的引入，教育领域及其相关的人们（如家长、教师、研究者、管理人员、政治家，当然还有商业公司）都期待着，每一种媒介都能彻底改变教育，导致学生学习成绩有惊人的提高，并势不可当地改变

---

① Clark, R. E.（1983）. Reconsidering Research on Learning from Media. *Review of Educational Research,* 53, 445–459.

② Smith, F, J,（July 9, 1913）. The Evolution of the Motion Picture: VI–Looking into the Future With Thomas A. Edison. The New York Dramatic Mirror, P.24.

③ 这段引文摘自亨利·A. 怀斯（Henry A. Wise）（1939, p.1）的《电影作为美国历史教学的辅助设备》一书（哈特福德，CN：耶鲁大学出版社）。

教师的世界。但真的有一种媒介是比其他媒介更好的吗？甚至，这个问题本身是正确的吗？克拉克在一篇具有开创性的文章中回答了这一问题，

> 你教学的方法比你使用的教学媒介更为重要

而且这一回答依然有效：不是媒介决定着教学/学习是否有效或高效，相反，是方法在决定着这些。

文章摘要

本文就近来的关于媒介对学习影响的元分析以及其他研究进行了回顾。结果发现存在一致的证据来支持"采用任何特定媒介进行教学均不会有益于学习"这一概论。研究表明，自一种或另一种媒介中获得的成绩的增长或节省出的时间的收益，很容易受到令人信服的对立假设的影响，这种假设涉及教学方法和新颖性的不可控影响。本文对当前媒体特征和符号系统理论存在的问题进行了介绍，并对更具有前瞻性的未来研究方向提出了建议。

文章

这一章实际涵盖了两篇文章的内容。第一篇是"对媒体学习研究的再思考"，克拉克在这篇文章中回顾了早期关于不同类型的媒介对学习影响的研究（即"像是电视和计算机的机械器材"曾被用作实施教学的设备）。在这篇文章的引言中，他进行了剧透：

> 目前大多数关于媒体比较研究的总结或元分析都清楚地表明，媒体在任何条件下都不会影响学习。即使在少数情况下，学习成绩或学习能力在某种媒介引入后发生了巨大变化……这种变化也并不是由被引入的媒介导致的，而是归因于伴随这种变化的课程改革。

> 技术并不是某种形式的教学法

一样古老……

1924年，瑞维斯（Révész）和哈扎维科（Hazewinkel）在阿姆斯特丹的心理和教育实验室工作，他们在《英国心理学》杂志（*British Journal of Psychology*）上发表了《幻灯片和电影的教学价值》（The didactic value of lantern slides and films）一文①。在这篇文章中，他们研究和比较了电影和幻灯片的教育价值。他们写道：

就电影作为传播知识的工具，或是科学研究和教学的辅助手段这一点而言，还未出现任何合理的反对意见。大家都认同电影在这些领域中的效能，但在权衡电影的优势与相机的优势时，以及在提出电影是否在各个方面都优于幻灯片并能完全取代幻灯片的问题时，并没有达成共识。这个问题不能马上得到解答，只能在深入的实验调查后才可以得出答案。

他们总结道，"我们的调查显示，凭借电影在所谓的教育方面的重要性而对其进行大力宣传，这是没有充分依据的。但另一方面，电影的教育重要性也并未被否定"。

克拉克究竟做了哪些工作？他的文章是一篇综述性的研究（今天我们可以称为元分析）。文中，他仔细考察了有关课堂中的媒体使用及其对学习的影响的一些研究，其中既包括实证研究，也包括以往的综述性研究。大多数研究试图回答这样的问题：对提供学习材料而言，最佳的媒介是什么？克拉克将这类研究称作**媒体比较研究**：研究者将接受新媒介教学的一组学习者与学习同样材料但接受"常规"教学的另一组学习者进行比较。总体而言，这些研究未发现两组间的差异，由此克拉克得出结论，

> 元分析：对某特定领域的许多研究进行的分析

① 这是他们1923年发表在荷兰《教学研究》（*Paedigogische Studiën*）上的文章的缩略版。

借助不同类型的媒体进行课程教学并不会对学生的学习产生不同的影响。在这篇文章中，他也指出比较研究存在的三个问题。

研究被污染

他注意到，在那些确实显示新媒介具有积极效应的研究中，两组被试除在媒介使用上存在差异外，在其他方面也存在差异。两组所采用的教学方法也是不同的。我们都知道，或者说至少我们应该知道的是，要想从一项研究中得出可靠的结论，那么实验组和对照组除在所研究的变量上存在差异外，在其他方面都必须完全相同。这意味着，如果一个人要比较电视讲课的效果和现场讲课的效果的差异，那么在两种条件下除了涉及的媒体（现场讲课或是电视讲课）不同外，其他必须都是相同的。假如电视讲课中还包括了采用动态图片或动画进行概念讲解，而教师在课堂上只使用了黑板和（或者）静态图片（即用于教授概念的方法），那么就无法确定两组差异是源自教学媒介还是教学方法的不同。在这个例子中，教师也应该在课堂上使用动画或动态图片来讲解概念，或者电视课程应该在黑板前进行展示或使用静态的图片。克拉克指出，当研究者试图让实验组与对照组尽量保持对等时，两组间的效果差异会变小。他得出的结论是：**任何媒介对学习都没有特定的影响，而发现的（微小）影响可以很容易地从不同的视角加以解读。**

新东西是有趣的、吸引人的

关于媒体影响学习效果研究的第二个问题是**新奇效应**；在这些研究中的被试倾向于对自己感到新奇的媒体投入更多的努力和关注。毕竟，这通常涉及的是新的（和吸引人的）媒体，在课堂中引入新事物通常可以确保学生有热情，进而使得他们在学习上更为努力。虽然媒介的新奇性会导致学习效应，但这种效应是短暂的。一旦媒介变得"常规化"，其效应就会减弱并消失。当平板电脑第一次被应

> 新奇效应：当研究中的被试对新事物做出"不同的"反应时

用于教育中时，学生们对它情有独钟；现在，这种新鲜感已不复存在。克拉克还在这项综述性研究中发现了新奇效应的证据——干预持续的时间越长，其效应变得越小。

发表偏倚

第三个问题是，相比于实验组和对照组没有发现差异的研究，显示实验组和对照组具有显著差异效应的研究更有可能被发表。这就是所谓的**发表偏倚**。克拉克解释道，科学期刊想要的是最为引人注意的研究，这使得媒体效应的科学证据看起来比实际更大。期刊经常会刻意回避那些未能显示差异的研究，以及甚至是得到相反结果的研究。

> 发表偏倚：只发表有积极结果的倾向性

结论

克拉克得出如下结论：（新）媒体似乎对学生的学习有积极影响，但这些影响在很大程度上可以被其他事物而非媒介本身具备的特征所解释。他引用了格莱塞（Glaser）和库勒（Cooler）的观点，他们建议使用任何可接受的媒介以作为"向学校提供心理学家们有关学习的研究成果的工具"。这才是问题的关键所在。导致了学习效应的是教学（即方法），而非教学的载体（即媒介）。根据克拉克的观点，研究者由此应更关注有效的教学。

第二篇是由克拉克和戴夫·费尔登（Dave Feldon）在《剑桥多媒体学习手册》的第二版修订版中撰写的一章内容。在文章中，他们提出了一些问题，这些问题涉及人们支持在教育中使用多媒体的10个常见理由。他们基于强有力的实证研究，在该书的第一版的一章中讨论了5个理由。在第二版中，（除了原来第一版书中的5个理由外）他们对新出现的认为多媒体具有积极学习益处的5个理由进行了同样的讨论。人们认为应该使用多媒体教学的前5个理由是：

1. 导致更多的学习。克拉克和费尔登指出，没有令人信服的或貌似合理的证据表明一种媒体或包括多媒体在内的多种媒体的组合可以带来更好的学习效果。如果有证据表明它们可以带来更好的学习效果，那么这可以被"非媒体"的因素所解释，如教学理论（如方法或教学法）、智力、社会经济地位、学习者的能力水平和教师素养等。

2. **更具激励性**。很有可能的一点是，多媒体教学对学习者而言似乎更具吸引力；如果可以选择的话，学习者更喜欢这种学习方法。然而，这种兴趣并不等同于学习动机，也不会带来更优的学业成就。

> 动机不会带来成就

3. **使用支持学习的教学助手**。其理念是，这些助手使得学习更具个性化，虽然它们实际上提供的只是即时性支架（如提示、流程、反馈、指导）。设计、开发和运行这类助手需要更多的时间，而且会耗费更多资金。根据作者的说法，这类助手也相当愚蠢，学习者很快会对它们感到厌倦（还记得微软的回形针助手"Clippy"吗）。

4. **适应不同的学习风格，进而为更多学习者优化他们的学习**。首先，基尔施纳曾表示，学习风格并不存在。克拉克和费尔登解释道，多媒体有可能提供学习者在所学内容方面的差异的信息，同时也可能提供不同版本的教学材料。然而，除了萌发死亡的交互作用之外（即扼杀学习的活动——参见第27章"当教学扼杀学习"），并不存在诸如多媒体与子虚乌有的学习风格之间的交互作用。

5. **促进以学习者为导向的、建构主义的和发现式的学习方法**。问题不应该是多媒体学习是否促进了这些类型的学习，而应该是建构性和发现式的学习是否一开始就能促进学习（参见第17章"发现式学习"）。有趣的是，2015年的国际学生评估项目（PISA）明确指出，一方面教师导向的教学会对学生的成绩产生显著的积极效应，而另一方面探究学习则对学业有中等到很强的消极效应。

> 哪些教学方法在最初就是有效的?

克拉克和费尔登指出，指导式教学更加有效，擅长发现或探究学习的学习者类型只有专家这一种（另见下一条原则）。

接下来的（新的）5条理由关注多媒体教学**有利于学生学习**的这种期

望，因为它提供了：

6. 自主和对教学进程的控制。虽然许多多媒体环境都考虑到了这一点，

> 自主：大多数学习
> 者都没有能力来指
> 导自身的学习

但存在与学习者控制相关的两个挑战。首先，学习者通常不具备必要的认知或元认知知识来有效且高效地决定自身的学习进程（见第26章"你听说过动觉型学习者吗"）。当允许学生进行这种类型的控制时，他们通常收效甚微。其次，专家型学习者确实擅于掌控自己的学习进程，但他们通常不需要教学指导。

7. 高阶思维技能。少有证据证明多媒体教学支持这些技能，即使支持，我们也会遇到与先前理由一样的挑战。更有可能的是，支持着高阶思维技能提升的是教学方法，而不是多媒体。

8. 丰富信息带来的伴随学习。当在教学中学到的东西比原计划多时，

> 伴随学习：并非所
> 有的学习都是有用的

就发生了伴随学习。多媒体研究显示，如果教师在教学中强调某些内容，那么这些内容就会被习得（即有意学习），而其余的所有要点（即伴随学习）就会处于劣势地位。这种情形在所有类型的教学中均有体现，而不仅仅是在多媒体教学中。（在此，请考虑学习提示、附加问题、明确的学习目标等相关的问题。）

9. 交互性。通过超链接访问内容就是交互性的一个例子。遗憾的是，这实际上并没有促进学习，反而分散了学习者在学习上的注意力。所罗门称为**蝴蝶缺陷**（学习者像一只蝴蝶一样从看似有趣的一条信息飞到另一条

> 蝴蝶缺陷：从一
> 个超链接快速跃
> 至另一个超链接

信息，但并没有发生实际的学习）。斯通将此称为**持续性局部注意**，即某人同时注意多个不同来源的传入信息，但是仅停留在表层。此外，多媒体教学的支持者们似乎忘记了，教师实际上是最具交互性的一种智能媒介。

10. 真实的学习环境和活动。这个观点就是，多媒体的优势就在于可增强动机（参见理由2）和（或者）促进迁移。然而，根据克拉克和费尔登

的观点，几乎没有证据表明实际情况确实如此。

　　此处再澄清一下：克拉克和费尔登并不反对在教育中使用多媒体！他们只是认为，（1）多媒体不是灵丹妙药；（2）多媒体本身不会促进学业上的成就；（3）错误地使用多媒体会弊大于利（即萌发死亡；见第27章"当教学扼杀学习"）；以及（4）采用的教学方法才是影响学习的最为关键的因素。这最后一条是并且现在依然是学习领域专业人士（也就是教师）的专业知识。

研究结论/对教育实践的启示

　　如前所述，克拉克并不是说媒体对学习没有贡献。要记住的是，影响学生成绩的不是工具，而是所使用的教学方法。换言之，无论吃的蔬菜是由飞机、火车还是卡车运送到商店的，你都会因所吃的蔬菜（以及烹饪它们的方式）变得更健康，这并不是由运输它们的工具所决定的。根据克拉克的观点，这就是为什么我们不应该进行简单的媒体比较研究，而是应该将媒体视作我们能够恰当或不恰当使用的工具。另外，我们也需要了解如何改进这些工具。

　　这种观点引发了针对设计、开发和使用多媒体学习材料的一般原则的丰富研究。在这方面，理查德·迈耶（Richard Mayer）是这个领域的一位重要人物。他提出的多媒体学习的认知理论是课堂中使用多媒体的实用指南（图28.1），该理论融合了信息加工理论、认知负荷理论和双重编码理论（参见第2章"减轻我的负荷"，以及第5章"一幅图与一千字"）。

多媒体学习的认知理论

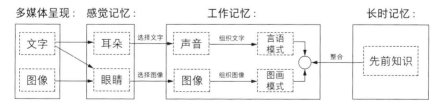

图28.1　多媒体学习的认知理论

迈耶基于这三方面的理论，提出了12条设计原则。最为著名的或许就是**多媒体原则**。该原则表明，人们对图文并茂的材料的学习效果优于使用仅有文字的学习材料（参见第5章"一幅图与一千字"）。许多教师和教学材料研发者都试图做到这一点，但根据第二条原则——冗余原则，在使用时有必要谨慎行事。冗余原则是指，使用视觉材料和声音的组合要比使用视觉材料和配有书面文本的声音的组合好（试想某教师给学生读幻灯片上的内容）。后者呈现了太多内容，尽管它们都是正确的，这会导致认知的超负荷以及较差的学习效果。第三个重要原则是**连贯性原则**，即去除掉多余的文字、图片和声音而不是全部囊括时，会有更好的学习效果。那些无关的、通常吸引眼球或诱人的人工制出的东西会分散学习者的注意力。利用迈耶的设计原则，我们就能够有效地选择或设计多媒体教学材料。

> 多媒体原则：见双重编码理论

> 连贯性原则：保持简洁

如何在教学中使用该研究成果

这里的第一条规则是谨慎选择媒体。教师选择的媒体无论是对教师本人而言还是对学生而言，都应该能使教学更高效、更有效、更有趣。要做到这一点，教师需要了解不同媒体的特点及其最佳教育用途。

感谢克拉克和费尔登，让我们了解了媒体并不能做到的十件事。例如，媒体并不能激发学习动机、不能提升学习，也不能促进对新知识的建构，等等。多亏了迈耶的研究，让我们了解到教师不应该将那些只是"吸引"学生的诱惑性或粗浅的元素添加进来，因为它们往往会适得其反，还会分散学生的注意力。此外，还需要注意的是，当使用（多）媒体时，不能让学生负荷过重，因此，教师应该利用媒体的潜在特点来帮助学生将注意力集中于重要的内容上。从本章、第2章和第5章中，教师应该了解到的一点是，如果想要用书面文字和图片来讲解知识，教师必须确保已经将它们恰当地整合起来了。要么呈现一个显示流程步骤并配有文字描述的图（即创建空间

> 媒体能做什么以及不能做什么

连续性），要么口头描述步骤，且并不附带书面文字（即避免冗余）。

要点

- 不存在一种媒介是比任何其他媒介都好的。
- 产生学业成就差异的不是媒介，而是教学方法。
- **不要**受到炒作课堂媒体使用的信息的影响。
- 为在教学中实现对（多）媒体的有意义使用，教师需了解媒体特点及其教育用途。
- 媒体使用并非多多益善。
- 如果教师使用幻灯片或者其他演示方式，要确保所说的和所展示的能够相互补充，不要只是读幻灯片。
- 仅凭学生的"投入"并不能表明他们正在进行学习。在教育领域，尽管明显缺乏支持使用新媒体的证据，但对在教育中使用新的媒体形式的呼吁可以追溯到150多年前。
- 内容和学习目标应决定媒体的选择，而不是反过来。为了技术而技术是不可取的做法。

第29章　教育的十宗罪

十宗罪

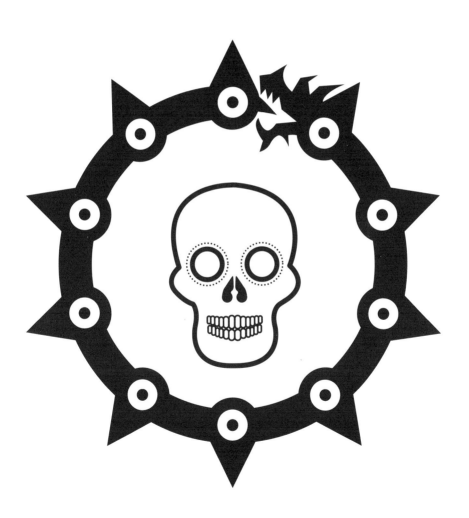

引
文

"这是不正确的。这甚至连错误都算不上。"

这本书的内容围绕一个特定的传统展开，一个关注如何构建最佳条件以促进学习的传统。这里的学习指的是，长时记忆的变化。任何忽视大脑认知结构的尝试都不太可能成功，甚至会妨碍长期学习。对于许多一线教师来说，他们得到的建议是基于民间智慧、含混不清的抽象理论与方法，这符合沃尔夫冈·泡利（Wolfgang Pauli）的那条著名嘲讽："这是不正确的。这甚至连错误都算不上。"本书的目标之一就是使教师不仅能够对接收到的建议进行评估，而且为教师提供强有力的证据基础，使他们可以在这些基础上对自身实践进行改善与反思，并创造有益于学生茁壮成长的最佳条件。

在最后这一章里，我们将非常简要地描述我们感受到的教育十宗罪。屈服于这些罪恶往往是诱人的，然而一旦你这样做了，你将犯有实施证据不明的教育以及在证据面前逃避的"罪过"。

1. 学习金字塔

学习金字塔（图29.1）是一个看上去有用的模型，它反映了不同教学形式的有效性。根据这个金字塔模型，学生只记住了5%的课堂学习（教师所说的）内容，10%的阅读内容，20%的音视频内容，30%的演示、示范内容，50%的讨论内容，75%的亲身实践内容，80%～90%的为他人讲解的内容。百分比随着知识来源的不同而变化，但这并不重要。重要的是，这是胡说八道，你不应该上它的当。

首先，这些百分比缺少依据。甚至，作为被众人引用的机构（位于美国缅因州的伯特利国家培训实验室，National Training Laboratories in Bethel）都声明说，没有数据来支撑这些百分比。而且，金字塔模型仅仅是埃德加·戴尔（Edgar Dale）提出的经验之塔的讹误变体。戴尔的经验之塔表明了不同的媒体在从抽象（语言，字母）到具体（直接经验）这样一个连续体上的差异。最后，即使上述的百分比是正确的，你也不能用它做任何事。

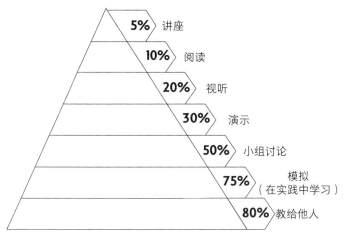

图29.1　学习金字塔

站在全班同学面前讲授电学的一位教师（5%）可以将重要的知识点和原理写在白板上或者采用幻灯片进行展示（+10%），呈现有关电路的一个视频片段（+20%），演示串联或并联的电池或小灯的电路（+30%），以及就演示结果与学生们进行讨论（+50%）等。没有哪节课是纯粹的只采用此种或彼种教学形式的，将这些百分比简单累加只能告诉我们的一点是——你可以掌握到100%以上！

2. 学习风格

人与人之间千差万别，正如人们可能喜欢不同的食物一样，他们也可能偏好不同的学习方式。有的偏好图片学习，而有的偏好文字学习。虽然以下例子听起来甚至在感觉上都很符合逻辑：有的儿童是视觉型学习者（当信息以图片、图表的形式呈现时，学习效果最佳），而有的是听觉型学习者（在演讲中或小组讨论中学得最好），以及读写型学习者（通过阅读或写作能有最好的学习效果），或者动觉型学习者（动手学习者，通过借助身体经验而达到最佳学习效果）。但是没有任何证据能够支撑这一论点。同时，这只是科菲尔德及其同事通过查阅文献发现的72种不同学习风格中的一种（所谓的VARK）。

遗憾的是，闪闪发光的不一定都是金子。这种观察儿童如何学习以及教师该如何相应地进行教学的看法，正如我们在第26章"你听说过动觉型学习者吗"中描述的那样，至少存在三个问题。首先，在大多数研究中，学习风格是基于人们自己所说的个人偏好来确定的。因此，它是关于**学习偏好**而非**学习风格**的。其次，这与如何更好地学习是截然不同的两件事。我想大家都赞同的一点是，如果我们询问人们喜欢吃什么，虽然不是大多数人，但很多人都会说那些高脂肪的、咸的以及（或者）甜的食物。我想我们也都同意的一点是这些偏好并不属于健康饮食的组成部分。你喜欢的并不一定对你有好处，这一点既适用于饮食，也适用于学习。最后，大多数所谓的学习风格是基于特定类型而言的——人们被划分为了不同的群体。然而，目前并没有证据支持这些群体的存在。并且，这也忽视了这样一个事实：即使它们的确都存在，如果将这72种类型的学习风格只是简单地二分（如具体思维者或是抽象思维者），那么就会有2^{72}（即4722366482869669245213696）种不同的学习风格的组合模式——这比曾在地球上生活过的人类数量还要多——若要为他们量身定制教学，那只能祝教师们好运了！

但可能最为重要的问题是，假如我们把学习者放在不同的盒子中并提供相应的教学（即将他们分类），那么我们构建的情境并不会促进学习，反而会阻碍学习（见第27章"当教学扼杀学习"）。

3. 儿童是数字原生代，其思维方式不同于前辈

我们必须从根本上改变教育！我们正在教授具备特定能力的新型学习者，这种能力使得他们能够有效且高效地使用信息与通信技术。新型学习者也就是**数字原生代**。普伦斯基在2001年引入了这一术语，认为这一代人从未离开过数字技术，因此在思维与学习方面具有不同于前辈的特征。他总结道，我们必须设计并引入新型教育形式，这些新的教育形式要聚焦于数字原生代特有的天赋。遗憾的是，他的这一观点是基于自身对年轻人的简单观察，而不是基于任何研究。

维恩和弗拉金紧随其后，引入了"**智人**"这个概念来描述学习方式与前辈存在明显差异的新一代学生。他们声称**智人**可以在没有指导的情况下独立地发展元认知能力，这种元认知能力是发现学习、网络学习、实验学习、协作学习、主动学习、自我导向学习和基于问题的学习所需的。基于这些主张（还是通过个人观察而非研究获得），包括政治家和行政人员在内的越来越多的人认为，教育应该对此作出回应。我们听到了诸如"让我们网络搜索化教育吧""知识获得不是必要的"以及"我们需要利用精通技术的这一代人的认知和元认知技能！"等话语。

千万别！没有证据显示当今的年轻人具备任何特殊的、能让他们以不同的方式进行学习的技能。上述观点的支持者纯粹是基于个人经验和道听途说。

4. 儿童可以处理多任务

人们赋予压根儿不存在的数字原生代的一项能力就是多任务处理的能力。关于这一概念，仍有很多疑惑。多任务处理是指同时执行两项或多项需要思考（或信息处理）的任务的能力，而且在处理过程中不会损失速度和准确性。要实现真正的多任务，你需要两个或更多的独立的处理单元（试想一台有2个、4个、8个或更多CPU的多核计算机）。问题在于，人只有一个CPU，也就是我们的大脑。当涉及不需要思考的自动化任务时，我们可以很容易地同时处理两个或更多事情。

我们实际要做的是在不同任务间进行切换（即任务转换）。然而，当我们在任务间进行转换时，我们会损失时间并且会犯错误。如果我们切换任务，那么我们（无意识地）就做出了一个"决策"，即将注意力从一个任务移至另一个任务。然后我们的大脑会激活一条规则，以停止某项任务的处理，从而离开正在使用的认知图式，并启动另一条规则，以处理带有相应认知图式的另一项任务。任务间的转换需要时间，且在两个任务间分配注意力需要工作记忆空间。因此，两个任务会相互干扰。简言之，我们根本无法处理多项任务。若我们试图同时进行两件或两件以上需要思考的事情，完成效果会欠佳，并且比我们一个接一个地进行（即连续单任务）所花费的总时间要更多。

5. 有了搜索引擎，知识不再重要

听说，我们所需的几乎所有"知识"都可以在网络上通过搜索引擎找到。因此，只要我们可以查找，我们就不用再像以前那样需要知道得那么多。但这里有一些问题。首先，互联网上没有知识，只有信息。这些信息中的大部分是来源可疑的非信息或无意义信息。若没有坚实的知识基础，我们在互联网上找到的信息将无"用武之地"。2016年，运行宣传健康生活方式的一家营养网站的两名负责人在接受荷兰一家优质报纸采访时表示，鸡蛋是鸡的月经，因此会对你的健康有害。因为这两个人都是注册营养师，所以你可能会认为这些言论是对的。然而，哺乳动物才会有月经，但鸡不是哺乳动物！换言之，这就是胡说八道。但如果你缺乏基本的生物学知识，又怎么会知道这是错的呢？

因此，我们读到什么、看到什么和理解什么都取决于我们已知什么，而不是相反（参见第6章"你所知道的决定了你所学的"）。我们的先前知识和经验决定了我们如何看待、理解和解释周围的世界，也决定了我们在互联网上查找、发现、挑选和处理（或评估）可用信息的能力。遗憾的是，即使在最佳的情况下，学生也只有关于某学科的很少的先前知识（毕竟，他们是学生；如果他们已经掌握了这些知识，那他们就是专家了）。

与此相关的一条迷思是知识只有一个很有限的有效期（有时会说，知识就像鲜鱼一样易腐烂）。同样，这也是无稽之谈。我们所学的大部分知识到目前为止仍然是正确的。虽然信息剧增，但如前所述，若没有先前知识，我们就无法利用这些信息。

6. 通过解决问题来学习解决问题

基于问题的学习相当流行。该类学习的一个前提是，学习解决问题的最佳方式是解决问题。但遗憾的是，事实并非如此（参见第2章"减轻我的

负荷"）。为了解决问题，我们首先需具备该问题所在领域的知识与技能。例如，如果我们不会下国际象棋（了解棋子如何移动、规则是什么、常用的策略和战术是什么，等等），那么就不能解决国际象棋问题。正如缺乏数学知识，就无法解决数学问题一样。换言之，技能具有领域特异性。

此外，如果我们有一套潜在的解决策略并了解使用每种策略的最佳时机，那么将会非常有帮助。这被称作程序性知识（知道步骤是什么），与所谓的21世纪运算思维技能非常相似，它意味着你可以用更小的步骤来分析一个问题，进而解决这个问题。但同样，如果没有知识，你就无法执行这一程序，也就无法获得这个领域通用的21世纪技能。

那么，在没有特定领域的知识和程序性知识的情况下，问题解决就会变成反复试错的练习。这样既没有效果，也没有效率，尤其是当我们因犯错而不断碰壁时（这令人相当沮丧）。然后，如果碰巧解决了问题，我们通常也不知道为什么会成功，这样也就很难在其他情境中重复和应用。我们很有可能教给自己一种错误的方法，而且我们或许会在将来不得不放弃这种方法。

7. 发现学习是最佳的学习方式

布鲁纳在1967年引入发现学习，将其作为一种基于研究的教学形式。他认为，对学生而言，让他们发现事实以及事实间的关联要比由一名教师将这些知识提供给他们更好。但假如我们在初学者中使用这种方法，那么就没有考虑到他们工作记忆的有限性（参见第1章"新手不是小专家"）。在发现学习中，我们必须始终寻找事物与应用于该领域的原理间的关联。然而，初学者几乎不具备任何领域知识，也缺乏发现关联的系统方法。因此，发现学习需要大量的工作记忆，尤其是对没有经验的学生而言更是如此，他们因无知而将某领域中可能的所有元素联系起来。他们面对着大量的元素组合模式，却不知如何掌控它们。此外，工作记忆的这种负荷并不会导致长时记忆中知识的增多，因为它被用于发现而不是学习知识。

另外，该方法是基于儿童是一类新手科学家的观念而产生的。然而，儿童不仅知识储备量少于科学家（科学家将发现学习作为前进的途径，这是他们的认识论），他们在看待和解读世界（更为幼稚）以及进行思考（具体而非抽象）的方式上与科学家也存在差异，由此他们对世界的体验不同于科学家。这也就是我们不应该将科学家的工作方式作为对没有经验的学生的教育方法的原因！

8. 动机导致学习

经常听到这样一种来自家长、教师、政治家乃至科学家的言论：当代教育的问题在于学生觉得其枯燥乏味、缺乏吸引力，并因此没有好的学习效果。人们经常将动机、投入等概念视作获得更好教育的关键所在，并视作学习的代名词。就好像对某事感到兴奋或投入其中就意味着能学到一些东西一样。这种看法意味着，我们越激励学习者，那他们就学得越好。遗憾的是，事实并非如此。不要误会，动机当然很重要，有动机的学生要比无动机的学生更早开始着手某事，这并不能保证产生学习效果。事实上，如果一个学生一开始很有动力，却没有成功，那么这种动力会很快消失。这时，教师面临的情况要比学生一开始就缺乏学习热情更为糟糕。

从研究可知：动机和学习之间既不存在一种因果关系（动机不会导致更优的学习和表现），也不存在相互作用的关系（动机影响学习，学习又影响动机），而是学习产生了动力。当我们体验成功时，无论大小，都会助长我们继续前行的动机（正如我们在第8章中所看到的，有关智力的信念影响智力）。例如，优异的数学成绩对学生学习数学的内在动机具有显著的正向影响，但是数学动机并不会导致更佳的数学成绩。这一点既适用于男生，也适用于女生。

9. 不存在的坚毅

有些奇怪。一方面，我们听到说学习是无聊又困难的，但它又应该是有趣的；而另一方面，每个人都在讨论坚毅。坚毅就是埋头苦干，坚韧不拔。根据这一术语的创造者即安吉拉·李·达克沃斯（Angela Lee

Duckworth）的观点，坚毅指的是一种实现长期目标的热情和坚持，它结合了兴趣、实践、目的与希望。对她来说，坚毅是个体为实现目标而永不放弃——即使面临逆境——以及全力以赴的动力。简言之，坚毅就是坚持、奉献、效能以及韧性。

马库斯·克雷德（Marcus Credé）及其同事表示，坚毅只是新瓶装旧酒，实际上只不过是毅力。另外，他们除了考察其他变量关系外，还研究了坚毅与学习表现以及记忆所学内容之间的关系，但结果令人失望。研究人员发现，坚毅与学习表现以及坚毅与记忆所学内容间的相关性十分微弱，而学习与诸如认知能力、学习习惯和技能等之间则具有强相关。即使只有毅力，而不涉及达克沃斯所描述的其他额外成分，毅力与学习间的相关性要比坚毅与学习的相关性强得多！

10. 学校扼杀创造性

听说过稻草人辩论吗？根据维基百科，稻草人辩论是一种谬误——推理是错误的，但又看似合理——因为对手的实际立场并没有被驳倒，而是被夸大、歪曲了。声称学校扼杀创造性的那个人——肯·罗宾逊先生——就是犯了这个错。他将学校描述为教师只在讲台上布道，学生只是顺从地听和完成作业的地方。我们并不知道任何这样的教师或学校，你呢？

奇怪的是，罗宾逊先生将创造力定义为"产生或提出有价值的原创想法的过程——通常源自看待事物的不同学科方式间的相互作用"。换言之，创造性是基于特定领域知识而产生的！假如缺乏那些在学校中习得的知识和技能，那么就不可能提出有价值的想法，除非是运气好。最具创造性的画家，甚至是那些超现实主义者，首先得学会如何绘画。因此，我们建议你引述索耶而非罗宾逊的观点。索耶说，"创造力在很大程度上具有领域特异性——在任何给定领域，无论是物理、绘画或者音乐表演，创新能力都是基于对该领域认知结构的长年学习和掌握而形成的"。

那种认为一切都必须与儿童"相关"的观点是对教师职业价值的贬低。存在这样一种主张：儿童只能通过自身兴趣来学习，要求他们思考兴趣之外的事物会挫败他们对学习的热爱。这一主张实际上是一种侮辱，既贬损了教师，也贬低了学生自身。教师所能做的最伟大的事也许就是为学生引入超越其自身经验的有限边界外的奇妙世界，让他们看到先前未曾看到的东西，并构建那些迄今为止还未获得的新的、丰富的联系。

要点

- 如果你想教得好，那就要避免上述这十宗罪！

"常青藤"书系——中青文教师用书总目录

书名	书号	定价
特别推荐——从优秀到卓越系列		
从优秀教师到卓越教师：极具影响力的日常教学策略	9787515312378	33.80
从优秀教学到卓越教学：让学生专注学习的最实用教学指南	9787515324227	39.90
从优秀学校到卓越学校：他们的校长在哪些方面做得更好	9787515325637	59.90
卓越课堂管理（中国教育新闻网2015年度"影响教师的100本书"）	9787515331362	88.00
名师新经典/教育名著		
最难的问题不在考试中：先别教答案，带学生自己找到想问的事	9787515365930	48.00
在芬兰中小学课堂观摩研修的365日	9787515363608	49.00
马文·柯林斯的教育之道：通往卓越教育的路径（《中国教育报》2019年度"教师喜爱的100本书"，中国教育新闻网2019年度"影响教师的100本书"。朱永新作序，李希贵力荐）	9787515355122	49.80
如何当好一名学校中层：快速提升中层能力、成就优秀学校的31个高效策略	9787515346519	49.00
像冠军一样教学（全新修订版）：提升学生认知、习惯、专注力和归属感的63个教学诀窍	9787515373287	79.90
像冠军一样教学2：引领教师掌握62个教学诀窍的实操手册与教学资源	9787515352022	68.00
如何成为高效能教师	9787515301747	89.00
给教师的101条建议（第三版）（《中国教育报》"最佳图书"奖）	9787515342665	49.00
改善学生课堂表现的50个方法：小技巧获得大改变（中国教育新闻网2010年度"影响教师的100本书"）	9787500693536	33.00
改善学生课堂表现的50个方法操作指南：小技巧获得大改变	9787515334783	39.00
美国中小学世界历史读本/世界地理读本/艺术史读本	9787515317397等	106.00
美国语文读本（1~6册）	9787515314624等	252.70
和优秀教师一起读苏霍姆林斯基	9787500698401	27.00
快速破解60个日常教学难题	9787515339320	39.90
美国最好的中学是怎样的——让孩子成为学习高手的乐园	9787515344713	28.00
建立以学习共同体为导向的师生关系：让教育的复杂问题变得简单	9787515353449	33.80
教师成长/专业素养		
如何爱上教学：给倦怠期教师的建议	9787515373607	49.90
如何促进教师发展与评价：一套精准提高教师专业成长的马扎诺实操系统	9787515366913	59.90
人工智能如何影响教学：从作业设计、个性化学习到创新评价方法	9787515370125	49.00
项目式学习标准：经过验证的、严谨的、行之有效的课堂教学	9787515371252	49.90
自适应学习与合作学习:如何在学校课程体系中实现学生的深度学习	9787515371276	49.90
教师生存指南：即查即用的课堂策略、教学工具和课程活动	9787515370521	79.00
如何管理课堂行为	9787515370941	49.90
连接课：与中小学学科课程并重的一门课	9787515370613	49.90
专业学习共同体：如何提高学生成绩	9787515370149	49.90
更好的沟通：如何通过训练变得更可信、更体贴、更有人脉	9787515372440	59.90
教师生存指南：即查即用的课堂策略、教学工具和课程活动	9787515370521	79.00
如何更积极地教学	9787515369594	49.00
教师的专业成长与评价性思考：专业主义如何影响和改变教育	9787515369143	49.90
精益教育与可见的学习：如何用更精简的教学实现更好的学习成果	9787515368672	59.00
教学这件事：感动几代人的教师专业成长指南	9787515367910	49.00
如何更快地变得更好：新教师90天培训计划	9787515365824	59.90
让每个孩子都发光：赋能学生成长、促进教师发展的KIPP学校教育模式	9787515366852	59.00
60秒教师专业发展指南：给教师的239个持续成长建议	9787515366739	59.90
通过积极的师生关系提升学生成绩：给教师的行动清单	9787515356877	49.00
卓越教师工具包：帮你顺利度过入教的前5年	9787515361345	49.00
可见的学习与深度学习：最大化学生的技能、意志力和兴奋感	9787515361116	45.00
学生教给我的17件重要的事：带给你爱、勇气、坚持与创意的人生课堂	9787515361208	39.80
教师如何持续学习与精进	9787515361109	39.00
从实习教师到优秀教师	9787515358673	39.90
像领袖一样教学：改变学生命运，使学生变得更好（中国教育新闻网2015年度"影响教师的100本书"）	9787515355375	49.00

	书名	书号	定价
★	你的第一年：新教师如何生存和发展	9787515351599	33.80
	教师精力管理：让教师高效教学，学生自主学习	9787515349169	39.90
	如何使学生成为优秀的思考者和学习者：哈佛大学教育学院课堂思考解决方案	9787515348155	49.90
	反思性教学：一个已被证明能让教师做到更好的培训项目（30周年纪念版）	9787515347837	59.90
★	凭什么让学生服你：极具影响力的日常教育策略（中国教育新闻网2017年度"影响教师的100本书"）	9787515347554	39.90
	运用积极心理学提高学生成绩（中国教育新闻网2017年度"影响教师的100本书"）	9787515345680	59.90
	可见的学习与思维教学（教学资源版）：成长型思维教学的54个教学资源	9787515354743	36.00
★	可见的学习与思维教学：让教学对学生可见，让学习对教师可见（中国教育报2017年度"教师喜爱的100本书"）	9787515345000	39.90
	教学是一段旅程：成长为卓越教师你一定要知道的事	9787515344478	39.00
	安奈特·布鲁肖写给教师的101首诗	9787515340982	35.00
	万人迷老师养成宝典学习指南	9787515340784	28.00
	中小学教师职业道德培训手册：师德的定义、养成与评估	9787515340777	32.00
	成为顶尖教师的10项修炼（中国教育新闻网2015年度"影响教师的100本书"）	9787515334066	49.90
	T. E. T. 教师效能训练：一个已被证明能让所有年龄学生做到最好的培训项目（30周年纪念版）（中国教育新闻网2015年度"影响教师的100本书"）	9787515332284	49.00
	教学需要打破常规：全世界最受欢迎的创意教学法（中国教育新闻网2015年度"影响教师的100本书"）	9787515331591	45.00
	给幼儿教师的100个创意：幼儿园班级设计与管理	9787515330310	39.90
	给小学教师的100个创意：发展思维能力	9787515327402	29.00
	给中学教师的100个创意：如何激发学生的天赋和特长／杰出的教学／快速改善学生课堂表现	9787515330723等	87.90
	以学生为中心的翻转教学11法	9787515328386	29.00
	如何使教师保持职业激情	9787515305868	29.00
★	如何培训高效能教师：来自全美权威教师培训项目的建议	9787515324685	39.90
	良好教学效果的12试金石：每天都需要专注的事情清单	9787515326283	29.90
★	让每个学生主动参与学习的37个技巧	9787515320526	45.00
	给教师的40堂培训课：教师学习与发展的最佳实操手册	9787515352787	39.90
	提高学生学习效率的9种教学方法	9787515310954	27.80
★	优秀教师的课堂艺术：唤醒快乐积极的教学技能手册	9787515342719	26.00
★	万人迷老师养成宝典（第2版）（中国教育新闻网2010年度"影响教师的100本书"）	9787515342702	39.00
课堂教学/课堂管理			
★	如何成为一名反思型教师	9787515372754	59.90
	设计有效的教学评价与评分系统	9787515372488	49.90
	卓有成效的课堂管理	9787515372464	49.90
	如何在课堂上使用反馈和评价	9787515371719	49.90
	跨学科阅读技能训练：让学生学会通过阅读而学习	9787515372105	49.90
★	老师怎么做，学生才会听：给教师的学生行为管理指南	9787515370811	59.90
	精通式学习法：基于提高学生能力的学习方法	9787515370606	49.90
	好的教学是设计出来的：一套详细、先进、实用的卓越课堂设计和实施方案	9787515370705	49.00
	翻转课堂与差异化教学：以学生为中心的课内翻转教学法	9787515370590	49.00
	精益备课法：在课堂上少做多得的实用方法	9787515370088	49.00
	记忆教学法：利用记忆在课堂上建立深入和持久的学习	9787515370095	49.00
	动机教学法：利用学习动机科学来提高课堂上的注意力和努力	9787515370101	49.00
	目标教学法	9787515372952	49.90
★	课堂上的提问逻辑：更深度、更系统地促进学生的学习与思考	9787515369983	49.90
	可见的教学影响力：系统地执行可见的学习5D深度教学	9787515369624	59.00
	极简课堂管理法：给教师的18个精进课堂管理的建议	9787515369600	49.00
★	像行为管理大师一样管理你的课堂：给教师的课堂行为管理解决方案	9787515368108	59.00
	差异化教学与个性化教学：未来多元课堂的智慧教学解决方案	9787515367095	49.90
	如何设计线上教学细节：快速提升线上课程在线率和课堂学习参与度	9787515365886	49.00
	设计型学习法：教学与学习的重新构想	9787515366982	59.00
	让学习真正在课堂上发生：基于学习状态、高度参与、课堂生态的深度教学	9787515366975	49.00

书名	书号	定价
让教师变得更好的75个方法：用更少的压力获得更快的成功	9787515365831	49.00
技术如何改变教学：使用课堂技术创造令人兴奋的学习体验，并让学生对学习记忆深刻	9787515366661	49.00
课堂上的问题形成技术：老师怎样做，学生才会提出好的问题	9787515366401	45.00
翻转课堂与项目式学习	9787515365817	45.00
优秀教师一定要知道的19件事：回答教师核心素养问题，解读为什么要向优秀者看齐	9787515366630	39.00
从作业设计开始的30个创意教学法：运用互动反馈循环实现深度学习	9787515366364	59.00
基于课堂中精准理解的教学设计	9787515365909	49.00
如何创建培养自主学习者的课堂管理系统	9787515365879	49.00
如何设计深度学习的课堂：引导学生学习的176个教学工具	9787515366715	49.90
如何提高课堂创意与参与度：每个教师都可以使用的178个教学工具	9787515365763	49.90
如何激活学生思维：激励学生学习与思考的187个教学工具	9787515365770	49.90
男孩不难教：男孩学业、态度、行为问题的新解决方案	9787515364827	49.00
高度参与的线上线下融合式教学设计：极具影响力的备课、上课、练习、评价项目教学法	9787515364438	49.00
跨学科项目式教学：通过"+1"教学法进行计划、管理和评估	9787515361086	49.00
课堂上最重要的56件事	9787515360775	35.00
全脑教学与游戏教学法	9787515360690	39.00
深度教学：运用苏格拉底式提问法有效开展备课设计和课堂教学	9787515360591	49.90
一看就会的课堂设计：三个步骤快速构建完整的课堂管理体系	9787515360584	39.90
如何有效激发学生学习兴趣	9787515360577	38.00
如何解决课堂上最关键的9个问题	9787515360195	49.00
多元智能教学法：挖掘每一个学生的最大潜能	9787515359885	39.90
探究式教学：让学生学会思考的四个步骤	9787515359496	39.00
课堂提问的技术与艺术	9787515358925	49.00
如何在课堂上实现卓越的教与学	9787515358321	49.00
基于学习风格的差异化教学	9787515358437	39.90
如何在课堂上提问：好问题胜过好答案	9787515358253	39.00
高度参与的课堂：提高学生专注力的沉浸式教学	9787515357522	39.90
让学习变得有趣	9787515357782	39.00
如何利用学校网络进行项目式学习和个性化学习	9787515357591	39.90
基于问题导向的互动式、启发式与探究式课堂教学法	9787515356792	49.00
如何在课堂中使用讨论：引导学生讨论式学习的60种课堂活动	9787515357027	38.00
如何在课堂中使用差异化教学	9787515357010	39.90
如何在课堂中培养成长型思维	9787515356754	39.90
每一位教师都是领导者：重新定义教学领导力	9787515356518	39.90
教室里的1-2-3魔法教学：美国广泛使用的从学前到八年级的有效课堂纪律管理	9787515355986	39.90
如何在课堂中使用布卢姆教育目标分类法	9787515355658	39.00
如何在课堂上使用学习评估	9787515355597	39.00
7天建立行之有效的课堂管理系统：以学生为中心的分层式正面管教	9787515355269	29.90
积极课堂：如何更好地解决课堂纪律与学生的冲突	9787515354590	38.00
设计智慧课堂：培养学生一生受用的学习习惯与思维方式	9787515352770	39.00
追求学习结果的88个经典教学设计：轻松打造学生积极参与的互动课堂	9787515353524	39.00
从备课开始的100个课堂活动设计：创造积极课堂环境和学习乐趣的教师工具包	9787515353432	33.80
老师怎么教，学生才能记得住	9787515353067	48.00
多维互动式课堂管理：50个行之有效的方法助你事半功倍	9787515353395	39.80
智能课堂设计清单：帮助教师建立一套规范程序和做事方法	9787515352985	49.90
提升学生小组合作学习的56个策略：让学生变得专注、自信、会学习	9787515352954	29.90
快速处理学生行为问题的52个方法：让学生变得自律、专注、爱学习	9787515352428	39.00
王牌教学法：罗恩·克拉克学校的创意课堂	9787515352145	39.80
让学生快速融入课堂的88个趣味游戏：让上课变得新颖、紧凑、有成效	9787515351889	39.00
如何调动与激励学生：唤醒每个内在学习者（李希贵校长推荐全校教师研读）	9787515350448	39.80
合作学习技能35课：培养学生的协作能力和未来竞争力	9787515340524	59.00
基于课程标准的STEM教学设计：有趣有料有效的STEM跨学科培养教学方案	9787515349879	68.00
如何设计教学细节：好课堂是设计出来的	9787515349152	39.00

书名	书号	定价
15秒课堂管理法：让上课变得有料、有趣、有秩序	9787515348490	49.00
混合式教学：技术工具辅助教学实操手册	9787515347073	39.80
从备课开始的50个创意教学法	9787515346618	39.00
给小学教师的100个简单的科学实验创意	9787515342481	39.00
老师如何提问，学生才会思考	9787515341217	49.00
教师如何提高学生小组合作学习效率	9787515340340	39.00
卓越教师的200条教学策略	9787515340401	49.90
中小学生执行力训练手册：教出高效、专注、有自信的学生	9787515335384	49.90
从课堂开始的创客教育：培养每一位学生的创造能力	9787515342047	33.00
提高学生学习专注力的8个方法：打造深度学习课堂	9787515333557	35.00
改善学生学习态度的58个建议	9787515324067	36.00
★ 全脑教学（中国教育新闻网2015年度"影响教师的100本书"）	9787515323169	38.00
★ 全脑教学与成长型思维教学：提高学生学习力的92个课堂游戏	9787515349466	39.00
★ 哈佛大学教育学院思维训练课：让学生学会思考的20个方法	9787515325101	59.90
完美结束一堂课的35个创意	9787515325163	28.00
如何更好地教学：优秀教师一定要知道的事	9787515324609	49.90
带着目的教与学	9787515323978	39.90
★ 美国中小学生社会技能课程与活动（学前阶段/1~3年级/4~6年级/7~12年级）	9787515322537等	215.70
彻底走出教学误区：开启轻松智能课堂管理的45个方法	9787515322285	28.00
破解问题学生的行为密码：如何教好焦虑、逆反、孤僻、暴躁、早熟的学生	9787515322292	36.00
13个教学难题解决手册	9787515320502	28.00
★ 让学生爱上学习的165个课堂游戏	9787515319032	59.00
美国学生游戏与素质训练手册：培养孩子合作、自尊、沟通、情商的103种教育游戏	9787515325156	49.00
老师怎么说，学生才会听	9787515312057	39.00
快乐教学：如何让学生积极与你互动（中国教育新闻网2010年度"影响教师的100本书"）	9787500696087	29.00
★ 老师怎么教，学生才会提问	9787515317410	29.00
★ 快速改善课堂纪律的75个方法	9787515313665	39.90
教学可以很简单：高效能教师轻松教学7法	9787515314457	39.00
★ 好老师可以避免的20个课堂错误（中国教育新闻网2010年度"影响教师的100本书"）	9787500688785	39.90
好老师应对课堂挑战的25个方法（《给教师的101条建议》作者新书）	9787500699378	25.00
好老师激励后进生的21个课堂技巧	9787515311838	39.80
★ 开始和结束一堂课的50个好创意	9787515312071	29.80
好老师因材施教的12个方法（美国著名教师伊莉莎白"好老师"三部曲）	9787500694847	22.00
★ 如何打造高效能课堂	9787500680666	29.00
合理有据的教师评价：课堂评估衡量学生进步	9787515330815	29.00
班主任工作/德育		
30年班主任，我没干够（《凭什么让学生服你》姊妹篇）	9787515370569	59.00
★ 北京四中8班的教育奇迹	9787515321608	36.00
★ 师德教育培训手册	9787515326627	29.80
★ 好老师征服后进生的14堂课（美国著名教师伊莉莎白"好老师"三部曲）	9787500693819	39.90
优秀班主任的50条建议：师德教育感动读本（《中国教育报》专题推荐）	9787515305752	23.00
学校管理/校长领导力		
改造一所学校的设计新方案	9787515373737	69.90
★ 哈佛大学教育学院学校创新管理课	9787515369389	59.90
如何构建积极型学校	9787515368818	49.90
卓越课堂的50个关键问题	9787515366678	39.00
如何培育卓越教师：给学校管理者的行动清单	9787515357034	39.00
★ 学校管理最重要的48件事	9787515361055	39.80
重新设计学习和教学空间：设计利于活动、游戏、学习、创造的学习环境	9787515360447	49.90
重新设计一所学校：简单、合理、多样化地解构和重塑现有学习空间和学校环境	9787515356129	49.00
学校管理者平衡时间和精力的21个方法	9787515349886	29.90
校长引导中层和教师思考的50个问题	9787515349176	29.00
如何定义、评估和改变学校文化	9787515340371	49.90

书名	书号	定价
优秀校长一定要做的18件事（中国教育新闻网2009年度"影响教师的100本书"）	9787515342733	39.90
学科教学/教科研		
精读三国演义20讲：读写与思辨能力提升之道	9787515369785	59.90
中学古文观止50讲：文言文阅读能力提升之道	9787515366555	59.90
完美英语备课法：用更短时间和更少材料让学生高度参与的100个课堂游戏	9787515366524	49.00
人大附中整本书阅读取胜之道：让阅读与作文双赢	9787515364636	59.90
北京四中语文课：千古文章	9787515360973	59.00
北京四中语文课：亲近经典	9787515360980	59.00
从备课开始的56个英语创意教学：快速从小白老师到名师高手	9787515359878	49.90
美国学生写作技能训练	9787515355979	39.90
《道德经》妙解、导读与分享（诵读版）	9787515351407	49.00
京沪穗江浙名校名师联手教你：如何写好中考作文	9787515356570	49.90
京沪穗江浙名校名师联手授课：如何写好高考作文	9787515356686	49.80
人大附中中考作文取胜之道	9787515345567	59.90
人大附中高考作文取胜之道	9787515320694	49.90
人大附中学生这样学语文：走近经典名著	9787515328959	49.90
四界语文（《中国教育报》2017年度"教师喜爱的100本书"）	9787515348483	49.00
让小学一年级孩子爱上阅读的40个方法	9787515307589	39.90
让学生爱上数学的48个游戏	9787515326207	26.00
轻松100课教会孩子阅读英文	9787515338781	88.00
情商教育/心理咨询		
如何防止校园霸凌：帮助孩子自信、有韧性和坚强成长的实用工具	9787515370156	59.90
连接课：与中小学学科课程并重的一门课	9787515370613	49.90
给大人的关于儿童青少年情绪与行为问题的应对指南	9787515366418	89.90
教师焦点解决方案：运用焦点解决方案管理学生情绪与行为	9787515369471	49.90
9节课，教你读懂孩子：妙解亲子教育、青春期教育、隔代教育难题	9787515351056	39.80
学生版盖洛普优势识别器（独一无二的优势测量工具）	9787515350387	169.00
与孩子好好说话（获"美国国家育儿出版物（NAPPA）全奖"）	9787515350370	39.80
中小学心理教师的10项修炼	9787515309347	36.00
别和青春期的孩子较劲（增订版）（中国教育新闻网2009年度"影响教师的100本书"）	9787515343075	39.90
100条让孩子胜出的社交规则	9787515327648	28.00
守护孩子安全一定要知道的17个方法	9787515326405	32.00
幼儿园/学前教育		
幼儿园室内区域活动书：107个有趣的学习游戏活动	9787515369778	59.90
幼儿园户外区域活动书：106个有趣的学习游戏活动	9787515369761	59.90
中挪学前教育合作式学习：经验·对话·反思	9787515364858	79.00
幼小衔接听读能力课	9787515364643	33.00
用蒙台梭利教育法开启0~6岁男孩潜能	9787515361222	45.00
德国幼儿的自我表达课：不是孩子爱闹情绪，是她/他想说却不会说！	9787515359458	59.00
德国幼儿教育成功的秘密：近距离体验德国学前教育理念与幼儿园日常活动安排	9787515359465	49.80
美国儿童自然拼读启蒙课：至关重要的早期阅读训练系统	9787515351933	49.80
幼儿园30个大主题活动精选：让工作更轻松的整合技巧	9787515339627	39.80
美国幼儿教育活动大百科：儿童学习与发展指南用书 科学/艺术/健康与语言/社会	9787515324265等	600.00
蒙台梭利儿童教育手册：3~6岁儿童学习与发展指南（实践版）	9787515307664	33.00
自由地学习：华德福的幼儿园教育	9787515328300	49.90
教育主张/教育视野		
为问题提出而教：支持学生从问题走向问题解决的学习模型	9787515372716	59.90
重新定义教育：为核心素养而教，为生存能力而学（中国教育新闻网2023年度"影响教师的100本书"）	9787515369945	59.90
重新定义学习：如何设计未来学校与引领未来学习	9787515367484	49.90
教育新思维：帮助孩子达成目标的实战教学法	9787515365848	49.00
用心学习：教育大师托尼·瓦格纳的学习之道（中国教育新闻网2023年度"影响教师的100本书"）	9787515366685	59.90

书名	书号	定价
为什么学生不喜欢上学？：认知心理学家解开大脑学习的运作结构，如何更有效地学习与思考（中国教育新闻网2023年度"影响教师的100本书"）	9787515367088	59.90
★ 教学是如何发生的：关于教学与教师效能的开创性研究及其实践意义	9787515370323	59.90
★ 学习是如何发生的：教育心理学中的开创性研究及其实践意义	9787515366531	59.90
父母不应该错过的犹太人育儿法	9787515365688	59.00
如何在线教学：教师在智能教育新形态下的生存与发展	9787515365855	49.00
正向养育：黑幼龙的慢养哲学	9787515365671	39.90
颠覆教育的人：蒙台梭利传	9787515365572	59.90
如何科学地帮助孩子学习：每个父母都应知道的77项教育知识	9787515368092	59.00
学习的科学：每位教师都应知道的99项教育研究成果（升级版）	9787515368078	59.90
学习的科学：每位教师都应知道的77项教育研究成果	9787515364094	59.00
真实性学习：如何设计体验式、情境式、主动式的学习课堂	9787515363769	49.00
哈佛前1%的秘密（俞敏洪、成甲、姚梅林、张梅玲推荐）	9787515363349	59.90
基于七个习惯的自我领导力教育设计：让学校育人更有道，让学生自育更有根	9787515362809	69.00
终身学习：让学生在未来拥有不可替代的决胜力	9787515360560	49.90
颠覆性思维：为什么我们的阅读方式很重要	9787515360393	39.90
如何教学生阅读与思考：每位教师都需要的阅读训练手册	9787515359472	39.00
成长型教师：如何持续提升教师成长力、影响力与教育力	9787515368689	48.00
教出阅读力	9787515352800	39.90
为学生赋能：当学生自己掌控学习时，会发生什么	9787515352848	33.00
★ 如何用设计思维创意教学：风靡全球的创造力培养方法	9787515352367	39.80
如何发现孩子：实践蒙台梭利解放天性的趣味游戏	9787515325750	32.00
如何学习：用更短的时间达到更佳效果和更好成绩	9787515349084	49.00
教师和家长共同培养卓越学生的10个策略	9787515331355	27.00
★ 如何阅读：一个已被证实的低投入高回报的学习方法	9787515346847	39.00
★ 芬兰教育全球第一的秘密（钻石版）（《中国教育报》等主流媒体专题推荐）	9787515359922	59.00
培养终身学习能力和习惯的芬兰教育：成就每一个学生，拥有适应未来的核心素养和必备技能	9787515370415	59.00
★ 杰出青少年的7个习惯（精英版）	9787515342672	39.00
杰出青少年的7个习惯（成长版）	9787515335155	29.00
★ 杰出青少年的6个决定（领袖版）（全国优秀出版物奖）	9787515342658	49.90
★ 7个习惯教出优秀学生（第2版）（全球畅销书《高效能人士的七个习惯》教师版）	9787515342573	39.90
学习的科学：如何学习得更好更快（中国教育新闻网2016年度"影响教师的100本书"）	9787515341767	39.80
杰出青少年构建内心世界的5个坐标（中国青少年成长公开课）	9787515314952	59.00
★ 跳出教育的盒子（第2版）（美国中小学教学经典畅销书）	9787515344676	35.00
夏烈教授给高中生的19场讲座	9787515318813	29.90
★ 学习之道：美国公认经典学习书	9787515342641	39.00
翻转学习：如何更好地实践翻转课堂与慕课教学（中国教育新闻网2015年度"影响教师的100本书"）	9787515334837	32.00
★ 翻转课堂与慕课教学：一场正在到来的教育变革	9787515328232	26.00
翻转课堂与混合式教学：互联网+时代，教育变革的最佳解决方案	9787515349022	29.80
翻转课堂与深度学习：人工智能时代，以学生为中心的智慧教学	9787515351582	29.80
★ 奇迹学校：震撼美国教育界的教学传奇（中国教育新闻网2015年度"影响教师的100本书"）	9787515327044	36.00
★ 学校是一段旅程：华德福教师1~8年级教学手记	9787515327945	49.00
★ 高效能人士的七个习惯（30周年纪念版）（全球畅销书）	9787515360430	79.00

您可以通过如下途径购买：
1. 书　　店：各地新华书店、教育书店。
2. 网上书店：当当网（www.dangdang.com）、天猫（zqwts.tmall.com）、京东网（www.jd.com）。
3. 团　　购：各地教育部门、学校、教师培训机构、图书馆团购，可享受特别优惠。
　　购书热线：010-65511272 / 65516873

如何成为高效能教师

作者：（美）黄绍裴　黄露丝玛丽
定价：89.00元

- 美国教师培训经典
- 一套完整的高效能教师培训系统和教师核心素养提升解决方案
- 全球销量超400万册
- 超值赠送60分钟美国专业、受欢迎的网络教学视频
- 200页网络版主题教学拓展资源

★　★　★

卓越课堂管理

作者：（美）黄绍裴　黄露丝玛丽
定价：88.00元

- 获中国教育新闻网2015年度"影响教师的100本书"奖
- 获2016年第25届上海市中小学、幼儿园"优秀图书"奖
- 一套高效管理课堂的完整体系，为广大教师提供50种有效的课堂管理方案
- 并示范高效能教师的6套开学管理计划，让学生通过严格执行50种教育程序获得成功。